中央高校基本科研业务费专项资金资助 项目编号：20720151240

Supported by the Fundamental Research Funds for the Central Universities

NEW ISSUES ON ICSID JURISDICTION AND
CHINA'S COUNTERMEASURES

ICSID管辖权新问题与中国新对策研究

王海浪 著

厦门大学出版社 国家一级出版社
XIAMEN UNIVERSITY PRESS 全国百佳图书出版单位

图书在版编目(CIP)数据

ICSID管辖权新问题与中国新对策研究/王海浪著. —厦门:厦门大学出版社,2017.4
ISBN 978-7-5615-6156-0

Ⅰ.①I…　Ⅱ.①王…　Ⅲ.①国际投资-国际争端-管辖权-研究　Ⅳ.①D996.4

中国版本图书馆 CIP 数据核字(2016)第 221351 号

出 版 人	蒋东明
责任编辑	甘世恒
封面设计	李夏凌
责任印制	许克华

出版发行 厦门大学出版社

社　　址 厦门市软件园二期望海路 39 号

邮政编码 361008

总 编 办 0592-2182177　0592-2181406(传真)

营销中心 0592-2184458　0592-2181365

网　　址 http://www.xmupress.com

邮　　箱 xmup@xmupress.com

印　　刷 厦门集大印刷厂

开　本 720mm×1000mm　1/16

印　张 14.75

插　页 2

字　数 268 千字

版　次 2017 年 4 月第 1 版

印　次 2017 年 4 月第 1 次印刷

定　价 57.00 元

本书如有印装质量问题请直接寄承印厂调换

厦门大学出版社
微信二维码

厦门大学出版社
微博二维码

序　言

　　王海浪博士的论著《ICSID 管辖权新问题与中国新对策研究》之主要内容形成于 2005 年前后。其时，正值中国所缔结之 BIT 全面转向于"概括同意"国际仲裁庭之管辖权的"开放"年代。不过，当时国内外不少声音认为中国所缔结之 BIT 过于"落后"，需要予以修改，需要接受国外更"先进"的保护标准，以便符合"国际潮流"。对于这一涉及中国重大利益的缔约方向性问题，本书的作者通过对美国、加拿大、印度与阿根廷等国家 BIT 范本的横向比较研究，认为我国当时缔结的 BIT 对外资的保护标准并不是"落后"，而是超越了美国当时 BIT"范本"对外资的保护标准，属于"超前"。在此基础上，本书作者主张应当根据"具体问题具体分析"[①]的原则，分别按照缔约相对方与中国的具体投资情况，采取不同缔约策略。作者的这种主张显得务实并具较好的新颖性。

　　从本书主要内容的基本成型到现在修订，正式出版，历时十年。十年期间，发生了许多事情。例如，在中国，由于综合 国力增强，外汇存量猛增，自然资源和原材料不足，地价、房价、能源价与人力成本飙升，运输费用昂贵和税收优惠差异等等，在多种因素的综合作用下，中国对外投资连年大幅度增速增量，不少国内企业已经把工厂搬到总体上"综合成本更低"的美国、加拿大、澳

　　[①]　马克思主义最本质的东西，马克思主义的活的灵魂，就在于具体地分析具体的情况。这一论述参见列宁.共产主义[M]//列宁选集：第 4 卷.人民出版社，1960：308.毛泽东.矛盾论[M].人民出版社，1975：19.

大利亚等发达国家去。② 这在十年前看来显得有些不可思议。尤其是随着"一带一路"战略以及"亚投行"等措施的提出与推行,我国对外投资更是迅速增加。概言之,十年前中国海外投资额远远低于所吸收的外资额,经近年来不断追赶,而今巨额"入超"逐渐由"入出持平"进而开始"出超"。③ 当前形势和发展趋势十分喜人!

不过,根据本书作者的深入研究和务实的论证与推理,即使中国对外投资额远远超过海外投资额,至少在以下几项前提条件没有完善之前,仍然不宜采用已持续多年的"全面同意"式 BIT。前提条件是:第一,中国经济转型期顺利渡过并稳定发展,不用担忧经济危机的打击;第二,中国法治完善,法院在资金、人事等方面能摆脱地方行政机构的制约并对后者能进行有效监督;第三,中国各级政府严格依法行政,透明度与可预见性等方面能让人满意,不会再出现"以权压法""以言代法"这些负面情况。简言之,面向现实,居安思危,未雨绸缪,方能立于不败之地!

本书作者论证过程中强调实事求是,以广泛收集到的资料与自己的深入研究和层层剖析为准,不盲目附和"国际潮流"和"时髦当令"之说。这在当今常以洋人权威名言"奉为最高圭臬"的"惯性积习"下,尤为难能可贵。例如,在第二章第四节"是否有必要坚持当地救济"这一部分内容中,作者对国际投资法权威学者 Christoph H. Schreuer 教授反对当地救济的观点持不同意见,并就其提出的四点理由,针锋相对、有理有据地逐一反驳。④ 这又一次表明:不少所谓的"国际潮流"貌似公正,实属陷阱。值得注意的是,印度 2016 年开始适用的 BIT 范本,有多项修改与本书作者 2006 年提出的相关建议,具有"不谋而合"的雷同性。例如,该范本完全删除了岔路口条款与最惠国条款,要求

---

② 有关这方面的介绍,请参见:人民日报驻美国记者吴成良,人民日报记者王晓越,俞懿春. 中企投资,促成美国纺织工业回归[N/OL], http://world. people. com. cn/n/2014/0704/c1002-25236614. html,2014-07-04. 中国纺织民企在美国的"逆袭" [N/OL]. http://m. news. cntv. cn/2015/09/19/ARTI1442619678905289. shtml,2015-09-19. 王爽. 把工厂搬到美国去[N/OL], http://www. fortunechina. com/column/c/2014-01/28/content_192572. htm,2014-01-28.

③ 参见本书第三章第四节及其有关注解。

④ 参见本书第二章第四节第二目"是否有必要坚持当地救济"下的内容及其有关注解。

当地救济必须"至少持续 5 年期间"等。⑤ 本书作者在十年前就已提出过应该抛弃岔路口条款、限制最惠国条款、强化当地救济等类似建议。⑥

就我国 BIT 缔约实践来看,本书作者十年前在学位论文中的诸多建议已体现于近年的 BIT 当中。例如明确规定最惠国条款不适用于争端解决规则,增加了包括"拒绝授惠条款""重大安全例外条款"在内的诸多例外与限制。换言之,中国谨慎地"摸着石头过河",自 2011 年开始由"全面同意"式 BIT 逐步转向了"全面同意＋重要例外"式 BIT。不过,近年来缔结的 BIT 表明我国把这种"全面同意＋重要例外"式广泛运用于与发达国家缔结的 BIT。本书则建议此种"全面同意＋重要例外"式更应运用于"与中国经济更具互补性的发展中国家"缔结 BIT,与那些资本输出强劲的发达国家则以不缔结 BIT 为宜。

当然,"实践是检验真理的唯一标准",目前此种缔约实践之利弊得失,时间和新的实践会告诉我们与时俱进、不断完善的答案。作为以"知识报国、兼济天下"为职志的研究人员,自应心甘情愿地"板凳再坐十年冷,文章不写半句空",敢于和善于继续独立思考,甘于清贫,耐得寂寞,及时分析新情况,对原有建议予以强化或予以补充、修正,从而更好地为中华之继续崛起和全球弱势群体之趋利避害,献计献策。谨以此种学术信念和学术追求与本书作者共勉。

陈 安

2016 年 9 月

---

⑤ 印度 2003 年 BIT 范本就已有一些重大例外规则,但其 2016 年范本增加了更多例外。与 2003 年范本相比,2016 年范本最为引人注目的不同就是这三项修改。关于印度范本的具体修改内容请参见本书第三章第三节及其有关注解。

⑥ 关于"抛弃岔路口条款"与"强化当地救济"之建议及理由,请参见本书第二章第四节及其有关注解。关于"限制最惠国条款"之建议及理由,请参见本书第四章第三节及其有关注解。这些建议均已于当年学位论文中提出,并得到当年专家学术评语的重视。这些专家学术评语的内容请参见本书"附录"文档。

目　录

引 言

一、研究背景

《华盛顿公约》[①]生效迄今已 50 余年。近 10 多年来,在 ICSID[②] 体制与 BIT(即"双边投资条约",其英文是 Bilateral Investment Treaty,以下简称 BIT)体制的交错和互动中,围绕着 ICSID 的管辖权,出现了一系列新情况和新问题,国际理论界和实务界,见仁见智,众说纷纭。对于相似案情下的同一条款,各案仲裁庭作出结果刚好相反的管辖权决定颇为常见,并且个案仲裁庭往往会在分析前案仲裁庭的理由之后予以赞同或者批评。各国学者更是站在本国立场对这些管辖权决定予以批评或者褒扬,并且纷纷提出自己的意见。

中国参与 ICSID/BIT 的缔约实践,已近 30 年。随着国内外形势的迅猛发展,也在接受 ICSID 管辖权的有关决策上出现过多次重大转折,已经产生了一些新"隐患"。在当今新签 BIT 或者新修订 BIT 的谈判和缔约进程中,如何能在 ICSID 管辖权问题上最大限度地趋利避害并实行科学决策? 对这一重大问题,在中国的学术界和实务界,也是视角各异,分歧不少。

2011 年,马来西亚投资者根据 1990 年中国—马来西亚 BIT 向 ICSID 申请仲裁,指控中国政府违反了该 BIT。[③] 这是中国于 1993 年正式成为《华盛顿公约》缔约方以来成为被申请方的第一个仲裁案件。该案件涉及中国海南省政府依法把马来西亚投资者未能按期开发之租赁土地予以收回的行政措

---

　① 即 1965 年《解决国家与他国国民间投资争端公约》(*Convention on the Settlement of Investment Disputes between States and Nationals of Other States*),简称《华盛顿公约》或者《ICSID 公约》。

　② 即依据《华盛顿公约》成立的 ICSID (International Centre for Settlement of Investment Disputes),译为"解决投资争端国际中心",简称为 ICSID、"国际中心"或者"中心"。

　③ Ekran Berhad v. People's Republic of China (ICSID Case No. ARB/11/15).

施。虽然海南政府声称其行为系依法行事,但根据笔者的分析,中国政府在该案中失败概率较大。两年后,该案当事双方通过协商方式解决了争端,同时申请正式停止该仲裁程序。双方都没有公布协议解决的详细方案。

2014 年 11 月,韩国投资者根据 2007 年中国—韩国 BIT 向 ICSID 申请仲裁,声称其在江苏省射阳县设立的高尔夫球场与乡村俱乐部受到当地政府的不公正对待,从而违反了该 BIT,要求中国政府赔偿 1 亿元人民币(约 1630 万美元)。这是中国加入《华盛顿公约》后成为被申请方的第二个仲裁案件。①

虽然中国成为被申请方的案件至今只有两个,但这两个案件是中国经济处于稳定发展进程当中发生的。一旦中国出现经济危机,则此类案件很可能会大量增加。这些客观存在的危机迫切需要我们尽早采取相应的对策。所以,本书的主题就是紧扣上述新问题和新决策的交汇点,在学习前人已有成果的基础上,进行新的探索,提出管见,就教于同道。

具体而言,以下情况的存在,使得我们极有必要专门对 ICSID 管辖权加以深入研究:

1. ICSID 裁决会对东道国管理国民经济的能力造成很大负面影响

从 20 世纪 80 年代中期以来,发展中国家迫切需要引入外资,从而采取一系列的方法来增强对外资的吸引力。其中力度最大的措施就是改善外商投资的法律环境,提高对外资的保护水平,免除外国投资者的后顾之忧。所以,参加前述《华盛顿公约》的缔约国越来越多。② 在 ICSID 运作的早期阶段,缔约国主要通过投资合同的方式来对 ICSID 管辖权表示同意。这种逐项同意、个案审批的方式注定了当时提交 ICSID 的案件数量较少。随着各国吸引外资力度的加大,《华盛顿公约》缔约国越来越多地通过 BIT 的形式对 ICSID 管辖权表示"一揽子"同意。这就使得东道国同意提交 ICSID 管辖的争端范围急

---

① Ansung Housing Co. , Ltd. v. People's Republic of China (ICSID Case No. ARB/14/25).

② 据最新统计,到 2016 年 4 月 12 日为止,《华盛顿公约》缔约国已达到 161 个,其中交存批准书的为 153 个。参见 ICSID. List of Contracting States and other Signatories of the Convention [EB/OL]. https://icsid. worldbank. org/apps/ICSIDWEB/icsiddocs/Documents/List％20of％20Contracting％20States％20and％20Other％20Signatories％20of％20the％20Convention％20-％20Latest. pdf. 2016-05-30.

骤扩大,东道国被诉之于 ICSID 的可能性大大增加。①

　　由于被外国投资者诉之于 ICSID 的"不当行为"通常是东道国对国民经济的管理行为,所以,ICSID 仲裁庭对案件的裁决结果将影响到东道国相关管理国民经济的措施是否可以顺利推行,并将进一步影响到东道国的经济稳定。特别是当东道国发生经济危机后,东道国为了渡过危机而采取的措施极易被外国投资者认为损害了其利益并把该"不当行为"诉之于 ICSID 仲裁庭。这将使得东道国在本来就惨遭危机打击的基础上进一步"雪上加霜"。例如,大约从 2001 年开始,阿根廷金融危机日益严重,于是在 2002 年颁布了《公共紧急状态法》以及配套的法律规章,这些紧急措施难免会损害外商的利益。于是,外商纷纷以阿根廷为被申请方向 ICSID 申请仲裁。自 2001 年至 2005 年年底,阿根廷每年都多次坐上 ICSID 仲裁庭被申请方席位,短短 5 年间案件总数为 36 个。其中仅仅 2003 年仲裁案件数即达 17 个。如果把 2001 年以前的 5 个案件以及 2006 年至 2015 年年底期间的 12 个案件计算在内,至 2015 年年底为止,阿根廷被诉之于 ICSID 的案件总数为 53 个。② 所以,在我国加入《华盛顿公约》后,如何才能做到既利用其能够免除外国投资者后顾之忧的优点,又能够尽量维持自己应有的政策调整空间?要解决这个问题,就需要对其加以深入研究。

　　2.管辖权制度是 ICSID 机制的核心

　　由于外国投资者认为东道国法院会偏袒东道国政府,所以通常会全力推动建立不受东道国政府控制的 ICSID 仲裁庭来裁决其与东道国政府之间的投资争端。因此,缔结《华盛顿公约》的核心问题就是如何在把东道国政府境内特定投资争端的管辖权转移到国际仲裁庭手中的同时,又能够妥当地照顾到东道国维护国家经济主权的需要。所以说,管辖权是 ICSID 机制的核心。它决定了 ICSID 调解委员会或者仲裁庭是否有资格对某具体案件进行调解或者仲裁。从 ICSID 的仲裁实践来看,管辖权问题往往是当事方之间、仲裁员之间、各国学者之间争论的焦点。在外国投资者把投资争端提交 ICSID 仲

---

　　① 据最新统计,到 2016 年 6 月 30 日为止,ICSID 共受理了 570 个案件。参见 The ICSID Caseload—Statistics（ISSUE 2016-2）［EB/OL］. https://icsid. worldbank. org/apps/ICSIDWEB/resources/Documents/ICSID％ 20Web％ 20Stats％ 202016-2％ 20（English）％ 20Final. pdf,2016-06-30.

　　② 其中,2001 年 3 次,2002 年 4 次,2003 年 17 次,2004 年 8 次,2005 年为 4 次,2007 年为 5 次,2008 年为 2 次,2009 年为 1 次,2012 年为 1 次,2014 年为 1 次,2015 年为 2 次。

裁之后,作为被申请方的东道国政府通常都会提出管辖权异议,双方往往针锋相对。在仲裁庭对管辖权问题作出决定之后,其中某一仲裁员对该管辖权决定发表其不同意见的情况也并不鲜见。由于各国学者的立场和出发点不同,对《华盛顿公约》管辖权规则在具体案件当中的适用也是见仁见智,甚至完全相反。因此,如果希望在 ICSID 仲裁庭的管辖权问题上澄清是非,就极有必要对 ICSID 管辖权问题加以深入的研究。

3. 在 ICSID 仲裁实践以及国际 BIT 实践中存在扩大 ICSID 管辖权的倾向

作为资本输入国的发展中国家与作为资本输出国的发达国家在起草《华盛顿公约》当中的管辖权条款时,争议甚多。对于两大阵营无法达成妥协的某些内容,起草人采用了非常抽象的用语,期待将来仲裁庭在个案中加以解释。然而,ICSID 仲裁庭在适用《华盛顿公约》第 25 条有关 ICSID 管辖权的必备条件时,却常常对其中抽象的用语作出有利于扩大 ICSID 管辖权的解释。[①] 另外,发达国家利用其谈判优势以及资金优势,在与发展中国家所缔结的 BIT 以及 FTA(Free Trade Agreement)当中对《华盛顿公约》中的抽象用语作出有利于扩大 ICSID 管辖权的详细规定。仲裁实践表明,"最惠国条款"与"保护伞条款"等条款可用来极大地扩展 ICSID 管辖权。ICSID 管辖权的扩大,将进一步对作为东道国的发展中国家管理国民经济的能力带来约束。

4. 中国已在 BIT 中概括同意 ICSID 管辖权

中国从 1993 年起正式成为《华盛顿公约》的缔约方之后,早期的 BIT 还比较保守,只是规定经双方另行同意才可以提交 ICSID 管辖,或者最多只是规定征收补偿争端可以直接提交 ICSID 管辖,这使得我国基本上保留了对可能提交 ICSID 管辖之争端加以逐案审查的权利。

不过,1997 年年底缔结并于 1998 年 4 月生效的中国—南非 BIT 就已规定"争议任何一方均可将争议提交国际仲裁庭仲裁",但并没有规定提交 ICSID 仲裁。1998 年 7 月 20 日我国与巴巴多斯签订的 BIT 首次全面同意 ICSID 管辖权。此后,中国全面转向采纳"全面同意"式的 BIT。在这种"全面同意"式 BIT 中,只要发生了有关投资争端,在经过一定的协商期间与行政复议期间之后,投资者就可以直接把有关争端提交 ICSID 仲裁。而且,也没有严格限制可以直接提交 ICSID 管辖的"争端"范围。

---

① 有关"中心"扩大其管辖权倾向的详细分析与结论,请参见陈安.国际投资争端仲裁——"解决投资争端国际中心"机制研究[M].上海:复旦大学出版社,2001:127.

这种转变可能产生巨大的影响,一方面,也许会极大地提高我国吸引外资的效果,促使外国对华投资迅猛增加,从而促进我国经济的发展;另一方面,也可能在吸引外资方面非但不会产生预期效果,反倒使我国陷于被动,如同阿根廷一样在短短几年内数十次被诉诸 ICSID,不仅致使其经济发展受到严重损害,而且国际形象也一落千丈。那么,哪一种情况更为可能发生?

虽然在本书看来这种转变将使我国面临极大的风险,但国内外仍有观点认为我国有关同意 ICSID 管辖权的立场过于"落后"。① 但问题是,我国在这方面是否真的落后?我国是否可以对所有国家继续推行目前这种全面同意 ICSID 管辖权的做法?如果采取其他方法,又应该如何对目前存在的全面同意 ICSID 管辖权的局面做出补救?对这些问题加以研究,也许有助于我国今后在谈判和签订 BIT 时采取正确的方法,尽可能防患于未然,趋利避害。

5. 中国渐渐产生了保护海外投资的强烈需求

大约从 1997 年开始,我国政府开始实施"走出去"战略。1997 年 9 月,党的十五大确定了"鼓励能够发挥我国比较优势的对外投资,更好地利用国内国外两个市场、两种资源"的战略方针。② 据商务部统计,我国 2005 年非金融类对外直接投资 69.2 亿美元,较上年同期增长 25.8%。截至 2005 年年底,我国非金融类对外直接投资累计总额达 437.2 亿美元。③ 截至 2015 年年底,我国对外直接投资存量首次超过万亿美元大关,达到 10102 亿美元。其中,八成分布在发展中国家,两成分布在发达国家。④ 2016 年 1—5 月,我国非金融对外直接投资美元 735.2 亿美元,吸引外资额为 541.9 亿美元,我国对外直接投资已超过吸引外资的数据。⑤

另外,如上所述,对外投资"八成分布在发展中国家"。而且,我国对外投资的主要领域非常容易受到当地政府特许协议的影响。中国发展和改革委员

① 笔者主要在一系列的关于国际投资保护研讨会上了解到这些观点。

② 江泽民同志在党的十五大上的报告[EB/OL]. http://www. shanghai. gov. cn/shanghai/node2314/node5737/node5742/userobject21ai10373. html,2005-10-10.

③ 参见国别贸易投资环境报告(2006)[EB/OL]. http://gpj. mofcom. gov. cn/accessory/200603/2006ch. pdf,2006-03-31.

④ 2015—2016 年中国对外投资回顾和展望[EB/OL]. http://www. ccpit. org/Contents/Channel_3781/2016/0307/590526/content_590526. htm. 2016-06-30.

⑤ 商务部. 我国对外投资超利用外资规模,符合市场发展规律[EB/OL]. http://news. xinhuanet. com/fortune/2016-06/17/c_129071088. htm. 2016-06-30.

会外资司有关负责人早在"2006 中国行业发展报告会"上就表明,中国支持企业走出去的重点领域包括能源、农林业、加工制造业、服务业、基础设施、工程承包等。① 2005 年 9 月 1 日由商务部、国家统计局联合发布的《2004 年度中国(不包括香港、澳门特区和台湾地区)对外直接投资统计公报》(非金融部分)显示,在 2004 年对外投资行业中,采矿业占 32.7%。换言之,中国对外投资中相当部分是以国有企业为主体的对外能源、原材料投资。② 2013 年,我国对外投资集中在租赁和商务服务业、金融业、采矿业、批发和零售业、制造业等五大行业,这五大行业占我国对外直接投资存量总额的 83%。③ 其中的能源、农林业基础设施、工程承包、原材料投资等投资形式与东道国政府之间的特许协议往往息息相关,尤其容易受当地政府行政行为的影响,政治风险比较大。

因此,我国正在渐渐产生保护海外投资的强烈需求。国家也在不断强调为对外投资提供种种支持的重要性。ICSID 机制作为一个解决中国对外投资者与东道国之间投资争端的切实有效的方法,当然应该加以利用。问题在于 ICSID 是一把双刃剑,它在给予海外投资者高保护标准的同时,也会对我国管理国民经济的能力带来冲击。那么,如何才能把握好这中间的"度"并在利用其保护中国海外投资者的同时又能够克服其所带来的负面影响? 这就需要我们对其加紧研究。

6. 对于 ICSID 管辖权,已有研究远远不能满足我国 BIT 实践的迫切需求

综上所述,目前极有必要对 ICSID 的管辖权制度加以深入研究。然而,虽然在国外有着许多学者研究 ICSID 并已有丰富成果,而且 ICSID 也定期出版刊物,④但是,这些研究却不是以我国的利益为出发点,而往往是站在主要以资本输出国身份参与国际投资的发达国家之立场来考虑,其论证角度往往

---

① 国家发改委. 中国尚不具备大规模对外投资的条件[EB/OL]. http://www.chinataiwan. org/web/webportal/W5267210/Uhuss/A134822. html,2005-11-14/2006-01-10.

② 2000 年,我国最大的境外投资项目是位于赞比亚的谦比希(Chambishi)铜矿。在 2003 年中国对外投资流量中,采矿业占 48%,达到 13.8 亿美元,其中主体又是石油和天然气开采业。参见中国对外贸易经济合作部《中国对外经济贸易白皮书》编委会. 中国对外经济贸易白皮书(2001)[Z]. 北京:中国金融出版社,2001:99;中国商务部国际贸易经济合作研究院. 中国对外经济贸易白皮书(2004)[Z]. 北京:中信出版社,2005:122.

③ 中国对外投资新趋势:集中五大行业,央企占比下降[EB/OL]. http://business. sohu. com/20150113/n407745597. shtml. 2016-06-30.

④ "中心"出版物可参见 http://www. worldbank. org/en/publication/reference,2016-06-02.

着重于如何为扩大 ICSID 管辖权提供理论支持。作为发展中国家的中国，现在既需要 ICSID 机制来增加外国对华投资者的安全信心，又需要警惕 ICSID 机制带来的负面影响。我国正处于改革进程当中，现存的"环境政策""劳工保护政策""超国民待遇政策"等都势在必改，①而这些政策的更改又势必影响到外国在华投资者的既得利益，由此又可能带来被诉之于 ICSID 的风险。另外，如上所述，我国也正在产生保护海外投资者的需求。所以，对于我国这么一种特殊国情，需要专门根据我国的这些实际情况来对 ICSID 管辖权加以研究并提出"趋利避害"的建议。

然而，与这种现实需求相反的是，目前我国研究 ICSID 机制管辖权的学者并不多，已有成果也不是很多，②尚不足以解决中国在 BIT 中全盘同意 ICSID 管辖权所带来的巨大风险。其中也有论者分析了会对 ICSID 管辖权产生极大"扩展"作用的"最惠国条款""保护伞条款"等。③ 这些论者的研究成果非常有助于中国日后在 BIT 中处理 ICSID 管辖权问题时趋利避害，然而，上述观点由于存在以下特点从而并不能完全满足中国签订 BIT 实践的迫切需求：(1)从整体上对 ICSID 管辖权问题讨论不足。上述观点分别讨论了 ICSID 管辖权中的个别问题，并没有把 ICSID 管辖权作为一个体系从整体上加以考

---

① 有关这方面的讨论，请参见陈安.中外双边投资协定中的四大"安全阀"不宜贸然拆除——美、加型 BITs 谈判范本关键性"争端解决"条款剖析［M］//陈安.国际经济法学刊.北京：北京大学出版社，2006，13(1)：24，25.

② 有关此方面的研究成果，请参见陈安.国际投资争端仲裁——"解决投资争端国际中心"机制研究［M］.上海：复旦大学出版社，2001；陈安.国际投资争端案例精选［Z］.上海：复旦大学出版社，2001；李万强.ICSID 仲裁机制研究［M］.西安：陕西人民出版社，2002；陈安.国际经济法学刊(BIT 问题研究特刊)［C］.北京：北京大学出版社，2006，13(1)．

③ 请参见以下论文：陈安.中外双边投资协定中的四大"安全阀"不宜贸然拆除——美、加型 BITs 谈判范本关键性"争端解决"条款剖析［M］//陈安.国际经济法学刊(BIT 问题研究特刊).北京：北京大学出版社，2006，13(1).魏艳茹.论我国晚近全盘接受 ICSID 仲裁管辖权之欠妥［M］//陈安.国际经济法学刊(BIT 问题研究特刊).北京：北京大学出版社，2006，13(1).单文华.卡尔沃主义的"死亡"与"再生"——晚近拉美国家对国际投资立法的态度转变及其对我国的启示［M］//陈安.国际经济法学刊(BIT 问题研究特刊).北京：北京大学出版社，2006，13(1).林一飞.双边投资协定的仲裁管辖权、最惠国待遇及保护伞条款问题［M］//陈安.国际经济法学刊(BIT 问题研究特刊).北京：北京大学出版社，2006，13(1).

察。(2)对 ICSID 管辖权案例讨论不够。在论证的过程中,由于篇幅所限,上述观点多为通过 ICSID 案例归纳出相关规律,比较少地深入考察 ICSID 仲裁庭所持理由以及各国学者观点的对错。

所以,在充分学习前人已有研究成果的基础上,本书尝试专门对 ICSID 管辖权这一课题加以比较全面和深入的研究,提出管见,以就教于同道。

二、研究对象

本书的研究对象是 ICSID 近年来在确定其管辖权的仲裁实践中出现的一系列新问题。

《华盛顿公约》序言以及第 25 条规定了管辖权的三个必备条件:"争端性质适格""争端当事双方适格"以及"争端当事双方书面同意"。缺乏其中任何一个条件都会使得 ICSID 对相关争端没有管辖权。对于"争端当事双方书面同意"这一条件而言,本书重点讨论其中当事一方——争端缔约国的同意问题。[①] 根据《华盛顿公约》序言的规定,仅仅是加入该《华盛顿公约》并不意味着缔约国接受了 ICSID 的管辖权,要构成对 ICSID 管辖权的接受,尚需要缔约国另外通过书面方式来表达同意。[②] 缔约国通常可以通过投资合同、国内法、BIT 几种方式来表达其书面同意,[③]由于在 BIT 中表达"书面同意"是目前各国运用最为广泛的方式,所以,本书重点讨论缔约国在 BIT 中作出对 ICSID 管辖权的同意问题。另外,在 BIT 中对前面两个必备条件"争端性质适格""争端当事方适格"的规定可以决定东道国与"某类外国投资者"之间的"某类争端"是否可以提交给 ICSID 管辖,而缔约国是否在 BIT 中作出了"书面同意"却可以决定来自于另一缔约国的"所有特定类型投资者"与该缔约国间的"所有相关争端"是否可以提交给 ICSID 管辖。所以,缔约国在 BIT 中作出"书面同意"这一问题在三个必备条件中最为重要。

---

① 对于争端当事双方的另一方——外国投资者的同意,并不是本书重点讨论的内容。有关外国投资者的同意方式问题,请参见本书第一章第四节。

② 该序言中的相关原文是:Declaring that no Contracting State shall by the mere fact of its ratification, acceptance or approval of this Convention and without its consent be deemed to be under any obligation to submit any particular dispute to conciliation or arbitration.

③ 关于缔约国通过投资合同、国内法来表达其书面同意的详细讨论,请参见本书第一章第四节。

另外,根据笔者所掌握的资料,从 1998 年开始,我国对外缔结 BIT 的实践发生了突变,由"逐案同意"式①和"有限同意"式②并用的方法转变为以"全面同意"式③为主、"有限同意"式和"逐案同意"式为辅的方法。这种转变是否可以达到我国大大加强吸引外资的预期目标?"为中国对外投资保驾护航"是否可以成为我国在签订 BIT 时采取"全面同意"式的充分理由? 由此会带来什么样的风险? 对于解决这些问题的迫切性,笔者认为无论如何强调都不会过分。

值得注意的是,近年来,ICSID 仲裁实践中存在一种通过"最惠国条款""保护伞条款"等特殊条款来扩大东道国"书面同意"的倾向,如果这种倾向被广泛接受则将极大地扩展 ICSID 的管辖权范围。

所以,基于"缔约国在 BIT 中同意 ICSID 管辖权"这一问题的极其重要性、迫切性及其在实践中的新发展,本书拟以该问题作为研究的重点。从《华盛顿公约》的规定以及 ICSID 的仲裁实践来看,对于"缔约国在 BIT 中同意 ICSID 管辖权"这一问题可以从以下几方面来加以考虑:

1."当地救济"问题。用尽当地救济原则是接受投资之东道国维护国家经济主权的有力武器,但是,《华盛顿公约》把用尽当地救济从传统国际公法中

---

① 　根据这种同意方式,BIT 只是提供了发生争端后当事人诉诸"中心"管辖的可能性,如果要构成对"中心"管辖权的同意,还需要东道国政府和外国投资者另行达成协议。由于这种同意方式有赖于东道国政府对每一项投资的逐一审批,所以本书称之为"逐案同意"式。有关这种同意方式的详细讨论,请参见本书第三章。

② 　根据这种同意方式,有关缔约方在签订 BIT 时首先表明接受"中心"管辖的可能性,换言之,要构成接受"中心"管辖权的同意,还需要东道国和外国投资者另行达成协议。其次,在 BIT 中针对一些不太可能发生争端且不会影响东道国国计民生、重大国家利益的领域,作出同意"中心"管辖权的意思表示。由于这种接受方式在"逐案同意"基础上对有限的若干种争端类型概括同意"中心"管辖权,本书称之为"有限同意"式。有关这种同意方式的详细讨论,请参见本书第三章。

③ 　这种同意方式是指,东道国在 BIT 中概括同意"中心"管辖权,且不对有关争端附加重要例外,本书称之为"全面同意"式。有关这种同意方式的详细讨论,请参见本书第三章。

"放弃需明示"①的公认适用规则改变为"要求需明示"②。BIT 当中的相关规定、仲裁庭的一系列裁决以及西方学者所提出的理论和主张都表明,"当地救济"在实践中的效果已得到非常大的削弱。所以,有必要对发达国家规避、削弱"当地救济条款"的方法和理由加以分析,并根据我国对外所签订的 BITs 当中的相应规定,指出有可能存在的问题,提出相应对策。本书拟在第二章专门研究这一问题。

2. "同意 ICSID 管辖权"问题。加拿大最新 BIT 范本表明加拿大正在实施"战术性撤退"(tactical retreat)。③ 美国 2004 年 BIT 范本的内容也表明其至少是"部分地往后退"。④ 与此相反,近年来,我国对外缔结 BIT 的实践表明我国在"大踏步往前冲",正由原先"逐案同意"式和"有限同意"式并用的方法转变为 1998 年后以"全面同意"为主、"有限同意"和"逐案同意"为辅的方法。然而,即使是如同美国、加拿大这样的发达国家在与发展中国家签订 BIT 时都没有采用"全面同意"式,而是采取"全面同意＋重要例外"式。但是,作为发展中国家的中国,在与若干发达国家、发展中国家签订大量 BIT 时却采用了"全面同意"式。其间蕴含着什么样的风险？正确的同意方式是什么？本书拟在第三章专门研究这一问题。

3. "最惠国条款"问题。许多国家对外签订的某些 BIT 规定了在把相关争端提交国际救济之前应该优先用尽或者附加一定期限的当地救济,而在另外一些 BIT 中又没有规定当地救济优先。有的 BIT 全面同意了 ICSID 管辖权,有的 BIT 却没有全面同意。然而,基本上所有的 BIT 都规定了"最惠国条

---

① 其含义是:用尽当地救济原则得到各国的公认,其适用并不取决于预先约定。即使有关国家在条约当中并没有提及用尽当地救济原则,仍然不能视之为构成对用尽当地救济原则的默示放弃。要构成对用尽当地救济原则的放弃,需要有关国家的明确表示,或者在条约当中做出明确规定。有关这一问题的详细讨论,请参见本书第二章第一节。

② 即如果成员方在没有"明确要求"诉诸 ICSID 仲裁之前需要优先采用当地救济的话,就视为该成员方放弃了当地救济的要求。有关这一问题的详细讨论,请参见本书第二章第一节。

③ JAMES MCILROY. Canada's New Foreign Investment Protection and Promotion Agreement,Two Steps Forward,One Step Back? [J]. The Journal of World Investment & Trade,2004,5(4):637.

④ GANTZ D A. The Evolution of FTA Investment Provisions:From NAFTA to the United States—Chile Free Trade Agreement [J]. American University International Law Review,2004(19):767.

款"。那么,外国投资者是否可以凭借该"最惠国条款"绕过"当地救济优先"的要求甚至"从无到有"地创设出 ICSID 的管辖权？本书拟在第四章专门研究这一问题。

4."保护伞条款"问题。现代 BIT 中大部分规定有"保护伞条款",即规定缔约方应该遵守其对另一缔约方国民或者公司所作出的任何承诺。有的国家在 BIT 中同意 ICSID 管辖权后,又在与外国投资者签订的投资合同中约定把将来可能发生的争端排他性地交给东道国境内主管法院管辖。那么,如果东道国政府没有能够遵守合同义务,外国投资者是否有可能不顾该投资合同中约定由东道国境内主管法院排他性管辖的条款,从而直接依据"保护伞条款"寻求 ICSID 救济？本书拟在第五章中专门研究这一问题。

三、研究意义

本书的研究意义有:

1.如前所述,我国在大量 BIT 中同意 ICSID 管辖权时采用了会带来极大风险的"全面同意"式,在其他条款中的用语也存在一些问题。当前,为了因应"走出去"战略的需求,我国正在与发展中国家与发达国家相继签订或者修订BIT。那么,在"当地救济""同意管辖权"方面采用什么样的措施才能做到"趋利避害"？对于谈判相对方提出的不合理条款,我们可以提出什么样的理由加以应对？本书希望本书的结论能够有助于我国在今后签订 BIT 的实践中防患于未然和趋利避害,以便既能较好地保护我国海外投资者,又能保护我国政府对国民经济的管理行为不受过度约束。

2.我国已在非常多的 BIT 中同意了 ICSID 管辖权。而且,随着我国改革进程的加快,现存"环境政策""劳工保护政策""超国民待遇政策"的更改,又势必会影响到外国投资者的既得利益。在被诉之于 ICSID 仲裁庭时,可以利用本书建议采用的预防措施和有关规定来加以抗辩,提出 ICSID 管辖权异议,以尽量维护自己的应有权益。

3.ICSID 机制对外国投资者的保护效果非常好,但发达国家并不满足,一直在考虑对 ICSID 机制加以改进,以便更好地保护外国投资者。2006 年 4 月

5 日,ICSID 行政理事会公布了修改后的仲裁规则。① 根据笔者了解到的消息,当 ICSID 征求我国对该修改后的仲裁规则的意见时,我国投了弃权票。本书认为,这样的修改绝对不会是最后一次。当今后再次对 ICSID 相关规则加以修改时,笔者希望本书提出的若干建议能够起到向我国参加会议的人员提供"武器与弹药"的作用。

四、研究方法

本书综合运用了以下几种法学研究方法:

1. 注释法学研究方法。ICSID 管辖权的法律依据是《华盛顿公约》序言以及第 25 条、第 26 条、第 27 条、第 36 条、第 41 条,无论是个案仲裁庭还是从事这方面研究的专家学者,在研究 ICSID 管辖权制度的时候,都必须首先对这些条款(尤其是其中的第 25 条)加以解释。在解释中,通常都会依据《维也纳条约法公约》第 31 条、第 32 条所规定的文本解释方法、目的宗旨解释方法进行解释,②这就使得注释法学研究方法成为本书必须援用的研究方法之一。

2. 实证法学研究方法。《华盛顿公约》规定管辖权内容的许多词语非常抽象,因此,要对 ICSID 管辖权制度加以深入研究,就必须充分结合 ICSID 仲裁庭的仲裁实践。所以,本书还运用了实证法学研究方法。

3. 历史法学研究方法。法律的发展也是历史的发展,研究 ICSID 管辖权

---

① 例如,2004 年 10 月 26 日,"中心"秘书长提出了对 ICSID 仲裁加以改进的可能性框架,即:"Possible Improvements of the Framework for ICSID Arbitration"[EB/OL]. http://www.worldbank.org/icsid/highlights/improve-arb.htm,2004-10-26.

② 《维也纳条约法公约》第 31 条"解释之通则"规定:(1)条约应依其用语按其上下文并参照条约的目的和宗旨所具有的通常意义,善意地加以解释。(2)就解释条约而言,"上下文"除指连同序言及附件在内的约文外,还应包括:①全体当事国间因缔结条约而订立的与条约有关的任何协定;②一个以上当事国因缔结条约所订立并经其他当事国接受为条约有关文书的任何文书。(3)应该与上下文一并考虑的还有:①当事人嗣后所订立的关于条约的解释或其规定之适用的任何协定;②嗣后在条约适用方面确定各当事国对条约解释之协定的任何惯例;③适用于当事国间关系的任何有关国际法规则。(4)倘若经确定当事国有此原意,条约用语应使其具有特殊意义。

《维也纳条约法公约》第 32 条"解释之补充资料"规定:为证实由适用第 31 条所得的意义起见,或依据第 31 条进行解释:(1)意义仍属不明或者难解;或者(2)所获结果显属荒谬或不合理时,为确定其意义起见,得使用补充资料进行解释,包括有关条约的准备工作以及条约的缔结情况的历史资料在内。

制度也需要运用历史的眼光来考察 ICSID 管辖权制度的起草历史与未来走向,从中确定研究者自己的立脚点。所以,本书还将运用历史法学研究方法。

4.比较法学研究方法。要针对中国的实际情况提出建议,就有必要先参考其他国家在运用 ICSID 机制方面的经验与教训,尤其是同属于发展中国家的阿根廷所遇到的挫折,借鉴其优点并规避其所遇到的风险。所以,本书还运用了比较法学研究方法。

5.法律经济学研究方法以及社会法学研究方法。ICSID 管辖权制度的发展受到各种社会、经济因素的共同作用与影响,尤其受到发展中国家与发达国家之间博弈的影响。所以本书还采纳了法律经济学研究方法以及社会法学研究方法。

五、体例安排和基本内容

除前言与结论外,全书共分为五个部分:分别研究 ICSID 管辖权的三个必备条件、当地救济条款、中国对 ICSID 管辖权的同意、最惠国条款以及保护伞条款。本书的基本内容是先介绍管辖权问题在《华盛顿公约》中的地位、《华盛顿公约》对 ICSID 管辖权的规定等等,再对我国应该如何规定 ICSID 管辖权的三个必备条件——"争端"适格、"当事方"适格、当事方"书面同意"提出建议。就第三个必备条件而言,如果能够善加运用,将非常有助于中国在签订BIT 实践中趋利避害,所以,本书拟以该问题作为研究的重点。

在分析中国对 ICSID 管辖权的同意方式之前,本书拟先考察《华盛顿公约》第 26 条对"当地救济"的规定以及 ICSID 仲裁庭的相应实践。本书根据中国的实际情况,考察了以下问题:中国是否应该坚持当地救济优先? 到底是应该规定用尽行政复议程序,还是应该规定在一定期限内前置行政复议程序? 另外,本书还分析了"岔路口条款"对"当地救济"规则的消极影响。

在解决当地救济问题之后,本书接着探讨本书的中心问题:对 ICSID 管辖权的同意问题。本书首先对加拿大、美国、印度以及阿根廷同意 ICSID 管辖权的方式作了比较研究。得出结论如下:美国、加拿大等发达国家都没有采取"全面同意"式,而是采取"全面同意+重要例外"式,阿根廷则在采取"全面同意"式之后遭到惨重打击——自发生金融危机后的 5 年期间,阿根廷已经在数十个 ICSID 仲裁案件中成为被申请方。然后,本书对中国目前同意 ICSID 管辖权的方式加以分析,认为中国的同意方式不属于"落后",而是"超前"。最后,笔者逐一探讨选择"全面同意"式、"有限同意"式、"全面同意+重要例外"式以及"逐案同意"式的利弊后果,还考察了应该坚持规定的例外事项,如"拒绝授惠"例外、"新投资企业的建立、并购"例外、"最惠国待遇"例外、"重要安全利益、特别紧急情况"例外、"金融服务"例外、"税收"例外等。

　　然而,即使我们在 BIT 中对"当地救济"规则以及同意 ICSID 管辖权的方式作了妥当的规定,发达国家仍然可能通过 BIT 中的一些特殊条款来扩大 ICSID 的管辖权。"最惠国条款"和"保护伞条款"是目前使用最多也是最有可能达到目的的两个条款。对于这些新发展,本书首先逐一分析了涉及"最惠国条款"的四个 ICSID 案件:"墨菲兹尼案""西门子案""赛利尼案"以及"普莱玛案"。在此基础上,笔者认为我国目前缔结的 BIT 规定不能排除将来仲裁庭把"最惠国条款"适用于争端解决规定的可能性,并据此提出了相应的建议。

　　最后,本书重点介绍了两个对"保护伞条款"作出相反解释的 ICSID 案件:"SGS v. Pakistan 案"以及"SGS v. Philippines 案"。本书认为,通过"保护伞条款"把违反合同的行为在性质上提升为违反条约将带来打开"防洪大闸"的风险。本书还依次分析了多位学者所提出的几种解决方案:"投资者自我限制"方案、"涉及政府权力"方案、"司法礼让"与(防止)"权利滥用"方案,并且认为"司法礼让"与(防止)"权利滥用"方案较能有效地解决这一问题。同时,本书建议我国今后签订 BIT 时不宜再采用"保护伞条款",这是为了防止外国投资者利用"保护伞条款"把合同性争端"提升"为 BIT 争端并且让 ICSID 仲裁庭行使管辖权。

第一章　ICSID 管辖权的三个必备条件

第一节　ICSID 管辖权概述

一、《ICSID 公约》的缔结背景及中国的加入

投资争端的大量产生促成了各国对《华盛顿公约》的需求。第二次世界大战结束以后,亚洲、非洲、拉丁美洲许多弱小民族摆脱了殖民统治,成为政治上独立的发展中国家。然而,西方原"宗主国家"利用自己的优势地位与当时的殖民地签订了许多不平等条约,控制了殖民地的重要自然资源以及国民经济命脉。这些原殖民地国家(发展中国家)为了巩固和发展政治独立,就必须摆脱外国资本对本国的经济控制,并进一步争取经济独立。在这个过程中,必然会影响外国投资者以及发达国家(原殖民国家)的既得利益,并且引发种种投资争端。

已有争端解决机制不能妥当地解决这种投资争端,这对各国缔结《华盛顿公约》产生了现实上的驱动力。外国投资者与东道国政府之间发生投资争端之后,外国投资者通常都可以向东道国的行政机关提出申诉或者向司法机关起诉。不过,外国投资者通常都认为东道国的受理机关不会"公平"执法,因而极不愿意采取这种途径。在有仲裁协议的情况下,外国投资者还可以向一般国际仲裁机构申请仲裁。但由于被申请方是拥有主权豁免权的国家,而这些一般仲裁机构对此类国际投资争端缺乏有效的特定机制,所以,也无法满足外国投资者的需求。如果由投资者母国以行使"外交保护权"向东道国施加政治压力、经济制裁等,又会遭到众多发展中国家的共同抵制和国际舆论的强烈谴责。如果以投资者母国政府作为原告,以东道国政府作为被告,向国际法院起

诉,更是由于国际法院在管辖权方面的种种限制而存在诸多不便。①

所以,一方面是独立不久的众多发展中国家力图摆脱外国资本对本国经济的操纵和控制,加强对境内外国资本的监督、管理和控制。另一方面,对于发展中国家所采取的措施,外国投资者认为损害了其利益,却由于前述原因,感到无法得到切实有效的救济。另外,时代的发展使得国际投资的规模飞速扩大,这又进一步加深了外国投资者与东道国政府之间本来就难以调和的矛盾。各个利益方对妥善解决这些矛盾的期望就产生了创建专门解决此类矛盾之国际仲裁庭的需求。而各类国家之间互相依存、互相需求的现实又使得各国需要相互妥协,并进一步使得此类国际仲裁庭的创建成为可能。

为了解决前述问题,在世界银行的主持下,发达国家和发展中国家经过数年的激烈论战和反复多次的修改,在 1965 年拟定了《解决国家与他国国民间投资争端公约》的正式文本,并于当年 3 月 18 日在世界银行总部所在地华盛顿市开放签署(简称《ICSID 公约》或《华盛顿公约》)。1966 年 10 月,《华盛顿公约》开始生效。根据《华盛顿公约》第 1 条的规定,正式设置了"解决投资争端国际中心"(简称"ICSID"或"中心"),作为负责组织处理国家与他国国民间投资争端的常设专门机构。每一缔约国分别指派调解员与仲裁员各 4 人,这些被指派的调解员与仲裁员被编成"调解员名册"和"仲裁员名册",备于"中心",供投资争端当事各方选择。"中心"本身并不直接承担调解或仲裁工作,其主要工作内容是为针对具体争端而分别组成的调解委员会或国际仲裁庭提供必要的条件。

1965 年《华盛顿公约》在华盛顿开放接受各国签署之后,台湾当局以"中华民国"的名义分别于 1966 年以及 1968 年办理了"签署"和"批准"手续。后来,"中心"了解到中国政府正在积极考虑与研究参加《华盛顿公约》的可能性,遂于 1980 年在该"中心"的"行政理事会"第十四届年会上作出决定,把台湾当局从《华盛顿公约》缔约国名单上除名。

大体上从 1985 年开始,中国法学界对于中国是否应该参加该《华盛顿公约》展开了非常广泛而热烈的讨论。主要有三种主张:(1)为了促进改革开放,应当从速参加;(2)为了珍惜主权,绝对不宜参加;(3)积极加强研究,慎重考虑参加。中国政府在经过多年调查研究、多方征询意见的基础上,于 1990 年签

---

① 关于这些争端解决方法的详细分析,请参见陈安.国际投资争端仲裁——"解决投资争端国际中心"机制研究[M].上海:复旦大学出版社,2001:10-11.

署了《华盛顿公约》,并且于 1993 年向《华盛顿公约》保存者世界银行总部提交了批准书,从 1993 年正式成为《华盛顿公约》的成员国。[①]

二、管辖权问题在《ICSID 公约》中的地位

缔结《华盛顿公约》最根本的推动力源于外国投资者对东道国司法体系的不信任。如果外国投资者信任东道国司法体系会公正司法,会公平对待投资争端的当事双方——即外国投资者与东道国政府,那么,就没有必要缔结该《华盛顿公约》。正是由于外国投资者认为东道国法院会偏袒东道国政府,所以全力推动建立不受东道国政府控制的国际仲裁庭来裁决其与东道国政府之间的投资争端。同样,为了保护本国海外私人投资者的利益,作为资本输出国的发达国家也是竭力否认东道国的国内管辖权,主张设立一个"中立"的国际仲裁庭来解决其海外私人投资者与东道国政府之间的投资争端。从作为资本输入国的发展中国家角度来看,为了维护自己管制国民经济的权力,当然是依据国家主权原则坚持把有关投资争端放在东道国国内解决。然而,由于存在吸纳外国资本以发展本国经济的急迫需求,又不得不在一定程度上作出妥协。

所以,缔结《华盛顿公约》的核心问题就在于如何把东道国政府对国内发生的投资争端所享有的管辖权转移到国际仲裁庭手中,在满足外国投资者这一需求的同时又能够妥当地照顾到东道国维护国家经济主权的需要。管辖权是"中心"机制的核心。它决定了"中心"调解委员会或者仲裁庭是否有资格对某具体案件进行调解或者仲裁。也正是由于这一原因,作为资本接受国的发展中国家与作为资本输出国的发达国家在起草《华盛顿公约》当中的管辖权条款时,展开了激烈的争论。两大阵营对于无法达成妥协的某些内容,就采用了非常抽象的用语,期待将来仲裁庭在个案中加以解释。另外,在实践中,发达国家利用其谈判优势以及资金优势,利用 BIT 以及 FTA 等方式对《华盛顿公约》当中的抽象用语加以扩大解释,以期扩大"中心"管辖权。还有,发达国家试图利用最惠国条款、保护伞条款来无限地扩展"中心"管辖权。同时,发展中国家也意识到了管辖权问题的重要性,不过由于缺乏专业性法律人员、缺乏资本等原因,在利用《华盛顿公约》管辖权问题上基本处于守势,只是在被诉之于

---

① 有关中国加入《华盛顿公约》的具体情况,请参见陈安.国际投资争端仲裁——"解决投资争端国际中心"机制研究[M].上海:复旦大学出版社,2001:21-41;陈安.ICSID 与中国:我们研究"解决投资争端中国中心"的现实动因和先决问题[M]//陈安.国际经济法学刍言.北京:北京大学出版社,2005:632-676.

"中心"之后再提出管辖权异议。

从"中心"的仲裁实践来看,管辖权问题往往是当事方之间、仲裁员之间、各国学者之间争论的焦点。在外国投资者把投资争端提交"中心"仲裁之后,作为被申请方的东道国政府通常都会提出管辖权异议,双方往往针锋相对。在仲裁庭对管辖权问题作出决定之后,其中某一仲裁员对该管辖权决定发表其不同意见的情况也并不鲜见。由于各国学者的立场和出发点不同,对《华盛顿公约》管辖权规则在具体案件当中的适用也是各有其独自见解,甚至完全相反。由于发达国家与发展中国家在管辖权问题上的重视和争论,"中心"仲裁庭在确立个案管辖权时,希望严格把握《华盛顿公约》的规定,平衡发达国家与发展中国家的利益,正确处理好"中心"管辖权和东道国国内管辖权的关系。不过,总的来看,存在通过行使自由裁量权来解释相关规则从而扩大管辖权的倾向。

三、ICSID 管辖权的必备条件

《华盛顿公约》第 25 条规定了管辖权的必备条件:

1. ICSID 的管辖权适用于缔约国(或者缔约国指派到 ICSID 的该国任何下属单位或者机构)和另一缔约国国民之间因投资而直接产生的任何法律争端,而该项争端经双方书面同意提交给 ICSID。经双方表示同意后,不得单方面撤销其同意。

2. 另一缔约国国民系指:

(1)在双方同意将争端交付调解或仲裁之日以及在根据第 28 条第 3 款或第 36 条第 3 款将请求予以登记之日,具有作为争端一方的国家以外的某一缔约国国籍的任何自然人,但不包括在上述任一日期也具有作为争端一方的缔约国国籍的任何人。

(2)在争端双方同意将争端交付调解或仲裁之日,具有作为争端一方的国家以外的某一缔约国国籍的任何法人,以及在上述日期也具有争端当事国的缔约国国籍的法人,而该法人因受外来控制,双方同意为了本公约的目的应该看作是另一缔约国国民。

3. 某一缔约国的下属单位或机构表示的同意,须经该缔约国批准,除非该缔约国通知 ICSID 不需要予以批准。

4. 任何缔约国可以在批准、接受或认可本公约时,或在此后任何时候,把它将考虑或不考虑提交给 ICSID 管辖的一类或几类争端通知 ICSID,秘书长应该立即将此项通知转交给所有缔约国。此项通知不构成第 1 款所要求的

同意。

从该条款可以看出,如果想把有关争端提交给"中心"加以调解或者仲裁,以下几个条件必须同时具备:

第一,有关争端是直接因投资而产生的法律争端;

第二,争端当事方分别是《华盛顿公约》缔约国(或该缔约国指派到"中心"的该国的任何下属单位或机构)和另一缔约国国民;

第三,争端当事方对于把争端提交给"中心"管辖作了书面同意。

换言之,要使得"中心"拥有管辖权,就要同时具备以上"争端性质适格""争端当事方适格"以及"争端当事方书面同意"三个必备条件。缺乏其中任何一个条件都会使得"中心"对相关争端没有管辖权。所以,在具体案件中,当事双方通常都会对这三个必备条件加以激烈的"进攻"与"防守"。

对于"争端当事双方书面同意"这一条件而言,本书重点讨论其中当事一方——争端缔约国的同意问题。① 根据《华盛顿公约》序言的规定,仅仅是加入该《华盛顿公约》并不意味着缔约国接受了 ICSID 的管辖权,要构成对 ICSID 管辖权的接受,尚需要缔约国另外通过书面方式来表达同意。缔约国通常可以通过投资合同、国内法、BIT 等多种方式来表达其书面同意,② 由于在 BIT 中表达"书面同意"是目前各国运用最为广泛的方式,而且,在 BIT 中对前面两个必备条件"争端性质适格""争端当事方适格"的规定可以决定东道国与"某类外国投资者"之间的"某类争端"是否可以提交给"中心"管辖,而缔约国是否在 BIT 中作出了"书面同意"却可以决定来自于另一缔约国的"所有特定类型投资者"与该缔约国间的"所有相关争端"是否可以提交给"中心"管辖。所以,缔约国在 BIT 中作出"书面同意"这一问题在三个必备条件中最为重要。尤其值得注意的是,近年来,存在一种通过 BIT 中某些类别的特殊条款来扩大东道国"书面同意"的倾向,如果这种倾向被广泛接受则将极大地扩展"中心"的管辖权范围。然而,包括中国在内的发展中国家却似乎还没有意识到这种倾向的不利后果。

因此,本章以下三节分别对这三个必备条件加以讨论。基于"缔约国在 BIT 中同意 ICSID 管辖权"这一问题的极其重要性与紧迫性,本书在后面的

---

① 对于争端当事双方的另一方——外国投资者的同意,并不是本书重点讨论的内容。有关外国投资者的同意方式问题,请参见本书第一章第四节。

② 关于缔约国通过投资合同、国内法来表达其书面同意的详细讨论,请参见本书第一章第四节。

几章进一步重点讨论该问题在实践中的新发展。

第二节　ICSID 管辖权必备条件之一
——"争端"适格

根据《华盛顿公约》第 25 条第 1 款的规定,争端当事方提交"中心"管辖的"争端"是"因投资而直接产生的法律争端"。这里包括两个条件:第一,争端属于法律争端;第二,争端是直接因投资而产生的。对"法律争端"与"投资"的界定就决定着有关争端是否适格。另外,第 25 条第 4 款规定东道国任何时候都可以"把它将考虑或不考虑提交给 ICSID 管辖的一类或几类争端通知 ICSID",这种通知应该具有什么样的效力? 对"中心"可管辖的争端范围有什么样的影响? 本节拟讨论这三个问题。

一、关于"法律争端"

(一)起草《华盛顿公约》时对"法律争端"的讨论

从《华盛顿公约》的谈判历史可以看出,"法律争端"这一词语应该被解释为排除道德、政治或商事争端,[①]或者解释为必须涉及法律权利或义务。[②] 有些来自资本输出国的代表认为限定于"法律争端"会显得过于限制性或者过于模糊,建议将其删除。[③] 有些代表则建议进一步澄清"法律争端"的含义。[④] 后来,在《华盛顿公约》的一份草案中,"法律争端"曾经被定义为:"任何有关法律权利和义务的争端或者任何有关确定法律权利和义务的事实的争端。"[⑤] 不过,对此一定义,有的代表认为该定义无用并应被删除,[⑥]有的提出其他定义

---

① History of the ICSID Convention [Z]. Volume Ⅱ ,paras. 54,83,96,203,259,267,322,397.

② History of the ICSID Convention [Z]. Volume Ⅱ ,paras. 267,285,322,565.

③ History of the ICSID Convention [Z]. Volume Ⅱ ,paras. 88,322,396,411,412,565.

④ History of the ICSID Convention [Z]. Volume Ⅱ ,paras. 376,395,493,495.

⑤ History of the ICSID Convention [Z]. Volume Ⅰ,para. 116.

⑥ History of the ICSID Convention [Z]. Volume Ⅱ ,paras. 701,707.

加以代替，^①有的建议根本不应限制于"法律争端"。^② 由于无法达成一致意见，在讨论"法律争端"的适当定义之后，最后还是决定在《华盛顿公约》中只保留这一用语而不作任何定义。^③

所以，某项争端是否属于法律争端，应该根据具体情况而定，在争端没有发生之前，通常难以对此类问题加以确定。^④

（二）对"法律"的约定与仲裁实践

"法律争端"中的"法律"究竟是指什么法律？是仅仅指东道国明确签字认可的投资条约、颁布的国内法，还是包括"一般国际法"在内？违反投资合同所产生的争端是否属于此处的"法律争端"？

各国通常都是通过所缔结的 BIT 来同意"中心"管辖权，不过，对同意提交"中心"解决的"争端"范围差别非常大，形成两个极端。宽泛的一端是范围非常广泛的管辖权，规定解决缔约一方与缔约另一方投资者之间发生的任何争端，采用"任何争端""任何法律争端"这样的用语。狭窄的一端是规定仅仅解决涉及 BIT 下义务的争端，换言之，只解决违反 BIT 的争端，采用"违反本协定义务的争端"这样的限定性词语。后一种类型较好理解，只有在东道国违反了本协定条款明确规定的义务的情况下，外国投资者才有权把相关争端提交"中心"解决。而对于前一种类型，则容易让人理解为这种"任何争端""任何法律争端"不但包括违反投资条约，还包括违反东道国国内法以及违反投资合同的行为在内。对于这一问题，"中心"仲裁庭所裁决的案件中出现了两种结果完全相反的意见。

《瑞士—巴基斯坦 BIT》以及《瑞士—菲律宾 BIT》中的管辖权条款规定解决"缔约一方与缔约另一方之投资者与投资有关的争端"。^⑤ SGS v. Pakistan 仲裁庭认识到：由于违反 BIT 而引发的争端，与由于纯粹是违反投资合同而引发的争端，都可以描述为《瑞士—巴基斯坦 BIT》第 9 条所使用的短语"与投

---

① History of the ICSID Convention [Z]. Volume Ⅱ, paras. 707, 833, 835.

② History of the ICSID Convention [Z]. Volume Ⅱ, paras. 702, 831.

③ History of the ICSID Convention [Z]. Volume Ⅱ, paras. 826.

④ 陈安. 国际投资争端仲裁——"解决投资争端国际中心"机制研究[M]. 上海：复旦大学出版社，2001：78.

⑤ STANIMIR A. ALEXANDROV. Breaches of Contract and Breaches of Treaty, The Jurisdiction of Treaty-based Arbitration Tribunals to Decide Breach of Contract Claims in SGS v. Pakistan and SGS v. Philippines [J]. The Journal of World Investment & Trade, 2004, 5(4): 573.

资有关的争端"。① 不过,仲裁庭的结论是:虽然存在这种通常含义,但是并没有在 BIT 第 9 条或者其他条款中找到任何东西可以被视为赋予本仲裁庭对合同性争端拥有排他性管辖权,仲裁庭据此相信这不会必然地暗示着缔约国的意图是让第 9 条既包括 BIT 争端又包括纯粹的合同性争端。基于这种考虑,仲裁庭不欲对 SGS 关于违反合同的主张行使管辖权。②

相反,"与投资有关的争端"这一短语的字面含义被 SGS v. Philippines 仲裁庭接受。该仲裁庭认为其对 SGS 的合同性主张有管辖权。在解释《瑞士—菲律宾 BIT》中的管辖权条款时,该仲裁庭认为:从表面上看,第Ⅷ条只是一般性规定,允许投资者提交其与东道国之间的所有投资争端。"与投资有关的争端"这一短语……并不限于对主张所作的法律分类。违反 BIT 第Ⅵ条有关征收的争端属于"与投资有关的争端",同样,产生于如同 CISS 合同这样的投资合同中的争端也属于"与投资有关的争端"。③

该案仲裁庭列举了几个理由以支持其解释第Ⅷ条管辖权条款:

首先,它认为,第Ⅷ条当中可以用来解决争端的三个法庭——东道国国内法院、ICSID 仲裁庭、UNCITRAL 临时仲裁庭——都有权"适用东道国法,包括其合同法"。④

其次,外国投资者选择向哪一个法庭提交其合同性主张的能力完全符合 BIT 促进与保护外国投资者的目的。⑤

再次,仲裁庭认识到"投资是通过与东道国以及当地投资伙伴之间的合同或者其他协议的方式作出的",因此,"与投资有关的争端"这一词语就自然而然地包括了合同性争端。⑥

最后,仲裁庭注意到,《瑞士—菲律宾 BIT》的缔约国本来可以把管辖权条款限定于仅仅是"涉及违反 BIT 中实体标准的主张",就像他们在对缔约国间

---

① SGS Société Générale de Surveillance S. A. v. Islamic Republic of Pakistan(ICSID Case No. ARB/01/13),Decision on Jurisdiction,para. 161.

② Id.

③ SGS Société Générale de Surveillance S. A. v. Republic of the Philippines (ICSID Case No. ARB/02/6),para. 131.

④ SGS Société Générale de Surveillance S. A. v. Republic of the Philippines (ICSID Case No. ARB/02/6),para. 132(a).

⑤ Id. ,para. 132(c).

⑥ Id. ,para. 132(d).

争端解决所作的限定一样，^①但是缔约国并没有施加这些限制。

（三）中国签订的 BIT 中对"法律争端"的约定及其建议

从以上可以看出，为缩小可提交给"中心"之争端范围起见，在 BIT 中规定可提交"中心"之争端应是"本协定下与投资有关的法律争端"，而不应该是"与投资有关的任何争端"这样的措辞。否则，将来"中心"仲裁庭有可能把"任何争端"扩大解释为包括"合同性争端"在内，并行使管辖权。

在我国已签订的 BIT 中两种措辞都有被采用，例如，2003 年《中国—德国BIT》第 9 条第 1 款规定的可提交"中心"仲裁的是"缔约一方与缔约另一方投资者之间就投资产生的任何争议"，^②2003 年《中国—圭亚那 BIT》规定可提交"中心"仲裁的"投资争议是指缔约一方与缔约另一方投资者因履行本协定下与投资有关的义务所产生的争议"^③。从维护东道国经济主权角度来看后一种规定更加妥当，建议今后不宜再采用"与投资有关的任何争端"这样的措辞。

二、关于"投资"

在起草《华盛顿公约》的过程中，多种"投资"的定义曾经被提出过，但是都遭到许多代表的反对，从而无法就某一种定义达成一致意见。最后，决定在《华盛顿公约》当中不对这一用语作出定义。《执行董事会报告书》指出当事方可以在其同意"中心"管辖权的条款中对"投资"作出定义。《"中心"标准条款》也指出，《华盛顿公约》没有对"投资"作出定义，是有意省略，因为私人与外国政府实体之间交易的多样性，使得任何定义都无法涵盖"投资"的全部内容。在国际投资法上，也不存在一个统一的"投资"定义，各国都是根据自己的具体情况在国内法或投资条约中作出界定。^④ 所以，已有的"投资"定义并不统一，不过，大部分都是采用开放式的架构来表述何谓"投资"。

通常，有三种方式对"投资"下定义：以资产为基础的投资定义，以企业为

---

① Id.，para.132(b).

② 与此相同的还有 2002 年《中国—波黑 BIT》第 8 条第 1 款等。

③ 与此相同的还有 2002 年《中国—特多 BIT》第 10 条第 1 款等。

④ 陈安.国际投资争端仲裁——"解决投资争端国际中心"机制研究[M].上海:复旦大学出版社,2001:79-80.

基础的定义以及以交易为基础的定义。① 我国签订的 BIT 中采用的是以资产为基础的投资定义。例如,2004 年《中国—芬兰 BIT》第 1 条第 1 款规定:

"投资"一词系指缔约一方投资者依照缔约另一方的法律和法规在缔约另一方领土内所投入的各种财产,特别是,包括但不限于:

(一)动产,不动产和其他财产权利,如抵押、质押;

(二)公司的股份、债券、股票和其他形式的参股;

(三)金钱请求权或其他与投资有关的具有经济价值的行为请求权;

(四)知识产权,特别是著作权,专利、商标、商名、商业秘密、工艺流程、专有技术和商誉;

(五)法律或法律允许依合同授予的商业特许权,包括勘探、耕作、提炼或开发自然资源的特许权。

作为投资的财产发生任何形式上的变化,不影响其作为投资的性质。再投资收益应享受与初始投资同样的待遇。

这种"投资"定义的好处在于其灵活性、开放性和前瞻性。能够对尽可能大范围的资产提供保护,可以适应外国投资形式的新发展。实际上,现代绝大多数双边和区域投资协定都趋向于采用宽泛的"投资"定义。而且,其中强调投资是"依照缔约另一方的法律和法规"投入的财产这一规定非常好。这就把

---

① (1)以资产为基础的投资定义是:"投资"指缔约各方依照各自法律和法规所允许或接受的各种财产,它不仅包括金融资产及经济概念上的"资本",还包括具有创造生产能力的所有有形和无形资产。主要有:动产、不动产和其他财产权如抵押权、留置权、质权、享用权;公司的股份、股票、债券、债权;各种具有经济价值的给付请求权;知识产权;法律赋予或透过合同而具有的经营特权,包括自然资源的勘探、提炼或开发的特许权。(2)以企业为基础的"投资"定义。有些国际投资协定主要针对 FDI,将"投资"的定义范围集中于企业的对外投资,而不是外国在东道国不同投资资产的构成。这种以企业为基础的投资定义是:一个国家的实体企业为了获得持续性收益,在另一个国家内建立一个实体企业。前者的实体称为直接投资者,后者的实体称为直接投资企业。持续性收益是指投资者与所投资的企业之间存在一种长期关系,且投资者对所投资的企业具有一定程度的影响力。一些双边和区域投资协定对以企业为基础的投资定义的范围限制,引入"外国控制权"作为限制条件,从而限定"投资"的范围。"外国控制"也是区别 FDI 与间接投资的关键因素。(3)以交易为基础的"投资"定义。这种定义强调投资过程中资本和相关资产的跨国界流动,这种跨国界的交易是在一种对外新建或者收购投资过程中进行的。这种方式的投资定义最初使用于双边和区域投资协定中,主要考虑涉及影响资本流动的东道国政策,而不是针对投资来定义的。詹晓宁,葛顺奇.国际投资协定:"投资"和"投资者"的范围与定义[J].国际经济合作,2003(1):41-42.

"投资"范围置于东道国国内法规的制约之下,包括东道国禁止、限制、鼓励投资的各种法规及其审批投资的各种制度。

不过,考虑到我国作为发展中国家的身份以及国内经济和发展的政策目标,在采用以资产为基础的投资定义的同时,还应该适当缩小"投资"定义中的资产范围。有观点提出以下限制方法:(1)在国际投资协定中明确规定在特殊条件下赋予东道国一定的政策灵活性。首先,依据外国投资进入市场前还是进入市场后给予不同待遇。就为投资者提供保护而言,许多双边和区域投资协定对于投资后的资产保护程度和范围高于投资前的资产保护程度和范围。其次,如果投资协定中使用了涵盖各种间接投资的宽泛定义,就把它区分为长期投资和短期投资,使投资的定义专门适用于前者。此外,为了维持国际收支平衡,允许东道国对波动性极大的短期资本实施一定的限制性措施。比如,禁止资本在投资一年之内汇回母国。以上三种例外条款,赋予东道国一定的政策灵活性,对投资的范围进行限制。(2)使"投资"的定义适用于或者不适用于东道国的特定部门。许多双边保护协定规定,"投资"的适用范围不包括政府部门、运输服务以及大多数金融服务业。还可以根据不同资本类型、投资规模等条件设立最低门槛。这样做的目的是,根据限制目的的不同采取相应的限制性措施,确保外国直接投资服务于东道国经济和产业发展的政策目标。[①]

三、"通知"的效力

《华盛顿公约》第25条第4款规定:"任何缔约国可以在批准、接受或认可本公约时,或在此后任何时候,把它将考虑或不考虑提交给ICSID管辖的一类或几类争端通知ICSID,秘书长应该立即将此项通知转交给所有缔约国。此项通知不构成第1款所要求的同意。"在实践中,许多国家已经把其不愿意提交给"中心"管辖的某类争端根据该款规定通知"中心"。例如,沙特阿拉伯政府通知"中心",任何有关石油和主权行为的投资争端都不提交"中心"管辖;牙买加和加纳通知"中心",任何有关矿产和其他自然资源的争端不提交"中心"管辖。

那么,这些国家在通知"中心"其愿意或者不愿意提交"中心"管辖的争端类型后,是否就具有同意以后把此类争端提交"中心"管辖或者把此类争端完

---

① 詹晓宁,葛顺奇.国际投资协定:"投资"和"投资者"的范围与定义[J].国际经济合作,2003(1):42.

全排除于"中心"管辖权之外的效果呢？前一种情况的答案是否定的。因为《华盛顿公约》第 25 条第 4 款最后一句规定，"此项通知不构成第 1 款所要求的同意"，所以，此种"通知"只是方便外国投资者知道东道国政府愿意把哪些类型的争端提交"中心"解决，而并不能构成对"中心"管辖权的同意。对于后一种情况，即此种"通知"是否可以否定"中心"管辖权，《华盛顿公约》第 25 条并没有给出明确答案。

我们可以把东道国通知"中心"其不愿意提交管辖的争端类型进一步分为两种情况：(1)东道国已在其他协议中对某些类型的争端同意"中心"管辖权，后来又通知"中心"其不愿意把此类争端提交"中心"解决，这时，后面所作出的"通知"是否具有否定以前"同意"的效力？(2)东道国在通知"中心"其不愿意把某类争端提交"中心"解决后，又在其他协议中同意把此类争端提交"中心"解决，这时，后面所作出的"同意"是否有效？

对于先"同意""中心"管辖某类争端再"通知""中心"不管辖的情况，曾经出现过这方面的案例。在"阿尔科公司案"中，牙买加政府就以其曾作出上述通知为由否定"中心"的管辖权，但是仲裁庭认为，这种通知不能对其以前所作出的同意产生撤销的效果，从而驳回了牙买加政府的主张。[①]

对于先"通知""中心"不管辖某类争端再"同意""中心"管辖的情况，有观点认为，在这种情况下，东道国同意"中心"管辖权的行为表明该国撤销了其以前所作的通知。[②] 还有观点认为，这种特定排除很明显对《华盛顿公约》中"投资"的含义没有影响，甚至不能具有排除后来把这种争端提交 ICSID 管辖的效力。[③] 不过，这两种观点并没有得到《华盛顿公约》条款上的支持，还并不具有说服力。为妥当起见，笔者同意以下观点：缔约国根据《华盛顿公约》第 25 条第 4 款向"中心"作出的此类通知是否可以随时撤销这一问题在理论上存在争议，而且"中心"在这方面也没有案例。因此，在缔约国已经事先通知"中心"某些事项不得提交中心管辖的情况下，如果外国投资者希望就这些事项与缔

---

① 陈安. 国际投资争端仲裁——"解决投资争端国际中心"机制研究[M]. 上海：复旦大学出版社，2001：83.

② BROCHES A. Book Review：Moshe Hirsch，Arbitration Mechanism of the International Center for the Settlement of Investment Disputes [J]. ICSID Review-Foreign Investment Law Journal，1995，10(1)：163.

③ SCHREUER C H. The ICSID Convention：A Commentary [M]. Cambridge：Cambridge University Press，2001：134.

约国约定提交"中心"调解或者仲裁,则应当要求缔约国先行撤销其曾经作出的此项通知,然后再订立"中心"调解或仲裁条款。①

第三节　ICSID 管辖权必备条件之二
—— "当事方"适格

根据《华盛顿公约》第 25 条的规定,东道国和外国投资者都必须满足一定的条件才能达到"适格"的标准。显然,《华盛顿公约》这一规定实际上是对"中心"管辖的争端当事方资格的限定。其规定的目的无非在于:把缔约国与缔约国之间的争议、缔约国与非缔约国之间的争议、缔约国各方国民之间的争议以及缔约国与其本国国民之间的争议,排除在"中心"管辖权之外。对于东道国而言,首先要属于《华盛顿公约》的"缔约国","中心"才能对其行使管辖权。其次,该东道国的"下属单位或者机构"在满足一定条件的情况下也可以成为"中心"仲裁庭的适格当事方。对于外国投资者而言,可分为"自然人"与"法人"两种情况。在"中心"的实践当中,东道国通常都会提出申请方没有满足有关外国投资者的条件,或者提出东道国的下属单位或者机构没有满足有关条件,从而对"中心"的管辖权提出异议。以下对"缔约国""下属单位或者机构""自然人""法人"这几种当事方的适格条件分别加以讨论,并根据我国的实际情况提出相应建议。

一、《华盛顿公约》缔约国的认定

《华盛顿公约》没有专门对何谓"缔约国"作出定义。不过,从其他国际条约来看,"缔约国"有两种含义:(1)《维也纳条约法公约》第 2 条规定,"缔约国"指已经同意受该条约约束的国家,而不论该条约是否已经生效;(2)1982 年《联合国海洋法公约》第 1 条第 2 款第 1 项规定,"缔约国"指同意受本公约约束而且本公约已对其生效的国家。

对于"缔约国"的含义,本书同意以下观点:(1)《华盛顿公约》本身已经生效;(2)该国已同意受《华盛顿公约》的约束,已经依照其宪法程序予以批准、接

---

① 陈安.国际投资争端仲裁——"解决投资争端国际中心"机制研究[M].上海:复旦大学出版社,2001:109.

受或认可,并且已把此类批准、接受或认可书交存世界银行;(3)《华盛顿公约》在该国已经生效。只要在该国或者该国国民把某项投资争端提交"中心"仲裁时,该国已成为《华盛顿公约》的缔约国,则《华盛顿公约》适用于该国,而不管该国或该国国民在作出同意"中心"仲裁时,该国是否已是《华盛顿公约》的缔约国。①

二、对"下属单位或者机构"的"指派"

(一)《华盛顿公约》的规定

根据《华盛顿公约》第 25 条第 1 款的规定:"中心"的管辖权可以适用于缔约国指派到"中心"的该国任何下属单位或者机构和另一缔约国国民之间直接因投资而产生的任何法律争端,而该项争端经双方书面同意提交给"中心"。第 25 条第 3 款进一步规定:某一缔约国的下属单位或者机构表示的同意,必须经该缔约国批准,除非该缔约国通知"中心"不需要予以批准。从中可以看出,"下属单位或者机构"必须先满足以下条件才有可能成为"中心"仲裁庭的当事方:

1.被该缔约国之中央政府指派到"中心";

2.其所作出的同意必须经过该缔约国批准,除非该缔约国通知"中心"不需要予以批准。

关于缔约国对"下属单位或者机构"的"指派""批准""通知"行为,《华盛顿公约》并没有作出特别规定,也没有对缔约国的"下属单位或者机构"作出定义。通常认为,"下属单位"可以指单一制国家的自治区或者该国的其他地方政府,也可以指非单一制国家的州、联邦共和国或者省,或者这些州、联邦共和国或省的下属地方政府。"机构"所包含的实体范围则比"下属单位"所包含的实体范围更加广泛。"下属单位或者机构"甚至还可以包括某些政府拥有或者政府控制的公司。② 国际上对这一用语的含义还没有统一的标准,所以,其确切含义还应该由缔约国根据其本国国内法律或者投资条约加以确定。

(二)我国的对策

对于我国来说,可以指派到"中心"的"下属单位或者机构"有可能包括以

---

① 陈安.国际投资争端仲裁——"解决投资争端国际中心"机制研究[M].上海:复旦大学出版社,2001:86-88.

② 陈安.国际投资争端仲裁——"解决投资争端国际中心"机制研究[M].上海:复旦大学出版社,2001:89-90.

下几种：地方人民政府及其所属行政机构、国有企业。

对于这个问题，原外经贸部（现为商务部）《执行〈解决国家与他国国民间投资争议公约〉条例（第三稿）》（以下简称为《条例草案》）第 2 条的规定是："(1)本条例适用于中华人民共和国政府与外国投资者之间直接因投资发生的法律争议。(2)中华人民共和国政府系指中华人民共和国中央人民政府、地方人民政府及其所属行政机构。投资者将来可能发生的争议包括中央政府与外国投资者之间的争议及'其下属单位或代理机构'与外国投资者之间的争议。"

有观点认为，在当前，各地方外资主管机关为了求得本地方吸引更多外资，在审批外资项目时往往承诺给予外商或者外商投资企业特殊待遇，其中不少承诺因为不切实际等原因不能履行，产生争端的概率很大。实践中已经出现地方政府对外商承诺不慎重而事后反悔，进而产生较大数额投资争端的例子；一些地方政府不依法管理，存在着乱收费、乱摊派等现象，容易引起与外商的投资争端；西部一些地方利用外资经验不足，与外商产生争端的可能性也很大。所以，在我国利用外资的法治精神没有完善之前，不宜将地方政府及其所属机构作为争端当事人一方指定到国际中心。①

本书认为，这种观点非常合理，目前就把地方政府及其所属机构全部作为争端当事人一方指定到"中心"还不合适。不过，如果把所有地方政府全部排除在外，又可能会显得缺乏灵活性而无法满足实践的需求。理由如下：

首先，随着我国投资环境的改善，到我国的外国投资日益增多。如果全部由中央政府作为当事方来同意"中心"管辖权，可能会由于巨大的工作量而导致工作质量的下降或者是只能进行形式审查。

其次，随着我国履行"入世"承诺的加大，外国投资必然会由我国的东南部向中西部扩展，所投资的行业也会日益增多，由于我国的地域、行业发展的不平衡性非常大，各地方、各行业的具体实际情况以及对外资的需要情况到底如何，可能并不是中央政府所能够完全准确把握的。

再次，虽然我国地方政府的法治精神还不够完善，不过，和以前相比，省、自治区、直辖市以及经济特区政府的依法管理能力还是得到了很大的提高。而且，把经济特区政府作为当事人一方指定到"中心"，可以为今后增加指派其他地方政府及其所属机构积累经验。

因此，本书认为，目前可以考虑仅仅把省、自治区、直辖市以及经济特区政

---

① 陈安.国际经济法学专论：上编总论[M].北京：高等教育出版社，2002：386.

府作为争端当事人指定到"中心"。随着实践的发展,在时机成熟时,可以由国务院增加指派其他的地方政府及其所属机构。

《条例草案》第16条规定:"对外贸易经济合作部(现为商务部)可以作为争议当事方出席中心调解或仲裁程序,亦可指定与该争议有关的其他政府机构为争议当事方。"有观点认为,这条规定是授权性规定,商务部只能作为我国中央政府的代表出席"中心"的争议解决程序,而不能依此条所说那样"作为争议当事方"。如果商务部作为当事方,则须经中央政府指派,它所作的同意也要经中央政府批准。何况,国务院各部委作为中央政府的职能部门,它们在与外国投资者的关系中均以中央政府的代表者面目出现,似乎又不宜算作"下属单位或代理机构"。① 因此可改为:"商务部作为中央政府的代表,派员参加'中心'的调解或仲裁程序,并有权代表中央政府向'中心'指派与该争议有关的其他下属单位或代理机构。"②

至于国有企业是否可以作为争端当事方指派到"中心",本书认为目前还不适合。首先,我国国有企业正处于较大的改革进程当中,各种矛盾还比较尖锐,各种分化、组合还没有完成;其次,我国国有企业的管理、激励、监督等各种机制的建立还不够完善,国有资产流失、国有资产的保值和增值等等问题还没有得到很好的解决;最后,虽然我国目前经济市场化已经达到了一定程度,但许多行业仍然处于国有企业垄断经营的状态,不少处于严重亏损中,仍然要依靠国家负担所有投资和亏损。所以,如果在这些问题得到解决之前就把国有企业作为争端当事方指派到"中心",会带来非常不利的后果。

三、"另一缔约国国民"中的自然人

和政府当事方相对应的就是外国投资者这一当事方,外国投资者——也就是另一缔约国国民——也要符合《华盛顿公约》所规定的条件,"中心"才能拥有管辖权。根据《华盛顿公约》第25条第2款第1项的规定,③如果要被认

---

① 从一般性指派情形来看,尚没有国家将其中央政府的职能部门作为"下属单位或代理机构"指派到"中心"。

② 李万强. ICSID仲裁机制研究[M]. 西安:陕西人民出版社,2002:274.

③ 《华盛顿公约》第25条第2款第1项规定,"另一缔约国国民"是指:在双方同意把争端交付调解或者仲裁之日以及在根据第28条第3款或者第36条第3款将请求予以登记之日,具有作为争端一方的国家以外的某一缔约国国籍的任何自然人,但是不包括在上述任一日期也具有作为争端一方的缔约国国籍的任何人。

定为"另一缔约国国民",则自然人须符合以下条件:第一,必须具有《华盛顿公约》某一缔约国的国籍;第二,该自然人不具有作为投资争端一方的缔约国也就是东道国的国籍;第三,判断前面两个条件的时间必须是在投资争端双方同意把争端提交调解或者仲裁之日以及根据《华盛顿公约》第 28 条第 3 款或者第 36 条第 3 款请求登记申请之日。

具体到我国来说,在投资争端双方同意把有关争端提交调解或者仲裁之日以及根据《华盛顿公约》第 28 条第 3 款或者第 36 条第 3 款请求登记申请之日这两个"关键日",如果某一自然人在具有《华盛顿公约》某一缔约国国籍的同时不具有我国国籍,那么,该自然人就很可能被认定为"另一缔约国国民"。

在这里,应该主要注意防止规避我国国籍行为的发生。我国 1980 年《国籍法》第 3 条规定:"中华人民共和国不承认中国公民具有双重国籍。"第 8 条规定:"申请加入中国国籍获得批准的,即取得中国国籍;被批准加入中国国籍的,不得再保留外国国籍。"第 9 条规定:"定居外国的中国公民,自愿加入或取得外国国籍的,即自动丧失中国国籍。"第 11 条规定:"申请退出中国国籍获得批准的,即丧失中国国籍。"第 13 条规定:"曾有过中国国籍的外国人,具有正当理由,可以申请恢复中国国籍;被批准恢复中国国籍的,不得再保留外国国籍。"

由于我国国籍法不承认我国公民具有双重国籍,一旦定居国外并且取得外国国籍就会"自动丧失"中国国籍,所以,任何具有《华盛顿公约》某一缔约国国籍的自然人几乎"天然地"就不具有我国国籍,我国自然不可能对具有某一外国国籍的自然人提出其同时具有我国国籍的抗辩理由。这就导致我国公民可以非常轻而易举地通过定居国外并加入外国国籍而达到规避东道国国籍限制条件之目的。

针对这种情况,我们可以采取"真实联系"的判断标准。一方面,如果我国公民加入了外国国籍,但是,该自然人和该外国之间并不存在生产、利益和情感等方面的真实联系,通过各种情况可以判断出该自然人加入有关外国国籍的主要目的在于利用《华盛顿公约》当中的解决投资争端便利,那么,可以认为该自然人规避我国国籍的行为无效,不得被认定为"另一缔约国国民"。

另一方面,还应该采取"真实联系"的判断标准对"另一缔约国国民"加以检验。如果某一具有非缔约国国籍的自然人加入某一缔约国国籍后,仍然保留了其原有的非缔约国国籍,该自然人和该缔约国之间并不具有生产、利益和情感等方面的真实联系,其加入该缔约国国籍的主要目的就在于利用《华盛顿公约》的解决投资争端便利,就不得被认定为"另一缔约国国民"。不过,如果符合《华盛顿公约》规定的附加便利规则条件,则可以利用该附加便利规则解决有关争端。

四、"另一缔约国国民"中的法人

(一)《华盛顿公约》的规定

根据《华盛顿公约》第25条第2款第2项的规定,[①]在投资争端双方同意把投资争端交付调解或者仲裁之日,如果某法人具有某一缔约国国籍,而且不具有争端当事国国籍,那么,该法人就属于"另一缔约国国民"。另外,在投资争端双方同意把投资争端交付调解或者仲裁之日,如果某法人具有争端当事国国籍,但是该法人因为受到外来控制,双方同意为了本《华盛顿公约》的目的,可以把该法人看作是"另一缔约国国民"。

这样的规定还不够具体,在实践中适用时还需对以下问题进一步加以澄清:

1.确定某法人是否具有某一缔约国国籍的判断标准是什么?

2.何谓"外来控制"?是指股权控制、人事控制、决策控制,还是兼而有之?仅仅指第一层次的直接控制还是包括第二层次、第三层次甚至第四层次以上的间接控制在内?

3."双方同意为了本公约之目的看作是另一缔约国国民"当中的"同意"仅仅指明示同意还是包括默示同意在内?

以下对"法人国籍的判断标准""外来控制"以及"同意形式"这三个问题分别加以讨论。

(二)法人国籍的判断标准

目前在国际上存在着多种关于法人国籍的判定标准,并没有统一的规定。主要有以下几种:(1)成立地说,又称登记地说,主张依照法人章程登记地(或批准地)来决定法人的国籍;(2)管理中心说,又称住所地说,主张以法人住所地国的国籍法来决定法人的国籍;(3)经济活动中心说,又称投资地说,主张根据法人资本所在地国家之国籍法来决定该法人国籍;(4)资本控制说,又

---

① 《华盛顿公约》第25条第2款第2项规定:"在争端双方同意将争端交付调解或者仲裁之日,具有作为争端一方的国家以外的某一缔约国国籍的任何法人,以及在上述日期也具有争端当事国的缔约国国籍的法人,而该法人因为受到外国控制,双方同意为了本公约的目的,应该看作是另一缔约国国民。"

称成员国籍说,主张以控制法人资本的自然人的国籍作为法人的国籍。① 其中,"成立地标准"以及"管理中心地标准"为大多数国家所采纳。

《华盛顿公约》对法人国籍的判定标准未作任何规定,"中心"个案仲裁庭以及众多学者提出了自己的见解。"中心"前法律顾问德劳姆先生认为,法人的国籍通常是根据该法人的成立地或其管理中心所在地加以确定。② "中心"仲裁庭在实践中也主要采用了"法人的成立地或法人管理中心所在地"作为法人国籍的判断标准。例如,"阿姆科诉印度尼西亚案"仲裁庭就采用了这一标准。"西非混凝土工业公司诉塞内加尔(Societe Ouest Aficaine des Betons Industiel v. Senegal)案"仲裁庭在认定西非混凝土工业公司的国籍时,也认为法人国籍的判定标准是法人的成立地或法人管理中心所在地,同时,它还认为股东国籍或对公司实行实际控制的外国人的国籍在通常情况下不能作为确定法人国籍的判定标准。③

不过,"中心"仲裁庭在实践中还会通过其他标准来判断法人国籍从而扩大其管辖权。在国际海运代理公司诉几内亚(Maritime International Nominess Establishment v. Guinea)案中,争端当事人在投资协议的"中心"仲裁条款中约定,将投资协议的一方当事人,在列支敦士登(当时该国不是《华盛顿公约》缔约国)登记成立的但是其控股股东为瑞士(该国当时是《华盛顿公约》缔约国)国民的国际海运代理公司,看作是瑞士国民。"中心"仲裁庭对该案进行了管辖,但是仲裁庭没有说明是根据何种法人国籍判定标准来确定国际海运代理公司的国籍。由于该案中仲裁庭对国籍判定标准问题未作任何解释,因此人们对此案中仲裁庭到底是采用何种法人国籍判定标准的理解各不相同,有人认为,仲裁庭在此默认了争端当事人的约定可以作为法人国籍的判

---

① 韩德培.国际私法[M].武汉:武汉大学出版社,1989:101-103.周成新.国际投资争议的解决方法[M].北京:中国政法大学出版社,1989:42-44.李浩培,汤宗舜,译.[英]马丁·沃尔夫.国际私法[M].北京:法律出版社,1988:432-436.

② DELAUME G R. How to Draft an ICSID Arbitration Clause[J]. ICSID Review-Foreign Investment Law Journal,1992,17(1):175. DELAUME G R. ICSID and the Transnational Financial Community[J]. ICSID Review-Foreign Investment Law Journal,1986,1(2):241.

③ SCHREUER C H. The ICSID Convention: A Commentary [M]. Cambridge: Cambridge University Press,2001:280.

定标准;还有人则认为,仲裁庭在此采用的是控制标准。①

本书认为,该案仲裁庭既不是单纯采用"当事方约定"也不是单纯采用"控制标准"来判断本案中的法人国籍,而是同时采用"当事方约定"与"控制标准"这两种标准。《华盛顿公约》第 25 条第 2 款第 2 项规定,如果某法人具有争端当事国国籍,但是该法人因为受到外来控制,双方同意为了本《华盛顿公约》的目的,可以把该法人看作是"另一缔约国国民"。换言之,如果某具有争端当事国国籍的法人同时具有"受到外来控制"以及"双方同意"这两个条件,则可以看作是"另一缔约国国民"。与此相似,如果某非《华盛顿公约》缔约国(A 国)法人受到某《华盛顿公约》缔约国(B 国)国民"控制",并且经东道国(C 国)同意视为具有该《华盛顿公约》缔约国(B 国)国籍,仲裁庭当然可以接受该"约定"。然而,这里要强调的是,不能只符合"当事方约定"或者"控制标准"当中之一,而必须是同时两者都具备。

但是,同时采用前述"当事方约定"与"控制标准"也会带来问题,可能会使得东道国面临着"中心"仲裁以及他国的外交保护或者国际请求的双重压力。因为,一方面,某一位于非《华盛顿公约》缔约国的法人被该非缔约国根据成立地标准或者管理中心地标准而认定为该国国民,该非缔约国由于不受《华盛顿公约》约束所以有可能向东道国行使"外交保护"或者提出国际请求;另一方面,该法人由于符合"当事方约定"与"控制标准"从而被视为另一缔约国法人并且可向"中心"申请仲裁。这种压力将使得东道国极为被动。所以,要采用该"当事方约定"与"控制标准",还需要解决这一问题。方法有两种,或者是要求该法人在申请"中心"仲裁之前必须书面放弃要求前述非缔约国行使"外交保护"的权利,或者是要求该非缔约国放弃保护该法人的相关权利。

关于缔约国法人国籍的判断标准,我国缔结的双边投资条约主要有以下两种情况:

1. 规定法人国籍的认定标准是投资者"依法设立或者组建"地,即法人的成立地。例如,2003 年《中国—德国 BIT》第 1 条第 2 款规定,"投资者"一词:"(一)在德意志联邦共和国方面,系指:(1)德意志联邦共和国基本法意义上的德国人;(2)任何住所在德意志联邦共和国境内的法人,具有或不具有法人资格的、营利或非营利的商业公司、其他各种公司和社团。(二)在中华人民共和国方面,系指:(1)根据中华人民共和国的法律,具有其国籍的自然人;(2)经济

---

① HIRSCH M. Arbitration Mechanism of the International Center for the Settlement of Investment Disputes[M]. Hague:Kluwer Academic Publishers,1993:90.

实体,包括根据中华人民共和国的法律法规设立或组建且住所在华境内的公司、协会、合伙及其他组织,不论其是否营利也不论其为有限责任或无限责任。"[①]

2.还有些 BIT 同时采用了"当事方约定"与"控制标准"。例如,我国 1992 年与阿根廷签订的双边投资协定中关于"投资者"的定义条款规定:"如果缔约一方的自然人或法人在某一设立于第三国领土内的法人中拥有利益,并且该法人在缔约另一方进行投资,则它应被视为缔约前者一方的法人。本条该款仅在上述第三国没有或放弃保护上述法人的权利时方可适用。"2000 年我国与文莱签订的双边投资协定中关于"投资者"定义条款也做了与此类似的规定,即缔约国一方的投资者包括在第三国设立的并由缔约国的国民或者在其境内设立的法人享有"实质或者控制利益"的法人。但该规定也仅在第三国没有或放弃保护上述法人的权利时方可适用。

可见,对于法人国籍的判断标准,我国采用的是以"法人成立地"为主、以"当事方约定"与"控制标准"(实际上已降低为利益标准)为辅的方法。规定"法人成立地"标准可以很好地限制未来"中心"仲裁庭滥用自由裁量权,适合中国的现状。对于"当事方约定"与"控制标准"的规定,也附加了"第三国没有或放弃保护上述法人的权利"的前提条件,可以很好地避免今后出现面临"中心"仲裁与外交保护这样双重压力的局面。不过,其中把"控制标准"降低到"利益标准"(拥有利益即可)似乎会使得将来符合标准的外国投资者类型过于宽泛。

(三)"外来控制"的解释

《华盛顿公约》第 25 条第 2 款第 2 项规定,如果某法人具有争端当事国国籍,但是该法人因为受到外来控制,双方同意为了本公约的目的,可以把该法人看作是"另一缔约国国民"。然而,《华盛顿公约》并没有进一步解释何谓"外来控制"。各国虽然在国内法、双边投资条约中对"中心"管辖权作出了同意,却几乎都没有对什么是"外来控制"加以界定。各东道国之所以没有对"外来控制"作出限制,本书以为其主要原因在于,"中心"的仲裁实践在以前还没有能够提供足够的案例以供参照,因此,一方面,各东道国可能并不知道应该从

---

① 另外,2004 年《中国—芬兰 BIT》第 1 条第 2 款规定也规定了"成立地"标准:"投资者"一词,系指:"(一)根据缔约任何一方的法律,是缔约任何一方国民的自然人;(二)任何法律实体,包括根据缔约任何一方的法律和法规设立或组建且住所在该缔约一方境内的公司、商行、协会、合伙及其他组织,不论其是否营利和其是否承担有限责任。"

哪些角度作出限制对自己有利;另一方面,各东道国还会认为,不作出规定可以避免"作茧自缚",在发生争端时可以没有法律规定为由提出抗辩,甚至可以"无理搅三分"。

但是,实践的发展刚好与此相反。在国内法、双边投资条约中没有作出排除性限制规定,正好给了"中心"仲裁庭更大的自由裁量权,等于把对有关情况作出限制规定的权利拱手让给了"中心"仲裁庭。"中心"仲裁庭充分利用了这一机会在实践中对"外来控制"进行了尽可能广泛的解释。例如,在东方木材公司诉利比里亚案当中,仲裁庭认为,对某一公司的控制是指对该公司的"有效控制",因此,是否构成了对某一公司的"控制",不应该仅仅限于根据在公司中的持股比例加以考虑,还应该考虑对公司的表决权、掌握公司决策的公司官员诸如董事和董事长的身份、公司基本书件中有关公司决策的规定等等因素。① 在阿姆科诉印度尼西亚案中,印度尼西亚主张,P.T.阿姆科公司不是由美国的阿姆科亚洲公司真正控制,而是由居住在香港的荷兰国民通过在香港设立的泛美公司对阿姆科亚洲公司加以真正控制。仲裁庭认为,在判断东道国当地公司的真正控制时,只需要考虑对当地公司实施第一层次控制的控制者,不必要考虑通过第一层次的控制者对当地公司实施间接控制的控制者。在西非混凝土工业公司诉塞内加尔案件当中,仲裁庭认为,《华盛顿公约》中规定的"外来控制"可以是任何形式的外来控制,包括具有缔约国国籍的投资者通过中介公司对东道国的当地公司实施间接控制,仅仅考虑对东道国当地公司的第一层次的控制是不足取的。在这里,仲裁庭采用了间接控制标准。②

可见,"中心"仲裁庭的倾向是:在控制程度上以有效控制为准,同时考虑到多种实施控制的因素,而不仅限于某一种考虑因素;在控制的层次上,同时采用直接控制和间接控制,但是在具体案件中究竟采用何种控制层次标准时,则是按照最有利于确定"中心"管辖权的方向决定。③

总之,在没有明确规定的情况下,"中心"仲裁庭越来越倾向于作出有利于扩大"中心"管辖权的解释。其所以能够如此,主要原因就在于《华盛顿公约》

---

① EASTERN L. Timber Corporation v. Republic of Liberia (Case No. ARB/83/2)[J]. International Legal Materia,1987,26:647.

② LAMM C B. Jurisdiction of the International Center for Settlement of Investment Disputes [J]. ICSID Review-Foreign Investment Law Journal,1991,6(2):473.

③ 陈安.国际投资争端仲裁——"解决投资争端国际中心"机制研究[M].上海:复旦大学出版社,2001:105-106.

没有作出明确具体的规定,有关东道国国内立法、双边投资条约也没有能够对此作出明确具体的排除限制,所以,有关仲裁庭就可以堂而皇之地自由裁量其认为正确的解释。

所以,我们在通过国内法或者投资条约同意"中心"管辖权的同时,有必要对"外来控制"加以限制。这样,"中心"仲裁庭就不得不考虑这些限制条件,就有可能达到限制仲裁庭任意作出扩大解释的目的。具体来说,应该注意以下几点:

1. 股权控制

如果外国人拥有百分之百的股权,则不管以什么标准判断都会当然地导致"外来控制"。如果外国人完全不拥有股权也将完全排除这种控制的存在。但是,如果外国人拥有部分股权,那么就很难具体确定到底拥有多少股权才算"足够"。虽然学者们在把拥有大部分股权作为外来控制的标志的时候比较谨慎,但是,所考察的案例都导向一个结论:如果存在另一缔约国大股东,则该大股东对该当地机构有着"外来控制"。① 说其"谨慎",是因为即使某外来机构拥有当地法人的大部分股权,仲裁庭仍然会考察该外国公司对当地机构的其他控制方式。外来控制的存在是一个复杂的问题,要求考察诸如公平参与、投票权以及管理等多个因素。要了解可靠的情况,就必须把所有这些因素综合起来加以考察。并不存在一个建立在仅仅是股票或者投票权基础上的简单数学公式。

还可能存在这一问题:《华盛顿公约》第25(2)(b)条当中"外来控制"的含义是否包括排他性控制,或者说,是否允许一个以上的股东或者一群股东实施控制。对于这种情况,本书倾向于认为可以视为符合"外来控制"的条件,但是要看东道国同意把该企业视为哪国国籍而定。

另外,还存在非缔约国国民拥有该当地公司部分股权的问题。有观点认为:如果几个外国国民控制某公司,其中一位恰好是某缔约国国民,并被挑选作为公司的外国国籍,虽然另一东道国国民比该另一缔约国国民有更大的控制能力,仲裁庭或者委员会将有足够的理由不驳回当事方之间的选择,因为该缔约国国民有足够的控制因素。另外,如果外来控制很明显在于某一非缔约

---

① 参见以下两个案件:"Liberian Eastern Timber Corporation v. Republic of Liberia (Case No. ARB/83/2)"以及"Klöckner Industrie-Anlagen GmbH and others v. United Republic of Cameroon and Société Camerounaise des Engrais (Case No. ARB/81/2)"。

国国民的手上,该公司被同意由于外来控制而具有缔约国国籍,仲裁庭或者委员会将不会尊重这种协议,因为如果加以尊重,将会允许当事方把《华盛顿公约》用于和《华盛顿公约》主旨明显不符的目的。[①]

"中心"前秘书长阿隆·布鲁歇斯认为,一般而言,这里的"外来控制"并不要求外国投资者对东道国的法人具有多数股权。即使外国投资者是少数股权者,如果其通过合同安排或者其他途径控制了该东道国法人,也可使其达到"外来控制"的标准。不过,本书同意以下观点:在我国利用外资的实践中,外方对中外合资经营企业和中外合作经营企业实行"事实控制"的情况愈演愈烈,为了防止"中心"仲裁庭对"外来控制"作扩大推定,我们宜明确限定,受外来控制的中外合资经营企业和中外合作经营企业必须是外方占51%以上股权比例的企业。[②] 即这种控制应当是多数股权控制,以防止"中心"仲裁庭以存在其他方式的控制为名,对我国国民占多数股权并且具有我国法人资格的企业行使管辖权。

2. 直接控制

为了防止"中心"仲裁庭毫无限制地以"间接控制"之理由对"外来控制"作扩大推定,可以作出排除规定:只有《华盛顿公约》缔约国公司对我国法人进行直接控制的情况下,才可以把该法人视为"另一缔约国国民",不宜把受到《华盛顿公约》缔约国公司间接控制的我国法人视为"另一缔约国国民"。

3. 国籍变化

随着外国投资的增多,外资股份转让的情况也会越来越多。外资股份很可能会从《华盛顿公约》缔约国公司转让到非缔约国公司手中。这样,就有可能出现以下情况:在我国政府对具有我国国籍的某公司(假设是 A 公司)作出同意"中心"管辖权的承诺时,控制该 A 公司的原外国公司属于《华盛顿公约》缔约国的公司(假设是 B 公司)。然后,该 B 公司把其在 A 公司中的股份转让给某一不属于《华盛顿公约》缔约国的公司(假设是 C 公司),那么,我国可能不得不对该不属于《华盛顿公约》缔约国的 C 公司继续承担同意"中心"管辖权的义务。为了防止出现这种情况,我国可以规定,在股权变动导致外国投资者主体或者国籍发生改变时,其诉诸"中心"救济的权利必须另行经过我国有

---

① AMERASINGHE C F. The Jurisdiction of the International Centre for the Settlement of Investment Disputes [J]. Indian Journal of International Law. 1979(19):166, 219.

② 陈安. 国际经济法学专论:上编总论[M]. 北京:高等教育出版社,2002:387.

关部门的书面同意。

（四）视为另一缔约国国民的同意表现形式

根据《华盛顿公约》第25条第2款第2项的规定，如果某法人具有争端当事国国籍，但是该法人因为受到外来控制，双方同意为了本公约的目的，可以把该法人看作是"另一缔约国国民"。从中可以看出，"由于外来控制"意味着："控制"属于客观要求，不得仅仅通过"同意"而代替。缔约方在同意"中心"管辖权时通常有三种形式，即投资合同、国内法以及投资条约。相应地，把某当地公司视为另一缔约国国民的"同意"也可以通过这三种形式表现。

对于通过投资合同表达同意而言，"中心"已有多个案例。例如，在假日饭店诉摩洛哥案中，仲裁庭认为，东道国同意把当地公司视为另一缔约国国民使其有资格参加"中心"仲裁程序，是《华盛顿公约》中规定具有争端当事国国籍的人无资格参加"中心"仲裁程序的一项例外。因此，除在某些排除当事人对当地公司的国籍作其他解释或者有其他意图的特殊情况下，使得这项同意可以采取默示方式表达之外，这种同意在通常情况下必须是明示的。仲裁庭认为，在该案中，不存在此种特殊情况，因此在摩洛哥成立的该公司无资格参加本仲裁程序。①

在阿姆科诉印度尼西亚案中，仲裁庭认为，《华盛顿公约》没有要求当事人必须以明示的、正式的方式同意把东道国当地公司视为另一缔约国国民。阿姆科公司向印度尼西亚政府提交了投资申请书，该申请方表明该公司在印度尼西亚设立的子公司（P. T. 阿姆科公司）将来如果和印度尼西亚政府发生任何投资争端，都将提交"中心"仲裁。根据印度尼西亚政府的批准行为，仲裁庭推断印度尼西亚政府知道P. T. 阿姆科公司是受到外来控制的当地公司，并且推断印度尼西亚政府同意把该公司视为《华盛顿公约》意义上的另一缔约国国民。②

在东方木材公司诉利比里亚案中，仲裁庭认为，利比里亚政府授予法国股东控股的当地公司（东方木材公司）以森林开发特许权并且和该公司签订了特许权协议。尽管在该协议中没有明确规定把该公司视为《华盛顿公约》意义上的另一缔约国国民，但是在该特许权协议中订立了"中心"仲裁条款，并且在解

---

① PIERRE L. The First "World Bank" Arbitration (Holiday Inns v. Morocco)：Some Legal Problems[J]. ICSID Reports，1993（1）：645.

② Amco Asia Corporation and others v. Republic of Indonesia（Case No. ARB/81/1），ICSID Reports，1993（1）：394～395.

决争端的过程中指派外交部长代表利比里亚政府。这些事实本身就可以说明利比里亚政府已经同意把东方木材公司视为《华盛顿公约》意义上的外国公司。①

可见,"中心"仲裁庭对"同意形式"的观点是,由起初对同意形式严格限制到尽可能对同意形式作广义解释,从起初的明示同意为主同时有条件的采用默示同意到两种同意方式的并行适用,甚至对默示同意的扩大适用。在许多案件中,只要东道国同意了把自己和当地公司之间的争端提交"中心"管辖,就会被认为默示同意把该当地公司视为"另一缔约国国民"。② 换言之,仲裁庭在推定关于"另一缔约国国民"的同意时表现得特别宽容。基本上,所需要的全部材料就是一份同意 ICSID 管辖权的协议。有观点提出反对:《华盛顿公约》第 25 条第 2 款第 2 项所要求的同意虽然可以采取默示方式,但是,仲裁庭不能仅仅根据东道国知道当地公司受到外来控制这一事实,或者仅仅根据双方在投资协议中订立了"中心"仲裁条款这一事实,就推断争端当事人双方同意将在东道国设立的当地公司视为《华盛顿公约》意义上的外国公司。《华盛顿公约》在这一问题上所要求的同意和《华盛顿公约》在第 25 条第 1 款中所要求的同意是不同的,该项同意是一项单独的同意。③ 但是,还没有找到接受这一观点的仲裁庭。

ICSID 仲裁庭还没有讨论过这种情况:当东道国通过其国内法或者投资条约来表达对"中心"管辖权的同意时,是否可以简单地从多数股权或者当事方的行为而推定出默示同意了把具有本国国籍的法人视为另一缔约国国民?有观点认为:"如果缔约国能够在 BITs 或者投资法中预先对 ICSID 的管辖权表示同意,那么同理,还应该允许缔约国(预先在 BITs 或者投资法中——笔者注)把具有本国国籍的法人视为另一缔约国国民。如果缔约国反对这种预先同意,他们就不应该同意 BITs 或者投资法中的存有争议性的语言。当然,以 BITs 或者投资法为依据的当事方必须仔细研究这种 BITs 或者投资法中

---

① Liberian Eastern Timber Corporation v. Republic of Liberia (Case No. ARB/83/2) [J]. International Legal Materia,1987(26):647.

② 陈安. 国际投资争端仲裁——"解决投资争端国际中心"机制研究[M]. 上海:复旦大学出版社,2001:103-104.

③ HIRSCH M. Arbitration Mechanism of the International Center for the Settlement of Investment Disputes[M]. Hague:Kluwer Academic Publishers 1993:99-100.

的实际语言，以确信《华盛顿公约》第 25 条当中的所有要求都得到满足。"①

本书认为，并不是每一个同意管辖权的表示都能够作为判断"该东道国已经认可了该投资者外国国籍"这一结论的基础。如果是从东道国与具有本国国籍的公司在投资合同中同意"中心"管辖权条款这一事实出发，推断出东道国同意把该具有本国国籍的公司视为另一缔约国国民，则还容易让人理解与认可，因为东道国在同意"中心"管辖权时其相对方的身份已经确定。相反，如果在国内法或者投资条约中同意"中心"管辖权，则不能据此作出同样推断，除非存在非常确定无疑的相反证据。

第四节　ICSID 管辖权必备条件之三
——当事方"书面同意"

一、同意的表达形式

《华盛顿公约》第 25 条第 1 款只是规定提交"中心"管辖的争端需要"经双方书面同意"，但是没有规定应该采取什么样的具体表达形式来作出书面同意。从实践来看，这种同意通常表现在投资合同、国内法以及投资条约这三种形式当中。国内有学者把在双边投资条约中同意"中心"管辖权的条款划分为四种类型：(1)有约束力的全盘约许型，即规定缔约方同意将其与另一缔约方国民之间将来发生的投资争端提交中心管辖；(2)协议同意型，即规定缔约方与另一缔约方国民达成的投资协议中应该包括同意"中心"管辖权的条款；(3)意向同意型，即规定缔约各方对于对方国民要求将有关争端提交"中心"管辖的申请给予同情的考虑；(4)选择同意型，即规定了多种解决投资争端的方法，而提交"中心"管辖只是其中可选择的一种。②

在这四种同意类型当中，"有约束力的全盘约许型"能够直接构成《华盛顿公约》第 25 条第 1 款意义上的"书面同意"。它具有单边要约性质，只要另一缔约国的投资者以某种书面形式表示接受这种同意，就构成可以确立"中心"

---

① MORELAND M L. Foreign Control and Agreement under ICSID Article 25(2)(B): Standards for Claims Brought by Locally Organized Subsidiaries Against Host States [J]. International Trade Law Journal, 2000 Winter: 23.

② 陈安."解决投资争端国际中心"述评[M].厦门: 鹭江出版社, 1989: 68-69.

管辖权的"双方书面同意"。而其他三种同意类型"协议同意型""意向同意型""选择同意型"仅仅明确缔约各方可以根据不同的情况,有权选择是否把它与对方国民的投资争端提交"中心"管辖,并不直接构成《华盛顿公约》第25条第1款意义上的"书面同意"。但是,在某些条件成就的情况下,这类条款也可能构成对"中心"管辖权的同意。例如在"选择同意型"中,如果争端当事双方没有选择解决争端的其他方法,当事方就必须把相关争端提交"中心"管辖。①

实际上,不仅仅是在投资条约中,在投资合同、国内法中也可能出现以上四种同意方式。由于"有约束力的全盘约许型"能够明确无误地表达对"中心"管辖权的同意,所以以下只讨论这种"有约束力的全盘约许型"在投资合同、国内法以及投资条约中的情况。

1. 投资合同

投资合同是表现"双方书面同意"的最为典型的形式。在投资合同中订立"中心"调解或仲裁条款时,可以参考"中心"秘书处出版的《"中心"标准条款》。当事方可以根据自己的需要或者具体情况在该标准条款的基础上加以修改。《华盛顿公约》没有规定同意"中心"管辖权的时间,所以,根据国际商事仲裁理论,只要当事双方在把相关争端申请"中心"调解或仲裁之前作出了同意,就认为满足了同意的时间性要求。

根据国际商事仲裁理论,国际商事仲裁协议的有效要件主要包括协议的形式合法、当事方有相应的缔约能力以及争议的可仲裁性三个方面。同意"中心"调解或仲裁条款的有效性应该与此基本一致。对于缔约能力,就缔约国而言,有些缔约国的缔约能力可能会受到其宪法或其他国内法的限制。根据《华盛顿公约》第25条第3款的规定,某一缔约国的下属单位或机构表示同意"中心"管辖权的条款,须经该缔约国批准,除非该缔约国通知 ICSID 不需要予以批准。就投资者一方而言,也存在参加订立投资合同的人员是否经过合法授权这一问题。对于争端的可调解性或仲裁性,这里主要指当事双方所约定的事项应该属于"直接产生于投资的法律争端"。《华盛顿公约》的起草历史表明"中心"不会为当事方希望提交的一切争端提供争端解决服务。不管当事双方所同意的争端范围有多大,"中心"的管辖权不会包括通常的商业交易在内。不过,有观点认为,当事方可以在投资合同中把他们的"商事交易"描述成"投

---

① 陈安. 国际投资争端仲裁——"解决投资争端国际中心"机制研究[M]. 上海:复旦大学出版社,2001:112-113.

资",如果在"中心"程序中,被申请方没有对相关争端是否产生于投资这一性质加以抗辩,调解委员会或者仲裁庭不太可能对此作出否定的结论。①

实践中一些运作过程比较复杂的投资项目是分阶段进行的,在每一个阶段投资者与东道国分别订立投资安排,这些安排的总和就构成了投资者和东道国之间的"投资协议"。在这种情况下,当事双方应该在上述每一个安排中订立"中心"调解或仲裁条款,最好不要仅仅在上述数个安排之一中订立"中心"调解或仲裁条款。如果在当事人就没有订立"中心"调解或仲裁条款安排中的有关事项发生争端时,当事一方可能会以双方没有就此一争端达成由"中心"调解或仲裁的同意为由反对"中心"的管辖权。②

2.国内法

有些国家为了改善本国的投资环境、吸引外国投资,在国内法中同意把有关投资争端提交给"中心"管辖。例如阿尔巴尼亚1993年《外国投资法》第8条第2款规定:如果外国投资者与阿尔巴尼亚国家行政当局之间有关外国投资的争端不能协商解决,外国投资者就征用或者歧视的补偿问题,或者本法第7条规定的转让问题,可以在阿尔巴尼亚共和国申请仲裁或者向有管辖权的法院起诉,也可以申请依1965年3月18日在华盛顿批准的《华盛顿公约》设立的"中心"解决。③ 还比如,刚果1985年《投资法典》第4条规定:政府与外国投资者之间的任何有关本法规定的争端,将由法院解决,在仍然存在争端的情况下,争端提交仲裁庭仲裁请求最终解决。④

如果这种在国内法中表示的同意是明确的、毫无疑问的,就可以视其为具有单边要约的性质,等到外国投资者以某种形式表示同意以后就构成了《华盛顿公约》当中的"双方书面同意"。该外国投资者所表示的同意可以是通过投资合同中的有关条款作出,或者是外国投资者单独以书面作出的同意,也可以是在发生相关投资争端之后,外国投资者在把该争端向"中心"秘书处提交调解或者仲裁申请书时以该申请书的形式作出同意的意思表示。

实践中已经发生了一些基于国内法中的同意而行使管辖权的 ICSID 案

---

① CHRISTOPH H. SCHREUER. The ICSID Convention: A Commentary [M]. Cambridge: Cambridge University Press. 2001:125.

② 陈安. 国际投资争端仲裁——"解决投资争端国际中心"机制研究[M].上海:复旦大学出版社,2001:109.

③ Investment Laws of the World[Z]. New York:Oceana,1994:1.

④ Investment Laws of the World[Z]. New York:Oceana,1994:3.

件。例如,在"SPP v. Egypt 案"中,ICSID 仲裁庭认为对 SPP 基于埃及在国内法中同意 ICSID 管辖权的主张拥有管辖权。[①] 埃及法规定,关于执行埃及外国投资方面的法律的所有投资争端可以由投资者根据《华盛顿公约》提交仲裁。在"Tradex v. Albania 案"中,ICSID 仲裁庭也认为,阿尔巴尼亚已经在其关于外国投资方面的国内法中同意了 ICSID 仲裁,[②]阿尔巴尼亚国内法规定外国投资者有权把涉及"征收、征收补偿或者歧视"的争端提交 ICSID 仲裁。[③]

3. 投资条约

如果东道国在与外国投资者间的投资合同中同意"中心"管辖权,那么,东道国政府必须在每一项投资合同当中单独作出同意。如果吸引外资足够多的话,会产生巨大的工作量。而且,如果投资合同中的同意条款基本相似的话,可能会产生大量的重复工作。

如果东道国在国内法中表示了对"中心"管辖权的概括同意,那么,当相关投资争端发生时,外国投资者就可以依据该国内法当中的同意申请"中心"解决争端。但是,当该东道国自己的海外投资者与其投资所在地的东道国政府发生投资争端时,由于后一东道国政府并没有在国内法中同意"中心"管辖权,所以前一东道国的海外投资者就享受不到把相关投资争端提交"中心"管辖的权利。换言之,在国内法中同意"中心"管辖权的前一东道国享受不到"对等"待遇。所以,采用这种方式同意"中心"管辖权的国家比较少。

由于在投资合同以及国内法中同意"中心"管辖权都不能够令人满意,所以,目前使用最多的是在双边投资保护条约中作出对"中心"管辖权的同意。如果缔约方在双边投资条约中毫无疑问地作出了同意的意思表示,那么这种条款与缔约国在国内法中同意"中心"管辖权同样具有单边要约的性质。只要另一缔约国的投资者以某种书面形式表示同意之后,即构成了可以确立"中心"管辖权的"双方书面同意"。

但是,在投资条约中同意"中心"管辖权会使得东道国无法预见将来哪些

---

① Southern Pacific Properties（Middle East）Limited v. Arab Republic of Egypt（Case No. ARB/84/3）,Decision on Jurisdiction of 27 November 1985,3 ICSID Reports 112,1995,paras. 64-87.

② Tradex Hellas S. A. v. Republic of Albania,ICSID Case No. ARB/94/2,Decision on Jurisdiction of 24 December 1996,para. 195.

③ Tradex Hellas S. A. v. Republic of Albania,ICSID Case No. ARB/94/2,Decision on Jurisdiction of 24 December 1996,para. 174.

投资争端可能会被提交"中心"。尤其是在投资条约中没有设置好足够的"安全阀"的情况下,如果发生经济危机,作为发展中国家的东道国必将大量被诉之于"中心"仲裁庭,这将在本来就遭受惨重打击的基础上进一步"雪上加霜"。另外,发达国家还在试图通过投资条约中的某些条款来达到扩大"中心"管辖权的目的。所以,本书以后几章重点对这种情况加以讨论。

二、同意的撤销

《华盛顿公约》第 25 条第 1 款最后一句规定:"当事双方一旦作出书面同意,就不能单方面将其所作的同意撤销。"如前所述,东道国表达同意的形式主要有投资合同、国内法以及投资条约三种。如果东道国与外国投资者是在投资合同中同意"中心"管辖权,那么这种同意条款表达了合同双方的共同意思表示,属于"双方书面同意",当然是不能撤销的,这一种情况非常容易理解。后面两种情况就不容易找到答案了。如果东道国在其国内法或在与他国缔结的投资条约中作出同意"中心"管辖权的意思表示,这仅仅是东道国所作出的单方面同意"中心"管辖权的意思表示,外国投资者可能会在将来以某种书面形式表示同意,甚至在发生相关投资争端以后,该外国投资者才在申请"中心"仲裁的申请书中表达这种同意。现在的问题是:在外国投资者作出同意的书面意思表示之前,东道国是否可以把其在国内法、投资条约当中所作出的同意意思表示加以撤销?

有观点认为,东道缔约国在颁布了含有同意"中心"管辖权条款的国内法,或者与他国缔结了含有同意"中心"管辖权条款的投资条约之后,外国投资者还没有表示同意"中心"管辖权的情况下,缔约国似乎不可撤销其在国内法或者双边投资条约中有关同意"中心"管辖权的条款。[①]

与以上观点相反,笔者对这一问题的回答是肯定的,即在外国投资者同意"中心"管辖权之前,东道国可以撤销其在国内法、投资条约中对"中心"所作出的同意。理由如下:

1. 根据《华盛顿公约》第 25 条第 1 款最后一句,只有在当事双方都作出书面同意的情况下,任一当事方才不可以单方面撤销其同意。反之,我们可以从中推导出:如果只有一当事方作出书面同意,在另一当事方作出书面同意之

---

① 陈安.国际投资争端仲裁——"解决投资争端国际中心"机制研究[M].上海:复旦大学出版社,2001:115.

前,前一当事方是可以撤销其同意的。如果按以上观点理解为:东道国在国内法或者投资条约当中做出同意"中心"管辖权的意思表示之后就不能够撤销,那么,《华盛顿公约》中这一规定就根本没有意义。《奥本海国际法》认为,在条约解释规则中还有一种特殊规则,即"有效解释原则",也就是依照"与其使其无效,毋宁使其有效"的原则来解释。① WTO 上诉机构在多个场合都曾援引过该"有效解释原则"。②

2.管辖权问题涉及国家的重大利益,资本输出国与资本输入国两类国家在起草《华盛顿公约》时就对管辖权的转移发生了激烈的争论。《华盛顿公约》也试图通过各种技术方法来平衡双方的利益,例如要求得到东道国的"书面同意",东道国可在任何时候通知"中心"其不愿意提交"中心"解决的争端类型,③东道国可以通知《华盛顿公约》保存者排除《华盛顿公约》适用于其境内领土或废除《华盛顿公约》的适用④。可见,《华盛顿公约》在涉及管辖权问题时是处处小心,处处要求东道国的明示意思表示。所以,《华盛顿公约》起草者没有道理让东道国作出单方面的同意之后就承担"永久"的义务,而不理会外国投资者是否已经作出相应的同意。

3.根据《华盛顿公约》第 28 条第 1 款以及第 36 条第 1 款的规定,⑤东道国与外国投资者双方都有权把相关争端提交"中心"解决,虽然东道国在实践中

---

① 詹宁斯·瓦茨.奥本海国际法:第一卷第二册[M].王铁崖,译.北京:中国百科全书出版社,1998:724.

② 例如,在"日本—酒精饮料[Japan-Alcoholic Beverage (DS8/DS10/DS11)]案"中,上诉机构裁定:"从《维也纳条约法公约》第 31 条规定的解释原则中所衍生出来的一个基本条约解释原则(a fundamental tenet)是有效性原则(ut res magis valeat quam pereat)。在美国—精炼汽油案(United States—Standards for Reformulated and Conventional Gasoline)中,我们曾注意到,《维也纳条约法公约》中解释原则的推论之一是,解释必须赋予条约的所有条款以含义与效力。释意者不得随意解释以导致条约的整条、整款在内容上重复或变得无效(redundancy or inutility)"。详见 WT/DS8/AB/R;WT/DS10/AB/R;WT/DS11/AB/R/D.

③ 参见《华盛顿公约》第 52 条。

④ 参见《华盛顿公约》第 72 条。

⑤ 《华盛顿公约》第 28 条第 1 款规定:希望采取调解程序的任何缔约国或缔约国的任何国民,应就此向秘书长提出书面请求,由秘书长将该项请求的副本送交另一方。第 36 条第 1 款规定:希望采取仲裁程序的任何缔约国或缔约国的任何国民,应就此向秘书长提出书面请求,由秘书长将此项请求的副本送交另一方。

几乎不会如此行事,但是在理论上双方的此种权利应该是平等的。如果东道国在国内法、投资条约中同意"中心"管辖权后却不能撤销,那么,就只有外国投资者有权随时把相关争端提交"中心"解决,而对于东道国而言,却由于没有外国投资者对"中心"管辖权的同意,而不能享有此种权利。这会在法律理论上对东道国在"中心"体制下的权利造成极大损害。

4.该观点承认,东道国在国内法、投资条约当中同意"中心"管辖权具有单边要约的性质。通常认为,在没有相对方承诺的情况下,当事方对该"要约"的义务在于一旦相对方作出承诺,要约方就会受到该要约意思表示的约束。如果在没有相对方承诺的情况下也要受该要约意思表示的约束,则未免太不公平。

5.如果东道国是在其国内立法中同意"中心"的管辖权,在没有外国投资者作出同意的情况下,东道国对其相关国内立法加以修改是其国家主权的体现,是完全不受限制的。无论如何,东道国不应该对所有现有与将来的外国投资者(包括没有同意"中心"管辖权的外国投资者在内)承担"永久"的同意义务。

6.《维也纳条约法公约》第42条第2款规定:"终止条约,废止条约,或一当事国退出条约,仅因该条约或本公约规定之适用结果始得为之。同一规则适用于条约之停止施行。"《华盛顿公约》第71条规定:"任何缔约国得以书面通知本公约的保存者废除本公约。该项废除自收到该通知后六个月开始生效。"可见,缔约国连《华盛顿公约》的适用都可废除,对于依据《华盛顿公约》所作出的"同意",缔约国的撤销权是无可怀疑的。

三、同意的排他性

根据《华盛顿公约》第26条与第27条当中的规定,[①]当事双方同意根据《华盛顿公约》把相关争端提交仲裁,就视为同意仲裁并排除其他任何补救办法。这一规定被称为"中心"仲裁的排他性。不过以下几点需要注意:

---

① 《华盛顿公约》第26条规定:除非另有规定,双方同意根据本公约交付仲裁,应当视为同意排除任何其他补救办法而交付上述仲裁。缔约国可以要求用尽当地各种行政或司法补救办法,作为其同意根据本公约交付仲裁的一个条件。第27条规定:(1)缔约国对于它本国的一个国民和另一缔约国根据本公约已同意交付或已交付仲裁的争端,不得给予外交保护或提出国际要求,除非该另一缔约国未能遵守和履行对此项争端所作的裁决。(2)前款所称的"外交保护",不包括纯为便利争端的解决所作的非正式外交接触。

1. 缔约国可以要求用尽当地各种行政或者司法救济,作为其同意根据《华盛顿公约》提交"中心"仲裁的条件。

2. 外国投资者的母国可以在东道国没有遵守"中心"裁决的情况下行使外交保护或者提出国际要求。

3. 当事双方可以另作声明,在寻求"中心"调解或者仲裁的同时保留其他救济方法。实践中,缔约方通常在投资条约中规定:如果投资合同中约定了争端解决方法,则此种约定优先适用。这种约定可以有助于让合同中的争端解决规定优先于投资条约中对"中心"管辖权的同意。

4. 在整个仲裁期间,一方当事者可请求仲裁庭采取维护其权利之保全措施。① 根据《华盛顿公约》第 47 条的规定,除双方另有协议外,仲裁庭如果认为情况需要,得建议采取任何临时措施,以维护任何一方各自的权利。另外,《解决投资争端国际中心仲裁程序规则》规则 39 第 5 项也有类似规定:经双方当事者同意并在书面协议中作出规定,本规则不得禁止双方当事者在仲裁程序开始前或者仲裁期间,请求任何司法机关或其他机关采取保全措施以保全相应的权益。

---

① 《解决投资争端国际中心仲裁程序规则》规则 39"保全措施"第 1 项规定:在整个仲裁期间,一方当事者可请求仲裁庭采取维护其权利之保全措施。此种请求应列举被保全之权利、请求采取之措施以及需要采取此种措施之情形。第 3 项规定:仲裁庭也可主动采取措施或者采取请求书列举之外的其他措施。仲裁庭可随时修改和取消此种措施。

第二章　"同意"的前置条件
——当地救济规则的利用

管辖权历来是接受投资之东道国和投资者母国之间斗争的焦点。在 ICSID 的案件当中,被申请方几乎都会在一开始就针对"中心"管辖权提出反对,而在所提出的反对理由中,"没有优先寻求当地救济"这一理由被频繁使用。《华盛顿公约》和 BIT 当中的相关规定、仲裁庭的一系列裁决以及西方学者所提出的理论和主张都表明,发达国家已经在想方设法削弱"当地救济"的实际功用,并且已颇有"收获"。所以,有必要对发达国家规避、削弱"当地救济条款"的方法和理由加以分析,并根据我国 BITs 实践当中存在的问题,提出相应对策。

第一节　当地救济条款在 ICSID 体制下的适用

一、传统国际法中用尽当地救济原则的适用:"放弃需明示"

用尽当地救济原则通常适用于解决某国家对外国人造成损害时该外国人寻求救济方面的问题,而不适用于一个国家对另一个国家造成直接损害的情形。关于用尽当地救济原则的含义,《奥本海国际法》认为,当一个国家对其领土内外国人所赋予的待遇不符合它的国际义务,但是仍然可以通过以后的行动为该外国人提供所要求的待遇(或者同等待遇)时,国际法庭将不会受理代表该外国人提出的求偿,[①]除非该外国人已经用尽有关国家内可以利用的一

---

① 这里的"代表该外国人"包括该外国人本人寻求国际救济和其母国代表该外国人寻求国际救济两种情况。

切法律救济方法,这是一项公认的规则。① 换言之,除非有关外国人或者公司用尽加害国国内可以利用的各种法律救济,否则就不能在国际层面提出求偿。②

对此,从国内外的著作来看,可以归纳出以下理由③:(1)一个国家内的外国居民在寻求该国以外的协助之前,应该先求助于当地法院,这反映了通常发生的,而且在法律制度正常运行时应当发生的情况;(2)要求一个国家在国际上为自己的行动承担责任之前,必须给它以机会,用它自己的方法在它的法律体制内对外国人所受的任何不法行为予以救济;(3)在当地救济方法没有用尽之前,就没有确实地发生拒绝受理或执法不公;④(4)由当地法院对事件进行初步调查要方便得多,应当允许直到最高级的当地法院有机会这样做;(5)应该把个人进入某个国家的行为视为其愿意接受该国国内法约束的意思表示;(6)各国相互平等,应该相互合作,有必要相互信任对方国家的国内救济程序;(7)如果损害是由个人或者下级官员所导致,必须用尽当地救济以确定不法行为或者"拒绝受理或执法不公"是国家的有意行为;(8)主权和独立是所在国有权要求其法院不受干涉并确认其有司法能力的根据。

"用尽当地救济原则意味着受害的一方必须在领土国真诚地进行诉讼。虚假地和随便地提出赔偿以完成差使并不使外国享有支持其国民诉讼的权

---

① 詹宁斯,瓦茨.奥本海国际法:第一卷第一分册[M].王铁崖,陈公绰,汤宗舜,周仁,译.北京:中国大百科全书出版社,1995:414.

② 伊恩·布朗利.国际公法原理[M].曾令良,余敏友,等译,法律出版社,200.540;马克斯·普朗克比较公法及国际法研究所.国际公法百科全书(第一专辑):争端的解决[M].陈致中,李斐南,译.广州:中山大学出版社,1988:272.

③ 詹宁斯,瓦茨.奥本海国际法:第一卷第一分册[M].王铁崖,陈公绰,汤宗舜,周仁,译.北京:中国大百科全书出版社,1995:414,434,435;柳炳华.国际法:下卷[M].北京:中国政法大学出版社,1997:221;邹立刚.试论国际法上的用尽当地救济规则[J].法学研究,1994(5):61.

④ 关于"拒绝受理或执法不公",其原文是"denial of justice"。这一词语在中文著作中有"拒绝司法""拒绝正义""执法不公"等多种译法。本书根据陈安教授对该词语的讨论,按其实际含义译为"拒绝受理或执法不公",虽较累赘,但可避免以文害意,后文都采用这种译法,不再另作说明。关于对该词语的进一步分析,请参见陈安.OPIC述评:美国对海外私人投资的法律保护及典型案例分析[M]//陈安.国际经济法学刍言.北京:北京大学出版社,2005:487.

利。"①不过,如果有关国家已经同意不把用尽当地救济作为外国人寻求国际救济的先决条件,那么,就可以不经过用尽当地救济而直接寻求国际救济。这里要注意的是,此种"同意"应是"明示"的。在传统国际法当中,用尽当地救济原则得到了各国的公认,其适用并不取决于预先约定。即使有关国家在条约当中并没有提及用尽当地救济原则,仍然不能视之为构成对用尽当地救济原则的默示放弃。要构成对用尽当地救济原则的放弃,需要有关国家的明确表示,或者在条约当中做出明确规定。本书把其归纳为"放弃需明示""要求可默认"。正如《奥本海国际法》的观点:"一个条约的一般解决争端规定当中没有提到这个问题并不等于默示了放弃(用尽当地救济)。"②"在一般事件中,无论是否订有卡尔沃条款,外国人和外国公司必须用尽当地救济办法,然后才能寻求本国保护。"③

目前,规定当地救济的方式主要有两种方式:一是规定要用尽东道国的当地救济;二是规定在一定期限内寻求当地救济,在该期限内没有解决则外国投资者可以寻求国际仲裁。对于具体的当地救济类型而言,主要有行政复议、诉讼以及仲裁等等。用尽当地救济原则是维护东道国不过度受国际干涉、维护国家主权的有力工具。在历史上,曾经存在过发展中国家所广泛接受的卡尔沃主义。④不过,随着环境的变化和发达国家的软硬兼施、各个击破,许多发展中国家慢慢放弃了卡尔沃主义。而对于用尽当地救济原则在实践当中的应用,发达国家千方百计提出种种理论予以种种限制。在投资领域,《华盛顿公约》当中就对用尽当地救济原则作了和以上所述的公认适用规则相背离的规定。

二、《华盛顿公约》中用尽当地救济原则的适用:"要求需明示"

《华盛顿公约》第26条规定:"除非另有规定,双方同意根据本公约交付仲裁,应该视为同意排除任何其他补救办法而交付上述仲裁。缔约国可以要求

---

① 兴戈兰尼.现代国际法.陈宝林,张锴,杨伟民,译.重庆:重庆出版社[M].1988:221.

② 詹宁斯,瓦茨.奥本海国际法:第一卷第一分册[M].王铁崖,陈公绰,汤宗舜,等译.北京:中国大百科全书出版社,1995:414.

③ 兴戈兰尼.现代国际法.陈宝林,张锴,杨伟民,译.重庆:重庆出版社[M].1988:221.

④ 姚梅镇.国际投资的法律保护[M]//中国国际法年刊:1982年卷.北京:中国对外翻译出版公司,1983:131.

用尽当地各种行政或者司法救济办法,作为其同意根据本公约交付仲裁的一个条件。"①可以看出,该第 26 条把当地救济原则在传统国际法当中的适用情况"颠倒"过来,即如果成员方在没有"明确要求"诉诸 ICSID 仲裁之前需要优先采用当地救济的话,就视为该成员方放弃了当地救济的要求。很明显,这样的规定在许多情况下将导致东道国的"当地救济"得不到适用,将导致在东道国"稍有疏忽"的情况下即构成"默示同意"放弃当地救济的要求,将导致"中心"在有关争端一旦发生之后就有可能对东道国行使管辖权。而在当今国际经济格局中,接受投资的东道国往往是发展中国家。换言之,《华盛顿公约》第26 条对用尽当地救济原则的规定非常明显地向发达国家的利益倾斜。这是发达国家在起草谈判过程中利用其经济等方面的优势地位迫使发展中国家接受的结果。

对当地救济这一问题的争论持续了第 26 条的整个起草历史过程。在初步草案中包含了和最终成为第 26 条第 1 句相类似的规定,②换言之,其最初版本完全没有明确提及当地救济的适用,如果后来没有对此加以补充的话,现在的第 26 条就没有第 2 句(即:缔约国可以要求用尽当地各种行政或者司法救济办法,作为其同意根据本公约交付仲裁的一个条件)。一些代表想把直接诉诸仲裁作为例外,把当地救济优先作为规则(也就是和当地救济原则在传统国际法中的适用相符合)。尤其是来自于拉丁美洲和其他发展中国家的代表希望维持传统要求,并且认为,不维持当地救济原则的传统要求将消除或者破坏国内法院的角色而有可能对外国投资者创设程序上的优越地位。③ 以色列认为,对于有些争端要求用尽当地救济,而对于其他的则不需要用尽当地救济。④ 此后争论几乎完全集中于诉诸国内法院的可能性以及在提起仲裁之前

---

① 除国内法院外,行政救济明显也属于用尽当地救济措施体系的一部分。因此,像坚持司法救济一样坚持利用行政解决争端也符合用尽当地救济的传统概念。不过,第 26 条在规定用尽当地救济时的用语是"行政或者司法救济"。其中把"行政"和"司法"分开表述,并且采用"或者"而不是"和"加以连接,产生的印象是两种救济方式择一使用。公约并没有解释为什么选择"或者"而不是"和"作连接词。那么,东道国在要求用尽当地救济时,是否可以要求同时用尽行政和司法救济,还是只能够要求用尽行政或者司法救济当中的一种? 对此问题,笔者并没有找到"中心"的相关裁决。

② History of the ICSID Convention [Z]. Volume Ⅱ:162.

③ History of the ICSID Convention[Z]. Volume Ⅱ:58,para. 28,61-62,para. 6,88-89,paras. 12,14,96,para. 54,97,paras. 57,59,523-526,543,758.

④ History of the ICSID Convention[Z]. Volume Ⅱ:498,553.

对用尽当地救济的要求。

由于来自法、德等发达国家代表的极力主张,没有能够把当地救济优先作为提交"中心"仲裁庭的前提条件强制规定下来,而仅仅加入了一个句子,以澄清国家要求当地救济的可能性。这个句子后来就成为第26条的第2句。[①]但是,该条的规定却把传统国际法当中对当地救济原则的"放弃需明示""要求可默认"这一公认适用规则强行改变为"要求需明示""放弃可默认"。即便如此,仍然还有观点批评"这一增加的句子属于多余,并导致对其不必要的适用"[②]。在对"用尽当地救济原则"作出向发达国家倾斜的规定后,还作出报告加以"澄清":"为了澄清其目的并不在于更改关于用尽当地救济的国际法规则,第2句明确认可国家要求优先用尽当地救济的权利"。[③]

在实践中已有国家因此原因而在"中心"仲裁程序中失败。比如,在"阿姆科案"(Amco v. Indonesia)的撤销程序当中,印度尼西亚主张:"仲裁庭认为,在没有按照关于用尽当地救济的一般国际法规则向印度尼西亚法院寻求救济之前,'阿姆科'可以把其由于军队和警察的个人行为所导致的损害赔偿主张直接提交'中心'仲裁庭,所以,仲裁庭明显超越职权。"撤销委员会轻而易举地以前述"要求需明示""放弃可默认"之理由加以驳回:通过接受"中心"的管辖,没有保留《华盛顿公约》第26条下的权利以要求优先用尽当地救济作为求救于"中心"仲裁庭的条件,印度尼西亚必须被视为已经放弃此种权利。[④]

三、"墨菲兹尼案":对附有期限"当地救济"的分析

《华盛顿公约》只规定缔约方可以要求当地救济,但是各缔约方在BIT中制定当地救济条款时,作为妥协的结果,所使用的具体用语并不和传统当地救济的概念严格吻合。使用最广泛的方法是规定一定期限的当地救济,如在该期限内当地法庭没有作出裁决或者虽已作出裁决但外国投资者并不满意,则投资者可寻求国际救济。在这样的规定中,这种附有期限的当地救济是否可以被忽略为仅仅是该期间的经过,从而可以不用在当地法庭经过具体的救济

① History of the ICSID Convention[Z]. Volume Ⅱ:792-793,936,958,1029.

② History of the ICSID Convention [Z]. Volume Ⅱ:794,973.

③ The Report of the Executive Directors on the Convention,1 ICSID Report 30 [M]//Shreuer C H. The ICSID Convention:A Commentary. Cambridge:Cambridge University Press,2001:389.

④ 陈安.国际投资争端案例精选[Z].上海:复旦大学出版社,2001:141.

程序就可直接寻求国际救济？

对此加以深入分析的是"墨菲兹尼案"(MAFFEZINI v. SPAIN)。① 该案申请方的依据是 1991 年《西班牙王国和阿根廷共和国之间相互促进和保护投资协定》(简称《阿根廷—西班牙 BIT》，下同)。根据该 BIT 第 X 条的规定，如有关争端在被提出后的 6 个月内没能友好解决，则应该提交投资发生地成员方的有权法庭。如法庭在 18 个月内没有对实质问题作出裁定或者已作裁定但该争端在当事方间仍然存在，那么，经任一当事方申请，则应按 1965 年 3 月 18 日《解决国家与他国国民间投资争端公约》提交仲裁。②

但是，在争端发生后，申请方并没有把争端提交东道国法院，而是直接向"中心"提出仲裁申请。被申请方认为，申请方在把争端提交给国际仲裁之前，没有按照 BIT 第 X(2)条的规定首先把案件提交给西班牙法院。所以仲裁庭没有管辖权。③

被申请人对第 10 条第 3 款第 a 项的解释是，按照该规定，如果国内法院已经对当事方所提出的所有问题作出裁决，就不能认为争端仍然存在，只有在国内法院拒绝司法的情况下，才可以把争端提交国际仲裁。④

申请人承认其在提交给"中心"前没有把该争端诉诸西班牙法院。然而，申请人主张，不管国内法院是否已作出决定且不管结论如何，第 10 条第 3 款第 a 项仍然允许把案件提交给国际仲裁。通过这一事实可以得出以下推论：只要某项争端持续存在并且经过 18 个月的期间，那么，在把该争端提交给国际仲裁之前，没有必要提交给国内法院。⑤

从当事双方的主张中，可以看出主要有几个问题需要仲裁庭解决：(1)第 10 条第 3 款第 a 项是否规定了"用尽"当地救济？是否只有在国内法院拒施

---

① Emilio Agustín Maffezini v. Kingdom of Spain(ICSID Case No. ARB/97/7), Decision on Objections to Jurisdiction of January 25,2000.

② Emilio Agustín Maffezini v. Kingdom of Spain(ICSID Case No. ARB/97/7), Decision on Objections to Jurisdiction of January 25,2000,para. 19.

③ Emilio Agustín Maffezini v. Kingdom of Spain(ICSID Case No. ARB/97/7), Decision on Objections to Jurisdiction of January 25,2000,para. 20.

④ Emilio Agustín Maffezini v. Kingdom of Spain(ICSID Case No. ARB/97/7), Decision on Objections to Jurisdiction of January 25,2000,para. 25.

⑤ Emilio Agustín Maffezini v. Kingdom of Spain(ICSID Case No. ARB/97/7), Decision on Objections to Jurisdiction of January 25,2000,para. 26.

公正才可以寻求国际仲裁？(2)争端是否存在的判断标准？(3)是否可以忽略有期间限制的用尽当地救济？

1. 对"用尽"的分析

仲裁庭首先考查第 10 条第 3 款第 a 项当中的用尽当地救济原则。《华盛顿公约》第 26 条清楚表明,除非某成员方对 ICSID 仲裁的同意是以用尽当地救济为前提,否则,不适用优先用尽当地救济的要求。在缺少其他特别适用的解释规则的情况下,必须按照《维也纳条约法公约》第 31 条对该条加以解释。该第 31 条规定,条约应当"依其用语按其上下文并参照条约之目的及宗旨所具有的通常含义,善意加以解释"。根据该原则,我们会发现,该 BIT 第 10 条第 3 款第 a 项并没有规定,如果一国内法院在 18 个月期限内对争端作出了裁决,就不能够把该案件提交仲裁。它仅仅规定:如果已经作出此种裁决,并且该争端仍然存在,就可以把该案件提交仲裁。仲裁庭认为,第 10 条第 3 款第 a 项并没有像国际法对该概念的理解一样要求用尽当地救济,它仅仅提到对争端的裁决。而对于该裁决,被申请人承认按照西班牙法律甚至并不一定应该是最终或者不可上诉的裁决,因此并没有要求用尽所有可获得的当地救济。① 即使第 10 条第 3 款第 a 项被视为要求用尽当地救济的规定,和被申请人的观点相反,这种要求也不会具有避免此后按照 BIT 把案件提交给国际仲裁的效果。这是因为,在把有关争端提交给国际仲裁庭前要先用尽当地救济情况下,只要争端当事方已经用尽可以获得的救济,无论国内程序的结论如何,争端当事方都可以把案件提交国际仲裁庭,因为对争端中国际义务的含义和范围拥有最终发言权的是国际仲裁庭,而不是国内法院。② 仲裁庭不同意被申请人的这一主张:即只有在国内法庭拒绝司法的情况下,案件才可以提请国际仲裁。如果接受被申请人的这一主张,就会产生拒绝争端当事方挑战国内法院解释 BIT 之权利的效果。被申请人的这种解释不符合一般 BIT 中有关争端解决规定的用语、目的和意图,尤其不符合本案当中 BIT 争端解决规定的用语、目的和意图。事实上,这些条款被设计为给予外国投资者权利,以

---

① Emilio Agustín Maffezini v. Kingdom of Spain (ICSID Case No. ARB/97/7), Decision on Objections to Jurisdiction of January 25, 2000, paras. 22-25.

② Emilio Agustín Maffezini v. Kingdom of Spain (ICSID Case No. ARB/97/7), Decision on Objections to Jurisdiction of January 25, 2000, para. 29.

便把 BIT 下的争端提交给国际仲裁庭排他性地或者最终加以决定。①

2. 争端是否存在的判断标准

仲裁庭认为,第 10 条第 3 款第 a 项当中的用语并没有包含判断是否或者在何种情况下某争端可以被认为仍然存在的标准。在仲裁庭看来,由于缺乏客观标准,当事方自己可以自由决定争端是否仍然存在。换言之,当事方的权利是否为被国内法院所保护,且其是否对国内法院的判决不满意从而把案件提交国际仲裁等事项都由其自行决定。如果 BIT 缔约方有意建立不同的程序,他们本应该作出不同的规定。仲裁庭认为,第 10 条第 3 款第 a 项具有两大功能:首先,它允许任一争端当事方向合适的国内法院寻求解决办法;其次,它确保在 18 个月期间届满后,诉诸国内法院的当事方在把该案件提交国际仲裁时不会受阻,不管国内法院是否已经作出裁决,且不管作出什么样结论的裁决,均是如此。②。

3. 是否可以忽略有期间限制的用尽当地救济

仲裁庭认为,第 10 条第 2 款规定该争端"应该提交"给东道国有管辖权的法院,第 10 条第 3 款第 a 项继而规定,在以下情况下,该争端"可以提交"给一个国际仲裁庭:如果在 18 个月期间内,国内法院没有对案件实体问题作出裁决,或者虽然作出这种裁决,该争端仍然继续存在。这些用语表明,BIT 的成员方(阿根廷和西班牙)都想给予他们各自法院以机会,以便在所规定的 18 个月期间内,在把争端提交给国际仲裁之前,来解决该争端。然而,申请方主张,这并不是第 Ⅹ(3)(a)条的本来意图,因为在 18 个月期限后,任一当事方仍然可以自由把该案件提交国际仲裁,而不用顾及国内法院程序的结果。③

仲裁庭认为,申请方没有考虑以下两个重要问题:第一,当事方在 18 个月期间过后,只要他们对国内法院裁决不满意,可以不顾国内法律程序的结论而自由寻求国际仲裁,他们也很可能如此行事,这是正确的。但是,如果他们被说服国际仲裁庭将作出同样裁决,他们就当然不会寻求国际仲裁。在该意义上,缔约方法院被提供了机会,以便对 BIT 所保证的国际义务加以维护。从

---

① Emilio Agustín Maffezini v. Kingdom of Spain(ICSID Case No. ARB/97/7),Decision on Objections to Jurisdiction of January 25,2000,30-31.

② Emilio Agustín Maffezini v. Kingdom of Spain(ICSID Case No. ARB/97/7),Decision on Objections to Jurisdiction of January 25,2000,paras. 32-33.

③ Emilio Agustín Maffezini v. Kingdom of Spain(ICSID Case No. ARB/97/7),Decision on Objections to Jurisdiction of January 25,2000,paras. 34-35.

条约的语言当中可以推测,这是缔约方希望为他们的法院所保留的角色,虽然只能在规定的期限之内。第二,申请方对第Ⅹ(2)条的解释将导致该规定不具有任何意义,所带来的结果不符合普遍接受的条约解释原则,尤其是《维也纳条约法公约》当中的条约解释原则。①

所以,仲裁庭本应该作出结论:因为申请方没有按照 BIT 第Ⅹ(2)条的要求把本案提交西班牙法院,本仲裁庭没有管辖权。然而,申请方还提出主张,他有权依据 BIT 当中所包括的最惠国条款援引其他 BIT 直接把有关争端提交"中心"仲裁。虽然仲裁庭最终根据最惠国条款一致同意拥有管辖权,但是,其对 BIT 当中的当地救济条款效力的讨论和确定,却具有非常重要的意义。该案表明这种规定了期间限制的当地救济会得到"中心"仲裁庭的尊重,并被其后各案仲裁庭多次引用。

第二节　对当地救济条款的限制与架空："岔路口条款"

如前所述,在传统国际法中,"优先采用当地救济"这一规则的适用并不需要在条约中预先加以约定。然而,1966 年《华盛顿公约》的出现却在国际投资领域改变了这一情况。如果成员方在此后签订的 BIT 当中没有"明确要求"诉诸 ICSID 仲裁之前需要优先采用当地救济的话,就视为该成员方放弃了当地救济的要求。然而,更为隐蔽的限制与架空方式则是通过对 BIT 中某些条款的解释来达到目的。具体而言,即使缔约方在 BIT 中约定了当地救济优先,在相关争端发生之后,外国投资者仍然可以根据对"最惠国条款"以及"岔路口条款"的解释来达到限制与架空当地救济之目的。

许多国家在某些 BIT 中规定提交国际救济之前应该优先用尽或者附加一定期限的当地救济,而在另外一些 BIT 中又没有规定当地救济优先。然而,基本上所有的 BIT 都规定了"最惠国(most-favored-nation,简称 MFN)条款"。那么,外国投资者是否可以利用该"MFN 条款"绕过其母国与东道国间BIT 中的"当地救济"优先之要求,从而享受到东道国与第三国间 BIT 中可直

---

① Emilio Agustín Maffezini v. Kingdom of Spain(ICSID Case No. ARB/97/7),
Decision on Objections to Jurisdiction of January 25,2000,para. 36.

接寻求国际救济的"最优惠"待遇？上节所讨论的 2000 年"墨菲兹尼"案仲裁庭认为 MFN 条款可以适用于程序性待遇，这就把以下可能变成了现实：即使在 BIT 中明确订立了要求用尽或者在一定期限内寻求当地救济的条款，但是，通过 MFN 条款这一跳板，投资者仍然有可能不用首先寻求当地救济而可以直接寻求国际救济。由于仅仅从 MFN 条款本身并不能看出其对争端解决的具体规定，而是需要援引第三方 BIT 的具体规定，所以其对"当地救济条款"所带来的限制与架空又极为隐蔽。同时，通过 MFN 条款可以援引的第三方 BIT 在身份上具有不确定性，从理论上来讲在数目上又几乎具有无限性，所以，这一条款对"当地救济条款"所带来的影响又极为严重。

此处关于 MFN 条款对当地救济的架空问题，与后文 MFN 条款对争端解决条款的适用问题存在较大相同之处，故拟把本问题放到后文讨论 MFN 条款对程序性待遇的适用部分一并讨论。本节以下只讨论"岔路口条款"限制与架空当地救济条款的情况。

一、"岔路口条款"问题的产生

随着世界投资规模的扩大和统一投资规则的"难产"，各国签订了越来越多的 BIT。其中许多 BIT 规定了"岔路口条款"。这种条款规定，在有关争端产生后，投资者必须在东道国国内法院和国际仲裁之间作出选择，一旦作出选择，即为终局。换言之，投资者如果选择了东道国国内法院救济，无论东道国国内法院所作判决结果如何，都不得再寻求国际仲裁；投资者如果选择了国际仲裁，则不论国际仲裁结果如何，都不得再向东道国国内法院寻求救济。东道国国内法院和国际仲裁，就像摆在投资者面前通往不同方向的两条道路，投资者一旦作出选择，就不能回头再走另外一条路。这种条款被形象地称之为"岔路口条款"。

《华盛顿公约》并没有对这种"岔路口条款"作出规定。这种条款是各国在签订 BIT 的实践当中发展起来的，应用非常普遍。我国在对外签订的 BIT 当中也大量采用了这种"岔路口条款"。笔者没有找到介绍这种条款起源的确切资料，但从常识来看，外国投资者与其母国都希望能够不受约束地寻求国际救济，而东道国则希望尽量把争端留在国内解决，在无法达成一致时，只好各让一步，在 BIT 中规定由投资者选择一种方式来最终解决争端。从该条款本身来看，并没有完全放弃当地法庭管辖权，而是把国内救济与国际救济并列让外国投资者选择，并择一终局，从表面上看似乎比较"公平"。

在投资活动过程当中，投资者常常会涉及各种各样的法律争端。在这些争端当中,既可能涉及租赁、原材料的获得等私法行为,又可能会涉及政府颁发许可证、税收等公法上的行为。在这些法律争端解决过程中,投资者常常不得不寻求法院或者行政法庭的救济。那么,投资者为了解决这些各种各样的法律争端而对东道国法院或者行政法庭的利用,是否可以构成"岔路口条款"中对东道国国内法院的选择呢?是否会因此而启动"岔路口条款"并不得再寻求国际仲裁呢?如果是,即意味着投资者如与东道国政府发生争端,不管该争端多么的微小,也必须寻求花费大、时间长的"中心"救济。如果不是,投资者会否采取各种方式变相在国内寻求救济之后又寻求"中心"救济,从而使得该"岔路口条款"形同虚设?

为了解决这些问题,就要对"岔路口条款"在实践当中的运作加以分析,从中归纳出一些规律以判断在东道国国内法院或者行政法庭提起什么样的诉讼才会启动"岔路口条款",判断该条款的实际作用是否达到了原来设计的目的。

二、触发"岔路口条款"的条件

"中心"已经裁决过一系列这样的案件。以下介绍其中三个。

1."维温迪案"(Vivendi v. Argentine)[①]

在该案当中,仲裁庭要根据阿根廷—法国 BIT 决定其是否有管辖权。该 BIT 规定了"岔路口条款":(1)在缔约一方和缔约另一方的投资者之间所发生的、本协议下的、与投资有关的任何争端都应该尽量由争端当事方友好协商解决。(2)如果在有关任何当事方提出争端起 6 个月之内没有解决,经投资方申请,该争端应该:或者提交涉及该争端的缔约方的国内管辖,或者按照以下第 3 款提交国际仲裁。一旦投资者把该争端提交给所涉缔约方国内管辖或者提交国际仲裁,该选择即为终局。可见,投资者可在以下两种方式中择一终局:一是东道国国内法院诉讼,二是根据投资者选择提交国际仲裁(第 3 款规定由投资者选择"中心"仲裁或选择按照《联合国国际贸易法委员会仲裁规则》仲裁)。另外,申请人与阿根廷土库曼省签订的《特许合同》第 16.4 条约定,将有关该合同解释和适用的争议排他性地提交土库曼省行政法院管辖。

后来,申请人在未提起任何阿根廷国内诉讼的情况下,依据阿根廷—法国

---

① Compañía de Aguas del Aconquija S. A. and Vivendi Universal (Formerly Compagnie Générale Des Eaux) v. Argentine Republic (ICSID Case No. ARB/97/3), http://www. worldbank. org/icsid/cases/ada_AwardoftheTribunal. pdf,May 10,2006.

BIT 直接向"中心"申请仲裁。申请人认为,在土库曼省行政法院提起诉讼将构成 BIT 下"岔路口条款"当中的管辖权选择,从而放弃向"中心"寻求救济的权利。仲裁庭不同意这种观点,并指出了"中心"程序当中的事项和国内法院程序中事项之间的不同之处。

仲裁庭认为,《特许合同》第 16.4 条并没有剥夺仲裁庭对本案的管辖权,因为该条款没有而且不能够构成申请人按照 BIT 第 8 条对阿根廷政府申请仲裁权利的放弃。申请人的主张建立在阿根廷政府通过作为和不作为或者土库曼省政府的行为(对此,申请人认为应该归因于中央政府)违反 BIT 的基础之上。这样,由于那些主张不是基于《特许合同》而是基于 BIT,就可以推导出针对阿根廷政府的主张不属于土库曼省行政法院的管辖范围。因此,不能认为,《特许合同》第 16.4 条阻碍了投资者为了主张阿根廷政府违反阿根廷—法国 BIT 而寻求 ICSID 救济。根据同样的分析,申请人在土库曼省行政法院对土库曼提起违反《特许合同》条款的诉讼不能够阻止申请人接下来对阿根廷政府寻求 BIT 和《华盛顿公约》当中所提供的救济。[①] 也就是说,和被申请人的观点相反,向土库曼省行政法院主张土库曼违反合同之诉本身并不是申请人根据 BIT 针对阿根廷政府所选择的国内管辖权的法律行为,并不构成 BIT 中"岔路口条款"下的管辖权选择。

仲裁庭接着认为,本案事实使得仲裁庭在没有首先解释和适用《特许合同》具体条款的情况下,几乎不可能把违反 BIT 和违反特许合同加以区别或者分离。根据《特许合同》第 16.4 条,当事方明确约定排他性地把有关争端提交给土库曼省行政法院。相应地,由于本案中的主张几乎排他性地产生于土库曼省政府直接在特许合同下的行为,故仲裁庭认为:对于这种针对土库曼省政府的主张,申请人有义务按照《特许合同》第 16 条第 4 款的要求,首先向土库曼省行政法院寻求救济。[②]

---

① Compañía de Aguas del Aconquija S. A. and Vivendi Universal(Formerly Compagnie Générale Des Eaux)v. Argentine Republic(ICSID Case No. ARB/97/3),paras. 53-55,http://www. worldbank. org/icsid/cases/ada_AwardoftheTribunal. pdf.

② Compañía de Aguas del Aconquija S. A. and Vivendi Universal(Formerly Compagnie Générale Des Eaux)v. Argentine Republic(ICSID Case No. ARB/97/3),paras. 53-55,http://www. worldbank. org/icsid/cases/ada_AwardoftheTribunal. pdf,p. 3.

在撤销程序中,专门委员会认可仲裁庭坚持管辖权的理由。① 专门委员会同意仲裁庭把该争端视为 BIT 第 8 条"与本协议下所作投资有关"的争端,甚至是为了获得管辖权而有必要把该争端识别为不仅仅是与一项投资有关而且涉及 BIT 中所规定的投资待遇。② 土库曼省没有按照《华盛顿公约》第 15(1)条被另行指派到"中心",有关投资也涉及与土库曼省签订的《特许合同》,但这一事实并不意味着有关争端属于 BIT 范围之外,也不意味着有关投资不再是 BIT 第 8 条第 1 款中"成员方和另一成员方的投资者之间"的投资。③ 所以,《特许合同》约定把合同争端提交土库曼省行政法院这一事实并不影响到仲裁庭对依据 BIT 指控的管辖权。《特许合同》第 16.4 条没有排除国际仲裁庭根据 BIT 第 8 条第 2 款所拥有的管辖权。如果该条有意排除国际仲裁庭管辖权,至少要求对这种排除管辖权的意图作出明显的表示。④ 因此,专门委员会的结论是:仲裁庭正确地坚持了对该主张的管辖权;同时,仲裁庭由于没有根据 BIT 审查针对土库曼政府行为的指控之实体内容而明显越权。⑤

专门委员会的推理似乎并不是非常明晰。不过,从该案中仍然可以看出,如果 BIT 中规定了"岔路口条款",又在投资者与东道国的协议中约定了排他

---

① Compañía de Aguas del Aconquija S. A. and Vivendi Universal (Formerly Compagnie Générale Des Eaux) v. Argentine Republic (ICSID Case No. ARB/97/3), DECISION ON ANNULMENT, para73. http://www. worldbank. org/icsid/cases/.

② Compañía de Aguas del Aconquija S. A. and Vivendi Universal (Formerly Compagnie Générale Des Eaux) v. Argentine Republic (ICSID Case No. ARB/97/3), DECISION ON ANNULMENT, para73. http://www. worldbank. org/icsid/cases/, para. 74.

③ Compañía de Aguas del Aconquija S. A. and Vivendi Universal (Formerly Compagnie Générale Des Eaux) v. Argentine Republic (ICSID Case No. ARB/97/3), DECISION ON ANNULMENT, para73. http://www. worldbank. org/icsid/cases/, para. 75.

④ Compañía de Aguas del Aconquija S. A. and Vivendi Universal (Formerly Compagnie Générale Des Eaux) v. Argentine Republic (ICSID Case No. ARB/97/3), DECISION ON ANNULMENT, para73. http://www. worldbank. org/icsid/cases/, para. 76.

⑤ Compañía de Aguas del Aconquija S. A. and Vivendi Universal (Formerly Compagnie Générale Des Eaux) v. Argentine Republic (ICSID Case No. ARB/97/3), DECISION ON ANNULMENT, para73. http://www. worldbank. org/icsid/cases/, para. 119.

性地由东道国法院管辖,则会存在以下倾向:(1)投资者在基于合同而寻求东道国国内救济后,仍然有可能基于 BIT 再提起"中心"程序,从而使得投资者与东道国之间协议中约定的东道国法院排他性管辖权以及 BIT 中"岔路口条款"所规定的选择国内法院即为"终局"这一内容形同虚设;(2)仲裁庭有可能通过对 BIT 中的"争端"加以扩大解释,使其包括合同性争端在内。这样,投资者就可以不顾协议当中由东道国法院排他性管辖的约定,而直接提请"中心"仲裁。

2. "杰尼案"(Genin v. Estonia)[①]

在"维温迪案"中,投资者并未向东道国法院提起诉讼,所以对"岔路口条款"的讨论基本是理论上的。而在本案中,仲裁庭直接处理了向东道国寻求法律救济是否构成"岔路口条款"中的选择问题。本案中,管辖权是以爱沙尼亚—美国 BIT 为基础的,该条约也包含有"岔路口条款"。申请人是美国国民杰尼(Alen Genin)等。[②] 有关投资争端涉及按照爱沙尼亚法律组建的金融机构—爱沙尼亚创新银行(Estonian Innovation Bank,简称 EIB),申请人是 EIB 的主要股东。相关主张原则上源于 EIB 对"社会银行"分支机构的购买和爱沙尼亚政府对 EIB 许可证的撤回。为了挽回购买"社会银行"分支机构过程当中的损失,EIB 在当地法院起诉"社会银行",EIB 还为了许可证的撤回在行政法庭提起诉讼。另外,申请人之一"东方信用有限公司"还为了购买"社会银行"分支机构过程中的损失在美国得克萨斯州提起诉讼。[③]

被申请人爱沙尼亚认为,申请人和 EIB 互相关联,并且一直受到杰尼先生的控制或者管理,这就形成了一个组织(group)。该组织内的任何成员所提起的任何当地行政或者司法救济都应该归属于该组织内的所有成员以及该组

---

① 参见 Alex Genin,Eastern Credit Limited,Inc. and A. S. Baltoil v. The Republic of Estonia(ICSID Case No. ARB/99/2)一案,由 http://www. worldbank. org/icsid/cases/genin. pdf 下载。

② 申请方还包括杰尼先生按照美国得克萨斯州法律组建并全资拥有的东方信用有限公司(Eastern Credit Linited,Inc.)以及东方信用有限公司全资拥有的一家爱沙尼亚公司——百多依公司(A. S. Baltoil)。

③ Compañía de Aguas del Aconquija S. A. and Vivendi Universal (Formerly Compagnie Générale Des Eaux) v. Argentine Republic (ICSID Case No. ARB/97/3),DECISION ON ANNULMENT,para73. http://www. worldbank. org/icsid/cases/,paras. 30-61.

织本身的行为。该组织内的一位成员在国内法院提起民事诉讼,另一位成员提起行政诉讼,还有成员把争端依据 BIT 和《华盛顿公约》提交"中心"仲裁,这完全不符合"选择性救济原则",尤其不符合避免互相矛盾裁决之目的。①所以,爱沙尼亚认为,申请人已经放弃了提起"中心"仲裁的权利。

仲裁庭认为,管辖权的解决关键在于以下两个问题:在爱沙尼亚与美国所提起诉讼的诉因和申请人在本仲裁程序当中所提交的诉因在多大程度上相同?把 EIB 和申请人视为一个"组织"以及把 EIB 在爱沙尼亚的法律行为视为该组织作为整体的一种"救济选择"是否适当?②

对于第一个问题,仲裁庭的观点是:EIB 在爱沙尼亚所提起的民事诉讼涉及由于爱沙尼亚银行在拍卖分行时的不当行为而对 EIB 所造成的损失,行政诉讼涉及对银行营业执照的撤销,这两种诉讼之诉因不同于申请人在本程序中寻求仲裁的"投资争端"的诉因。前者当然会影响到本程序中申请人的利益,但是,在爱沙尼亚的民事诉讼与行政诉讼并不会让 EIB 本身成为本程序当中的当事方。③ EIB 为了其执照的撤销事项向法院提起行政诉讼,该情势也许可以更好地表明 EIB 在爱沙尼亚行政诉讼中的诉因以及申请人在本仲裁程序中的诉因之间的区别。EIB 要求恢复其营业执照的努力在效果上代表了所有银行股东,也代表了银行存款人、贷款人及雇员,他们都由于 EIB 停业而受到损害。显然,EIB 不得不在爱沙尼亚寻求法律救济,因为不存在可以对现状作出补救的其他具有管辖权的机构。另外,提交给"中心"仲裁的"投资争端"涉及申请人单独所遭受的损失,并且被指控为是由于违反 BIT 而产生的。虽然引起本争端的某些事实是在爱沙尼亚诉讼程序要解决的问题,但"投资争

---

① Compañía de Aguas del Aconquija S. A. and Vivendi Universal (Formerly Compagnie Générale Des Eaux) v. Argentine Republic (ICSID Case No. ARB/97/3), DECISION ON ANNULMENT,para73. http://www. worldbank. org/icsid/cases/,para. 332.

② Compañía de Aguas del Aconquija S. A. and Vivendi Universal (Formerly Compagnie Générale Des Eaux) v. Argentine Republic (ICSID Case No. ARB/97/3), DECISION ON ANNULMENT,para73. http://www. worldbank. org/icsid/cases/,para. 330.

③ Compañía de Aguas del Aconquija S. A. and Vivendi Universal (Formerly Compagnie Générale Des Eaux) v. Argentine Republic (ICSID Case No. ARB/97/3), DECISION ON ANNULMENT,para73. http://www. worldbank. org/icsid/cases/,para. 331.

端"本身并不是爱沙尼亚诉讼程序中所要解决的问题,因此不应该阻碍申请人利用"中心"仲裁机制。①

对于第二个问题,爱沙尼亚认为,根据 BIT 第 6 条第 8 款,可以把 EIB 视为美国"国民或者公司",因此其诉诸爱沙尼亚法院和行政法庭之事实就应该排除其"母父公司"诉诸"中心"仲裁。不过,仲裁庭认为,如上所述,EIB 没有其他选择,只有为了所有股东的利益在爱沙尼亚寻求救济,而申请人提交"中心"仲裁的却是 BIT 所定义的"投资争端",以便对其在 BIT 项下权利受到侵犯而寻求赔偿。② 基于类似的理由,东方信用有限公司作为申请人之一,在美国诉诸法律程序也不应该成为寻求"中心"仲裁的障碍。在美国的法律程序没有涉及撤销 EIB 营业执照这一问题,不应该被视为属于 BIT 下第 6 条第 2 款第 a 项中的选择法院行为,也就不会排除把本程序中"投资争端"提交仲裁。③

该案仲裁庭认为,在爱沙尼亚、美国所提起的诉讼与"中心"仲裁程序的区别在于:(1)当事方不同。EIB 是在爱沙尼亚民事诉讼与行政诉讼中的起诉方,但并不是"中心"仲裁程序的当事方。(2)争端不同。申请人之一在美国的诉讼并未涉及本仲裁程序中的争端——营业执照问题。另外,仲裁庭把东道国诉讼程序中的诉因界定为"为所有股东利益"而对"许可证寻求救济",把诉之于"中心"的诉因界定为"投资争端",从而认为两种诉因并不相同,因而没有触发"岔路口条款"。如果将来其他仲裁庭也如此裁决的话,实在难以想象在东道国提起何种诉讼才会触发"岔路口条款"。因为,在某东道国的诉讼总是由于一些具体争端而引起的,同时,诉之于"中心"的诉因又总是可以抽象为"投资争端"。

---

① Compañía de Aguas del Aconquija S. A. and Vivendi Universal (Formerly Compagnie Générale Des Eaux) v. Argentine Republic (ICSID Case No. ARB/97/3), DECISION ON ANNULMENT, para73. http://www. worldbank. org/icsid/cases/, para. 332.

② Compañía de Aguas del Aconquija S. A. and Vivendi Universal (Formerly Compagnie Générale Des Eaux) v. Argentine Republic (ICSID Case No. ARB/97/3), DECISION ON ANNULMENT, para73. http://www. worldbank. org/icsid/cases/, para. 333.

③ Compañía de Aguas del Aconquija S. A. and Vivendi Universal (Formerly Compagnie Générale Des Eaux) v. Argentine Republic (ICSID Case No. ARB/97/3), DECISION ON ANNULMENT, para73. http://www. worldbank. org/icsid/cases/, para. 334.

3."中东水泥案"(Middle East Cement v. Egypt)①

在该案中,仲裁管辖权以埃及—希腊 BIT 为依据。申请人的船只被埃及政府没收并且予以拍卖。申请人曾经诉诸于埃及法院,主张该拍卖无效。被申请人认为,该国内诉讼构成了 BIT 当中"岔路口条款"下的管辖权选择。仲裁庭驳回了这种主张,其理由是,提交给埃及法院的争端和提交给本仲裁庭的争端并不相同。仲裁庭注意到,BIT 第 10 条第 2 款规定,投资者可以把投资争端"或者提交给缔约方有权法院,或者提交给国际仲裁庭"。然而,此处所提及的"这种争端"在第 10 条第 1 款当中作了详细说明,即"一缔约方投资者和其他缔约方之间涉及后者在本条约下的义务"的争端。申请人向埃及法院所提交的关于主张拍卖无效的案件,没有并且不可能"涉及"BIT 项下义务,而只可能涉及该拍卖按照埃及国内法的有效性。②

该案件表明,仲裁庭通常会认为,基于东道国国内法在东道国国内提起诉讼和基于 BIT 寻求"中心"救济是不同的。投资者根据东道国国内法在东道国国内诉讼后,仍然有可能依据 BIT 寻求"中心"救济,而并不会因为国内诉讼而触发"岔路口条款",因为寻求救济的依据不同。

以上案件表明,仲裁庭对是否构成"岔路口条款"中选择东道国国内救济的判断采取非常严格的解释。这就使得符合"岔路口条款"下选择东道国国内救济的案件大大减少,从而使得许多案件在东道国起诉之后仍然没有"择一终局",经过投资者的改头换面后仍然被诉诸"中心"仲裁,从而起到扩大"中心"管辖权之目的。按照以上案件的严格解释,只有在诉之于国际仲裁前,相同当事方间的相同争端已经被提交给东道国的国内法院或者行政法庭,"岔路口条款"才予以适用,才会导致丧失寻求国际救济权利的结果。具体说,"岔路口条款"的适用要符合三个条件:

(1)国内程序和国际程序当中的当事人相同。国际仲裁当中的被申请人必须是国内诉讼当中的被诉方,寻求国际仲裁的外国投资者必须是在东道国国内法院或者行政法庭寻求救济的原告。

(2)国际仲裁当中的争端必须和东道国国内诉讼当中的争端相同。如果

① Middle East Cement Shipping and Handling Co. S. A. v. Arab Republic of Egypt (ICSID Case No. ARB/99/6), http://www. worldbank. org/icsid/cases/me_cement-award. pdf。

② Middle East Cement Shipping and Handling Co. S. A. v. Arab Republic of Egypt (ICSID Case No. ARB/99/6), Award. para. 71.

在国际仲裁中主张违反 BIT,那么,提交给东道国国内法院或者行政法庭的争端也必须涉及对 BIT 所创设的某项权利的违反。如果提交给国内法院或者行政法庭的争端之依据是违反合同或者国内法或者涉及对当局某项决定的上诉,则不会启动"岔路口条款"。

(3)国内程序的提起必须先于寻求国际救济的时间。如果在提起国际救济之前,投资者已经把争端提交给国内法院或者法庭,则有可能启动"岔路口条款"。

以上第 2 个条件非常重要,使得投资者有可能以违反合同或者国内法为由在东道国国内寻求救济后,再以违反 BIT 为由向"中心"寻求救济。根据第 1 个条件,受到外国投资者控制的国内公司在国内寻求救济后,外国控制者还可能以自己的名义再次寻求"中心"救济。这些都使得原先向东道国国内寻求救济之行为并没有"择一终局"。"岔路口条款"在实践当中的运作表明,选择东道国国内救济这一"择一终局"之规定实际上基本形同虚设。其存在的意义就在于:把从表面上看似乎选择当地救济也可以"择一终局"这一"障眼法"作为筹码,来换取投资者不用首先寻求当地救济而可以直接寻求"中心"救济的自由选择权。实践证明,这一"障眼法"非常有效,目前包括我国在内的大部分国家基本上都接受了"岔路口条款"。

三、"岔路口条款"的两难困境

即便"中心"仲裁庭对触发"岔路口条款"的条件作了非常严格的解释,仍有观点对"岔路口条款"中具很小可能性会启动"岔路口条款"之"国内救济"极不满意。该观点认为,在东道国国内寻求救济不应该被视为启动"岔路口条款"。其理由是:"许多 BITs 包括了保证按照国内法对投资者提供有效救济的规定。这些'有效方式'包括通过国内法院或者行政法庭解决问题。如果 BIT 包含'岔路口条款',那么,对国内救济有效性的保证将变成一个陷阱,该陷阱被设计成引诱投资者进入东道国国内救济程序,并导致通向国际救济的大门永远关闭的结果,而不管国内救济的最终结果如何。投资者将不得不坐以待毙并且消极忍受任何形式的不正义,生怕丧失寻求国际救济的权利。不过,为了遵守国内法所规定的除斥期间,投资者又不得不对行政行为提起诉讼。换言之,在情况达到可以定性为违反 BIT 并打开一条通向国际救济的道路之前,投资者将没有办法维护其权利。这种解释既不利于投资者也不利于东道国。"①按照该观点,在规定了"岔路口条款"的情况下,投资者可以自由选择寻求东道国国内救济或者"中心"救济。寻求"中心"救济后即为终局自不待多言,即便在寻求东道国国内救济后,仍然可以无条件再寻求"中心"救济。可见,该观点的实质在于,利用"岔路口条款"彻底免除当地救济的约束。

本书不同意该观点的结论。不过,该观点也确实道出了这种两难困境:在投资活动过程当中,投资者常常会涉及租赁、原材料的获得、颁发许可证、税收等各种各样的争端,投资者常常不得不寻求法庭的救济。如果仲裁庭从宽解释触发"岔路口条款"的条件,即意味着投资者如果和东道国政府发生争端,不管该争端在一开始显得多么微小,也必须寻求花费大、时间长的"中心"救济。投资者将不得不坐以待毙并且消极忍受任何形式的不正义,生怕丧失寻求国际救济的权利。而为了遵守国内法所规定的除斥期间,投资者又不得不对行政行为提起诉讼。但是,如果对触发"岔路口条款"的条件从严解释(如同仲裁庭在实践中的做法一样),那么,投资者可以几乎不受限制地寻求"当地救济"后,再寻求"中心"救济,使得"岔路口条款"形同虚设。而要适度解释触发"岔路口条款"的条件以解决这种"两难困境"又几乎是不可能的。所以,本书的观点是不采取"岔路口条款"更为妥当。

第三节　对当地救济条款的扩张适用:"洛文案"

一、案情

"洛文案"起源于美国密西西比州法院审查的一个普通合同性争端。②"洛文"是一家加拿大公司,在美国各地都有分支机构,并且扩展到了密西西比市场,与拥有几家公司的"Jeremiah O'keefe"展开竞争。双方达成了一些交易协

---

① SCHREUER C. Travelling the BIT Route of Waiting Periods, Umbrella Clauses and Forks in the Road[J]. the Journal of World Investment & Trade, 2004, 5(2): 249.

② The Loewen Group, Inc. and Raymond L. Loewen v. United States of America [Case No. ARB(AF)/98/3], Decision on Hearing of Respondent's Objection to Competence and Jurisdiction of January 5, 2001, para. 815. http://www.state.gov/documents/organization/3921.pdf.

议,后来,O'keefe向法院起诉,主张"洛文"违反合同、违反反托拉斯规则以及存在欺诈行为,要求赔偿500万美元。结果法院裁决了惊人的5亿美元给原告。① "洛文"认为存在审判不公。例如,法官允许原告的律师把洛文先生描绘成对密西西比州的外来入侵者(foreign invader),把原告描绘成一位战争英雄,还把美国陪审体系描绘成原告为之"战斗与献身"的东西。对洛文作出的损害赔偿裁决高得离谱,而且其中的惩罚性赔偿违反了密西西比州的相关审判规则。密西西比州不允许陪审团在审判开始阶段(first phase of the trial)考虑惩罚性赔偿,可是,陪审团在一开始裁决被告应该支付的2.6亿美元中却有1.6亿美元后来表明属于惩罚性赔偿。再后来,陪审团把该1.6亿美元改为4亿美元。因此,总共裁决被告应该支付5亿美元。②

"洛文"一方认为美国密西西比州法院的不当行为应该归属于美国政府,从而违反了NAFTA第1105条。NAFTA第1105条第1款规定了最低待遇标准:"每一缔约方应该根据国际法对缔约另一方投资者的投资赋予待遇,包括公平和公正待遇以及完全保护和安全。"于是,"洛文"根据NAFTA向ICSID申请仲裁。双方争论的焦点在于NAFTA第1121条,该条规定申请方在寻求NAFTA所规定的国际救济之前,要先放弃根据缔约方法律在行政仲裁庭、法庭或者其他任何程序中发起或者继续解决争端的权利。

美国提出管辖权异议,认为本案仲裁庭没有管辖权,因为密西西比州法院的判决并不是司法体系中的最后决定,其行为效果不得归属于美国。理由是:第一,当地救济规则不能影响到争端的实体问题,只能影响是否可以把争端提交国际救济。第二,第1121条没有放弃发生"拒绝受理或执法不公"时优先采用当地救济的要求。相反,它要求申请方为了寻求其他救济程序而放弃某些权利。因此,其主要目的不在于让申请方获益,而是为了避免让东道国同时参加两个争端解决程序。第三,允许申请方继续参与国际法庭是荒唐的,因为这

---

① The Loewen Group, Inc. and Raymond L. Loewen v. United States of America (Case No. ARB(AF)/98/3), Decision on Hearing of Respondent's Objection to Competence and Jurisdiction of January 5, 2001, paras. 812-816. http://www.state.gov/documents/organization/3921.pdf.

② The Loewen Group, Inc. and Raymond L. Loewen v. United States of America (Case No. ARB(AF)/98/3), Decision on Hearing of Respondent's Objection to Competence and Jurisdiction of January 5, 2001, paras. 824-827, 840-841.

将让申请方把 NAFTA 仲裁庭作为一个国际上诉法庭。①

"洛文"认为其不需要在美国国内上诉,理由是:第一,第 1121 条的用语放弃了当地救济规则。第二,在国际法中,"终局性"要求与"用尽当地救济"规则这两者没有区别,美国并没有引用有说服力的证据来证明存在这种区别。第三,用尽当地救济在大部分案件中是程序性的,并且正由于该规则是程序性的,所以它是可以放弃的。②

本案仲裁庭认为密西西比州法院的审判存在"严重偏见",存在"如此多的瑕疵以至于构成审判不公"。法院允许原告律师对当事双方的描述并且作出过分的惩罚性赔偿裁决,从而违反了 NAFTA 第 1105 条。然而,仲裁庭根据两点理由认为其在 NAFTA 下并没有管辖权,其中第二点理由就是:"洛文"没有用尽所有可以获得的当地救济,从而没有满足"终局性"要求。③

二、仲裁庭的理由

仲裁庭的理由是:

1."终局性"要求不同于"当地救济"规则。一方面,"当地救济"规则是程序性的并且要求当事方"在国际法层面提出申请之前先在东道国用尽当地救济"。另一方面,"终局性"要求是实体性的:司法决定的"终局性"是"一个国家为其司法决定承担责任的重要条件"。因此,仲裁庭认为"当地救济"规则与"终局性"要求服务于不同的目的:"当地救济"规则确保被指控的国家有机会对其错误加以补救,而"终局性要求"则确保该国家应该承担责任。

2.由于第 1121 条没有明确放弃对司法行动的实体性终局要求,所以,该

---

① The Loewen Group, Inc. and Raymond L. Loewen v. United States of America (Case No. ARB(AF)/98/3),Counter-Memorial of the United States of America,paras. 108-109,111,112-113.

② The Loewen Group, Inc. and Raymond L. Loewen v. United States of America (Case No. ARB(AF)/98/3),Final Submission of the Loewen Group,Inc. Concerning the Jurisdictional Objections of the United states,pp. 36-45.

③ 第一点理由是:"洛文"不再是加拿大公司。要根据 NAFTA 第 11 章对美国提起仲裁,投资者必须具有加拿大或者墨西哥国籍,虽然"洛文"在案件的一开始是加拿大公司,但是它在案件最后裁决作出之前重组为一家美国公司,并且指定一家其专门创设的加拿大 Nafcanco 公司负责其在 NAFTA 下的指控。仲裁庭认为,"洛文"现在是一家美国公司,是真实的利益当事方,而 NAFTA 要求在完整的程序中具有持续的国籍。因此,由于"洛文"已成为一家美国公司,所以不具有指控资格。

司法程序必须继续到最高层次,即使缔约方放弃了当地救济。因此,由于"终局性"要求和"当地救济"规则不同,即使第1121条放弃了"当地救济"规则,却仍然没有放弃"终局性"要求。

3. 申请方还有其他国内选择从而没有满足"终局性"要求。仲裁庭提到了三种可能性:(1)申请方可以申请上诉;(2)申请方可以根据NAFTA第11章申请破产,这可以导致暂停执行裁决;(3)申请方可以向美国最高法院申请"调取案件复审的令状"(petition certiorari)。然而,申请方没有表明他为什么不寻求第(2)种与第(3)种选择而是直接申请国际仲裁。①

三、批评意见

有观点对仲裁庭的意见从以下几方面提出批评:

1. "终局性"与"拒绝受理或执法不公"并没有理论上的不同。

在国际法中,"拒绝受理或执法不公"这一词语包括非常宽泛的情况,主要可以分为两大类:第一,如果法院没有能力或者不愿意对发生于司法体系之外的不当行为加以充分救济,则可认为此时存在拒绝受理或执法不公。② 本书把这种传统概念称之为"源于司法体系外的不当行为所导致的拒绝受理或执法不公"。如果申请方被法庭之外(无论是个人还是其他国家机构)的某些行为所损害,而且法院拒绝外国申请方在诉讼程序上的权利——包括例如拒绝、没有保证的拖延、对利用法庭的阻碍,等等,就产生了拒绝受理或执法不公。第二,当下一级法院决定本身既构成不当行为又构成拒绝受理或执法不公,就产生了范围更加宽泛的拒绝受理或执法不公,本书把这称之为"源于司法体系的不当行为所导致的拒绝受理或执法不公"。对拒绝受理或执法不公的现代定义包括以上两种情况。③

虽然不同的国家根据自己的利益对"拒绝受理或执法不公"的范围有着不

---

① The Loewen Group, Inc. and Raymond L. Loewen v. United States of America (Case No. ARB(AF)/98/3), Final Submission of the Loewen Group, Inc. Concerning the Jurisdictional Objections of the United states.

② EAGLETON C. Denial of Justice in International Law [J]. American Journal of International Law. 1928(22):538,542.

③ GATHRIGHT B K. A Step in the Wrong Direction: the Loewen Finality Requirement and the Local Remedies Rule in NAFTA Chapter Eleven [J]. Emory Law Journal,2005:1109-1110.

同观点,有时甚至会采用双重标准,①但是,总的来看,现代国际法中拒绝受理或执法不公的概念倾向于朝着更宽泛的方向发展。范围非常广泛的行为都能够构成拒绝受理或执法不公,无论该行为属于"源于司法体系的不当行为所导致的拒绝受理或执法不公"或者"源于司法体系外的不当行为所导致的拒绝受理或执法不公"。法庭没有能够对最初产生于司法体系以外的不当行为以及产生于法庭内部的不当行为作出救济,都同样属于"拒绝受理或执法不公",都同样会对该国家施加国际责任,都同样要求满足当地救济规则。两者并没有理论上的区别。②

2."当地救济"规则包括了本案仲裁庭所谓的"终局性"要求。

"当地救济"规则和"终局性要求"都服务于同样的目的,"当地救济"规则的范围足够宽泛到让"终局性"要求完全多余。在大部分情况下,根据"终局性"或者是根据"当地救济"规则上诉于更高层次法院在现实世界中几乎没有区别。③

该观点认为,从仲裁庭的观点可以推导出以下结论:首先,"终局性"要求存在于"源于司法体系的不当行为所导致的拒绝受理或执法不公"中,为了引

---

① 由于不同的国家群体尽量保护其自己的不同利益,所以各个国家对"拒绝受理或执法不公"的范围有不同观点。所谓的"债权人"或者"原告"国家属于那些"其机构强壮,法院相对公平,借钱给其他国家,其国民常常在国外经商"的国家。另外,所谓的"债务人"或者"被告"国家是那些"其独立和文明历史相对较短,其机构更为软弱,法院通常受到执法机构的控制或者完全为了国家利益服务"的国家。因为人们曾经普遍认为拒绝受理或执法不公是引发国际责任的唯一基础,处于债权人位置的国家则希望赋予该词语尽量宽广的含义,而处于债务人地位的国家希望赋予该词语以尽量狭窄的含义。当然,人们既没有接受最宽广的也没有接受最狭窄的含义。美国当然属于前者,倾向于支持更宽广的含义。不过在 NAFTA 当中,传统上属于债权人地位的国家现在也遭遇到处于债务人地位国家的同样待遇。当处于债权人的地位,美国支持强有力的投资保护条款,但是现在当它处于债务人地位时却并不是如此,这种双重标准并不让人惊讶。ALVAREZ G A., PARK W W. The New Face of Investment Arbitration: NAFTA Chapter 11 [J]. Yale Journal of International Law, 2003(28): 365, 397-398.

② GATHRIGHT B K. A Step in the Wrong Direction: the Loewen Finality Requirement and the Local Remedies Rule in NAFTA Chapter Eleven [J]. Emory Law Journal, 2005: 1114.

③ GATHRIGHT B K. A Step in the Wrong Direction: the Loewen Finality Requirement and the Local Remedies Rule in NAFTA Chapter Eleven [J]. Emory Law Journal, 2005: 1129-1130.

发国家责任,当事方必须上诉并且获得最终裁决;其次,在"源于司法体系外的不当行为所导致的拒绝受理或执法不公"中并不存在这种"终局性"规则,虽然当地救济规则具有同样要求。问题在于,"拒绝受理或执法不公"的定义现在同时包括上述两种情况并对它们施加同样的要求。因此,仲裁庭把两者区别开来不符合目前对"拒绝受理或执法不公"的理解。仲裁庭并没有澄清:当政府官员或者个人损害了外国投资者,"当地救济"规则与"终局性"要求是否同时适用?"终局性"要求是否可以代替"当地救济"规则?同时适用并没有意义,因为没有必要用两种规则要求同样的行为。另外,用"终局性"要求代替当地救济规则也没有根据,将显得多余,除非放弃了当地救济规则。①

3. 只有当非国家的个人行为损害外国人时,"拒绝受理或执法不公"才是实体性的,在其他情况下,"拒绝受理或执法不公"都是程序性的。

在"源于司法体系外的不当行为所导致的拒绝受理或执法不公"的情况下,最初的不当行为产生于法庭之外(某些政府机构或者个人行为),当地救济规则要求受损害的外国人寻求所有可以获得的当地救济,包括东道国国内法院或者行政机构提供的任何救济。如果损害是源于个人行为,则并不会立即产生国家责任,要引发国家责任就必须用尽当地救济。只有在这种情况下,当地救济规则才是实体性的。不过,当损害是源于政府部门的不当行为,就立即产生了国家责任,当地救济规则仅仅是程序上的要求,必须在外国投资者提交国际解决之前加以满足。一旦外国人用尽了所有的救济(包括"终局性":把争端提交给最高法院)却没有得到充分的补偿,该外国人就可以在国际层面上对该国家提请仲裁。

不过,在类似于本案中"源于司法体系的不当行为所导致的拒绝受理或执法不公"的情况下,外国人首先在东道国司法体系的某个层面上被不适当的法院决定所损害,该最初的不当行为也构成了"拒绝受理或执法不公"并且立即引发了国家责任。当地救济规则作为程序性要求运作,并且要求该外国人寻求所有可获得的当地救济,包括上诉于东道国的最高法院。如果该外国人用尽了司法体系内的所有救济,却仍然没有为下级法院所造成的损害获得足够赔偿,那么它就可以以"拒绝受理或执法不公"为由把争端提交国际仲裁。总

---

① GATHRIGHT B K. A Step in the Wrong Direction: the Loewen Finality Requirement and the Local Remedies Rule in NAFTA Chapter Eleven [J]. Emory Law Journal, 2005: 1116-1117.

之,当地救济规则要求用尽所有当地救济,包括东道国司法体系内任何可获得的上诉,无论最初的不当行为是源于法院内还是其他东道国政府机构。

4. NAFTA 第 1121 条放弃了"当地救济"规则与"终局性"要求。

根据以上理由,该观点认为仲裁庭的结论是不正确的,因为在当地救济与"终局性"要求之间并不存在实质性不同:如果在"源于司法体系外的不当行为所导致的拒绝受理或执法不公"情况下放弃了当地救济规则,它就必须对"源于司法体系的不当行为所导致的拒绝受理或执法不公"中的"终局性"同样加以放弃。即使有人持相反观点,仍然并不能从第 1121 条中得出结论:第 1121 条放弃了寻求当地救济的要求但是并没有放弃上诉的要求。第 1121 条要求申请方放弃根据国内法"发起或者继续"任何关于金钱损失的诉讼。申请方必须放弃"发起"国内法院程序的权利这一事实构成了对"源于司法体系外的不当行为所导致的拒绝受理或执法不公"下当地救济的放弃。同样,要求放弃"继续"国内法院程序的权利似乎要求申请方放弃上诉于更高法院,这似乎明确放弃了"源于司法体系的不当行为所导致的拒绝受理或执法不公"的"终局性"。因此,第 1121 条放弃了本案仲裁庭所谓的"当地救济"规则以及所谓的"终局性"要求。①

该观点认为,仲裁庭完全走错了方向,留给我们一个独立的"终局性"要求以及更多的不确定性:将来放弃当地救济条款并不会完全放弃"当地救济"。仲裁庭如此行事的唯一原因就在于其屈服于公众压力。批评者认为 NAFTA 第 11 章可能会把国际仲裁庭变成凌驾于国家之上的上诉法庭,这反过来又会损害美国的国家主权。本案仲裁庭希望减少批评者的这些担心。②

四、评论

仲裁庭与以上批评意见都有其各自的合理性,同时也存在一些问题。根据仲裁庭的观点,"当地救济"规则是程序性的,"终局性"要求是实体性的。NAFTA 第 1121 条只能够放弃属于程序性的"当地救济"规则,却不能放弃属

---

① GATHRIGHT B K. A Step in the Wrong Direction: the Loewen Finality Requirement and the Local Remedies Rule in NAFTA Chapter Eleven [J]. Emory Law Journal,2005:1114,1134.

② GATHRIGHT B K. A Step in the Wrong Direction: the Loewen Finality Requirement and the Local Remedies Rule in NAFTA Chapter Eleven [J]. Emory Law Journal,2005:1114,1137.

于实体性的"终局性"要求。所以,当缔约方在 BIT 中放弃了"当地救济"规则的时候,如果是法院以外的其他国家机构损害了外国投资者的利益,那么,该外国投资者可以直接根据 BIT 申请国际仲裁。但如果损害外国投资者的是法院的裁决,那么,该外国投资者在寻求国际仲裁之前仍然需要先用尽"当地救济"。这种意见确实有助于防止"把国际仲裁庭变成凌驾于国家之上的上诉法庭"的担心,可以给东道国更多的机会来自我纠正错误。

不过,以上批评意见认为,"终局性"与"拒绝受理或执法不公"并没有理论上的不同,它们服务于同样的目的。"当地救济"规则包括了"终局性"要求,从而显得"终局性"要求完全多余。无论对外国投资者造成损害的是法院裁决还是其他国家机构,都会立即产生国家责任,当地救济规则仅仅是程序上的要求。如果缔约方在 BIT 中放弃了"当地救济"规则,无论投资者认为对其造成损害的是法院裁决还是其他国家机构,他都可以直接申请国际救济。与本案仲裁庭的意见相比,这种观点把"法院裁决"与"其他国家机构"对外国投资者所造成的损害都同等对待,对外国投资者的保护力度更大。

根据以上批评者的意见,外国投资者可以直接把其认为的第一审"不公裁决"提交国际仲裁,很容易形成"把国际仲裁庭变成凌驾于国家之上的上诉法庭"的风险。而根据仲裁庭的意见,外国投资者可以直接把其认为的终审"不公裁决"提交国际仲裁,也容易形成"把国际仲裁庭变成凌驾于国家终审法院之上的再审法庭"。国际仲裁庭否定东道国"初审法院裁决"或"终审法院裁决"对东道国主权的冲击都是一样的。从这一层面来看,以上两种意见并无实质区别。只是仲裁庭的意见给东道国多提供了一次自我纠正错误的机会,所以,相比较而言,笔者较倾向于仲裁庭的意见。

如前所述,就普通公司间的合同争端而言,以上两种意见实质上都允许让国际仲裁庭对东道国法院裁决加以"监督"与"修改"。本书认为这两种意见会引发以下问题:

1.将导致本国公司与外国公司签订合同时,尽量争取把公司间可能发生的合同性争端放在第三国法院解决。这样,如果任一当事方认为该第三国法院裁决不公,就可以遭受该国法院"不公待遇"为由把该国诉之于国际仲裁。相反,如果在本国法院诉讼,当外国投资者败诉后,就只有该外国投资者可以以遭受该国法院"不公待遇"为由再次寻求国际仲裁,从而具有再次"翻案"的可能。然而本国公司却由于不是外国投资者所以没有这种机会。因此,从这一层面上来看,双方平等协商的争端解决条款却有可能带来并不公平的结果。

2.有可能使得"岔路口条款"形同虚设。许多现代 BIT 规定了"岔路口条款",规定:在有关争端产生后,投资者必须在东道国国内法院和国际仲裁之间作出选择,一旦作出选择,即为终局。换言之,投资者如果选择了东道国国内法院救济,无论东道国国内法院所作判决结果如何,都不得再寻求国际仲裁;投资者如果选择了国际仲裁,则不论国际仲裁结果如何,都不得再向东道国国内法院寻求救济。不过,根据以上批评者以及仲裁庭的意见,外国投资者在选择把其与政府机构或者国有企业之间的争端提交给东道国国内法院后,如果认为东道国法院裁决不公,又可以以遭受东道国法院"不公待遇"为由,把东道国作为被申请方向国际法庭寻求救济。这样,外国投资者就既寻求了东道国国内救济,又寻求了国际救济,从而使得 BIT 中的"岔路口条款"形同虚设。

第四节　中国的可采对策

一、中国缔结 BITs 中的相关规定

中国对外签订的 BITs 中基本上都规定了当地救济的内容。大体可以分为以下几个类别:

第一,当局可以要求用尽行政复议程序。例如 2002 年中国与特立尼达和多巴哥国政府之间 BIT 以及与科特迪瓦共和国政府之间 BIT 即是如此规定。①

第二,中国单方面要求在一定期限内前置国内行政复议程序。在和某些发达国家签订的 BIT 中,中国单方面要求在中国的外国投资者向"中心"提起

---

① 2002 年《中国—特多 BIT》第 10 条"缔约一方与缔约另一方投资者争议解决"第 2 款规定:"发生投资争议时,投资争议当事人应首先通过磋商和协商寻求解决。如投资争议自书面请求通知之日起六个月内未能友好解决,作为投资争议当事人一方的投资者可以将投资争议提交下列途径之一加以解决:(一)作为投资争议当事人一方的缔约方的法院或行政法庭;或(二)依照本条第三款将争议提交国际仲裁;作为争议当事人一方的缔约一方可以要求作为投资争议当事人另一方的投资者在将争议提交该仲裁程序之前用尽缔约一方法律法规所规定的国内行政复议程序。"2002 年《中国—科特迪瓦 BIT》第 9 条"缔约一方投资者与缔约另一方争议解决"第 3 款规定:"缔约一方投资者与缔约另一方之间就在缔约另一方领土内的投资产生的任何法律争议如不能通过协商友好解决,应在将争议提交上述仲裁程序之前,用尽该缔约方的法律和法规所规定的国内行政复议程序。"

仲裁之前,要先在一定期限内提交国内行政复议程序。比如,根据 2003 年中国和德国 BIT 之议定书,德国在我国的投资者向"中心"提起仲裁之前,必须先根据我国法律提交行政复议程序,如果在提交行政复议程序 3 个月后,争议仍然存在,则可以提交"中心"仲裁。不过,我国在德国的投资者并不需要遵循这一规则,可以不经行政复议程序而直接提交"中心"仲裁。与此类似的还有与拉脱维亚以及荷兰之间 BIT 等。①

第三,对某些争议当局不要求用尽当地救济。有些 BIT 只规定把因国有化和征收补偿款额产生的争议提交 ICSID 仲裁,不过,对于这些争议,当局并不要求用尽当地救济。1996 年中国和沙特阿拉伯之间 BIT 即是如此规定。②

如果过于强调国内管辖而排除"中心"仲裁,虽然可以维护我国的经济主权,但是,由于 BIT 在缔约各国同样适用,又不利于我国海外投资者寻求"中心"仲裁。那么,我国在缔结 BIT 时是否有必要坚持当地救济?

二、是否有必要坚持当地救济?

在《华盛顿公约》中把用尽当地救济从传统国际公法中"放弃需明示""要求可默认"的公认适用规则改变为"要求需明示""放弃可默认"之后,西方学者仍然在想方设法说服发展中国家放弃用尽当地救济原则,质疑用尽当地救济原则对发展中国家的有效保护作用。比如,有观点认为:"东道国坚持用尽当地救济优先于 ICSID 仲裁是否可以起到任何助益,是存有疑问的。有些 BITs 规定诉诸当地救济,但是加以严格的时间限制,这表明了对待用尽当地救济原则时的犹豫不决,在提起 ICSID 仲裁之前诉诸当地救济,在投资者看来浪费了时间和金钱。东道国法院的公共程序有可能进一步恶化当事方之间的争端,并可能会影响东道国的投资环境。如果 ICSID 仲裁庭推翻东道国最高法

---

① 例如,2004 年附在《中国—拉脱维亚 BIT》末尾的"议定书"当中"关于第九条"规定:"拉脱维亚共和国注意到中华人民共和国的声明,其要求有关的投资者依照第九条第二款将争议提交'解决投资争端国际中心'之前用尽中华人民共和国的法律法规规定的当地行政复议程序。中华人民共和国声明,完成该程序的最长期限为三个月。"

② 1996 年《中国—沙特 BIT》第 8 条第 2 款规定:"如争议在提交解决六个月内未能按照第一款规定的方式解决,争议将提交接受投资的缔约一方有管辖权的法院,或者因国有化和征收补偿款额产生的争议将根据 1965 年 3 月 18 日开放签字的'关于解决国家和他国国民间投资争端公约'提交仲裁。裁决应具有拘束力,并不得上诉或以公约规定以外的手段进行补救。"

院的裁决,这将导致非常敏感的尴尬境况。因此,最聪明的方法是在《华盛顿公约》的基本规则当中规定不要用尽当地救济,并且在有关同意 ICSID 管辖权的协定中不要求用尽当地救济。"①

这种观点值得商榷。首先,东道国对当地救济加以严格的时间限制,并不表明其"犹豫不决",而是对实际情况综合考虑而得出的双赢结论,后文将对此做进一步讨论。其次,如果投资者认为当地救济的结果是公正的,而且国际仲裁庭将会作出相似裁决,那么投资者将不会再寻求国际救济,也就会节省大量时间和金钱,而不是"浪费时间和金钱"。再次,在多数情况下,从事损害外国投资者之行为只是政府机构人员的个人行为,该行为本身违反了东道国的法律,因此应该允许东道国有机会在当地纠正这些行为,从而优化东道国的投资环境,而不是相反。最后,东道国自愿接受《华盛顿公约》管辖并承担相应义务,其最高法院作为东道国的一个机构,容忍其裁决被 ICSID 仲裁庭推翻也是非常自然而然的事情,是东道国自愿承担义务的具体体现,并不会"导致非常敏感的尴尬境况"。否则,美国作为全球唯一的"超级大国"和"世界警察",都会在 WTO 被诉,并承诺履行 WTO 专家组报告,这是不是会导致更"敏感的尴尬境况"呢?

本书认为,对于我国目前而言,应该坚持当地救济,理由如下:在当前,一些地方政府为了求得本地方吸引更多外资,在审批外资项目时往往承诺给予外商或者外商投资企业特殊待遇,其中不少承诺因为不切实际等原因不能履行。实际中,已经出现有些地方政府对外商承诺不慎重而事后反悔,从而产生较大数额投资争端的例子;一些地方政府不依法管理,存在着乱收费、乱摊派等现象,容易与外商产生投资争端;西部一些地方利用外资经验不足,与外商产生争端的概率也很大。② 在此情形下,如果放弃当地救济的要求,则投资者在产生争端时就会直接诉诸"中心",我国就没有机会把这些争端在国内解决,即使这些引起争端的有关行为本身违反了我国相关法律规定并应得到制裁。

此外,我国对外投资企业还很弱小,诉诸"中心"并不是最优选择,会遇到各方面的困难:(1)在人员方面,我国海外投资企业在东道国通常不太注重运用法律解决争端,更加不注重运用国际法。尤其是,"中心"仲裁还存在许多待

---

① SCHREUER C H. The ICSID Convention: A Commentary [M]. Cambridge: Cambridge University Press, 2001: 395-356.

② 陈安. 国际经济法学专论: 上编总论 [M]. 北京: 高等教育出版社, 2002: 386.

解决的新法律问题。这就更增加了我国海外投资企业运用"中心"仲裁程序的难度。(2)"中心"程序的巨额花费对作为东道国的发展中国家以及发展中国家的对外投资者而言,是个很重的负担。当事方提出一项请求(包括仲裁或者调解请求,补正裁决请求,解释裁决请求、修改裁决请求、撤销裁决请求以及重新仲裁请求等等)首先要缴付一定费用。加上使用"中心"设施的费用、仲裁员的费用,一般至少要花去当事方 20 万美元。如果再加上当事方各自的费用,包括律师费等,依案件的复杂程度而定,可能数目更大。① 在 1992 年裁决的"南太平洋房地产案"中,仲裁庭裁定被申请方埃及向申请方补偿巨额费用,其中由于该仲裁程序所引起的法律、审计和仲裁费用达到 509.3 万美元。② 这就意味着在参加"中心"仲裁程序中就要先自己支出 500 多万美元,而我国对外投资企业平均每家只有约 3.4 亿美元的资本金。③ (3)"中心"程序的"旷日持久"也会让我国的对外投资者难以为继。从"中心"网站上已经公布详细裁决内容的 28 个案例来看,如果仅仅从申请的提起到裁决的作出,所花时间最短为约两年的有 4 个案例,④其他基本上都是 3~4 年,长点的约 4 年半。⑤ 如果把裁决后的申请撤销、再次仲裁申请等程序计算进去,所花时间会更长。比如有案件在 1997 年 2 月 19 日登记,经过一系列程序后到 2010 年才结案。⑥

---

① 李万强. ICSID 仲裁机制研究[M]. 西安:陕西人民出版社,2002:204.

② 陈安. 国际投资争端案例精选[M]. 上海:复旦大学出版社,2001:683.

③ 据商务部和国家统计局发布的《2014 年度中国对外直接投资统计公报》显示,2014 年年末,中国对外直接投资存量 8826.4 亿美元……截至 2014 年年底,中国 1.85 万家境内投资者设立对外直接投资企业近 3 万家,分布在全球 186 个国家(地区)。如果就按该 3 万家企业和 8826.4 亿美元计算,每家企业也平均只有约 3.4 亿美元。http://www.fdi.gov.cn/1800000121_33_5576_0_7.html.

④ 如:Robert Azinian and others v. United Mexican States (Case No. ARB(AF)/97/2)1997 年 3 月 24 日登记,1999 年 11 月 1 日作出裁决;Joseph C. Lemire v. Ukraine (Case No. ARB(AF)/98/1)1998 年 1 月 16 日登记,2000 年 9 月 18 日作出裁决;. Waste Management,Inc. v. United Mexican States (Case No. ARB(AF)/98/2)1998 年 11 月 18 日登记,2000 年 6 月 2 日作出裁决;Banro American Resources,Inc. and Société Aurifère du Kivu et du Maniema S. A. R. L. v. Democratic Republic of the Congo (Case No. ARB/98/7)1998 年 10 月 28 日登记,2000 年 9 月 1 日作出裁决。

⑤ 如 Tradex Hellas S. A. v. Republic of Albania (Case No. ARB/94/2) 1994 年 12 月 8 日登记,1999 年 4 月 29 日作出裁决。

⑥ 参见 Compañía de Aguas del Aconquija S. A. and Vivendi Universal v. Argentine Republic (Case No. ARB/97/3).

总之,由于没有足够资金、人员的支持,如我国海外投资者要申请"中心"仲裁,在费用和时间的承担上都会比较困难,所以,如果在一定期限内(比如3个月)能在东道国国内公正解决争端,应该是最优选择。如果认为裁决不公正,就只有诉诸"中心"了。由于完成东道国国内法律程序只有大约3个月时间,也不算太过拖延。

因此,在对外BIT中坚持当地救济对我国更加有利。在对方不要求用尽当地救济的情况下,可以继续采用目前的单方要求优先当地救济的方法。

三、"用尽"还是"一定期限内"前置行政复议程序?

如前文所述,我国签订的BITs基本上保留了在提交"中心"之前要先提交国内行政复议的要求。所不同的是具体用语不同,即主要分为两种:"用尽行政复议程序"和"在一定期限内前置行政复议程序(比如三个月)"。这两种规定所带来的具体结果是不同的。在"用尽行政复议程序"的情况下,其不确定性更大。

如果单纯从我国《行政复议法》所规定的时间来看,从申请行政复议到行政复议决定的作出,在无须转送其他机构作出行政复议的情况下,其期间大约是3个多月。如果还要对作出具体行政行为之依据的规定加以审查,则其期间大约是4个多月。如果还要转送其他机构作出决定,则其总的期间可以达到5个月以上,甚至收到复议申请书后没有作出答复的情况也不少见。根据我国《行政诉讼法》的规定,在一定复议期间过后,如果行政复议机关不作出答复,则行政复议申请人可以向法院提起行政诉讼。而对于外商来讲,许多BITs只规定了外商提起行政复议的权利,并没有规定可以提起行政诉讼。所以,当行政复议机关对申请人的行政复议申请因为种种原因没有及时作出答复时,外商将处于无所适从的状态。同样,其他国家的政府机构也会存在效率不高的问题,需要"用尽"行政复议程序的期限可能更长、更不确定。这样,就不利于解决我国在他国的投资者与当地政府之间所发生的争端。

所以,本书认为,总的原则应该是:如果同意把有关争端提交"中心"管辖,首先,要给东道国充分的机会对有关争端行使管辖权,以便尽量在国内解决争端。其次,解除投资者的后顾之忧,不对投资者向"中心"寻求救济造成不必要的阻碍。最佳选择是尽量在国内公正解决有关争端,如果在一定期限内无法解决,让投资者向"中心"寻求救济,最终会有利于国内投资环境的改善,促进国内政府机构效率的提高。"用尽行政复议程序"与"在一定期限内前置行政复议程序"相比而言,后者更加妥当,更有利于相关争端迅速有效地解决。不过,这样的规定适合在 BIT 中作出同意"中心"管辖权之时加以采用。如果是通过国内立法方式同意"中心"管辖权,则直接规定"用尽当地行政复议程序"似乎更为妥当。因为这是通过国内单方立法所作出的同意,我国在其他国家的投资者并不一定能够享受到同样的待遇。

另外,可以把法院诉讼程序作为当地救济的重要部分。相比行政复议,法院诉讼具更好的透明度,有助于让法院对政府机构施加更好的监督作用,有助于促进依法行政的进一步落实。

四、关于"岔路口条款"

我国在对外所签订的大量 BITs 中采用了"岔路口条款"。投资者可以在东道国国内法院和"中心"之间作出选择,此一选择为"择一终局",并且,东道国可以要求外国投资者在选择诉诸"中心"之前先用尽国内行政复议程序。①

---

① 比如 2002 年《中国与波斯尼亚和黑塞哥维纳之间的 BIT》第 8 条"投资者与缔约一方争议解决"第 2 款规定:"如争议自任何一方提起之日六个月内,未能通过协商友好解决,应将争议提交:作为争议一方当事人的缔约一方有管辖权的法院;依据 1965 年 3 月 18 日在华盛顿签署的《解决国家和他国国民之间投资争端公约》设立的'解决投资争端国际中心'('中心'),条件是争议提交该中心之前,作为争议一方当事人的缔约方可以要求有关投资者完成该缔约方法律法规所规定的国内行政复议程序。一旦投资者将争议提交给相关缔约方的司法机构或'中心',对这两种程序中任何一种程序的选择都是终局的。"

还有的 BITs 让投资者在东道国国内法院、"中心"、专设仲裁庭三者之间作出选择。①

不过,本书认为,不采用"岔路口条款"应该更为妥当。理由如下:

1. 按照《华盛顿公约》,寻求"中心"救济后即为终局。所以,在 BIT 中规定选择"中心"救济后即为终局这一情况纯粹是多此一举、毫无意义。

2. 即使投资者向东道国寻求司法救济,就此终局、不能再寻求国际救济的可能性也很小。例如,仲裁庭会做出非常严格的解释,使得投资者以违反合同或者国内法为依据在东道国寻求司法救济后,仍然不能"择一终局",仍然还可以违反 BIT 为依据再向"中心"寻求救济,或者是以被视为"外国公司"的名义在东道国寻求救济后,再行以该公司之控制者的名义寻求"中心"救济。

3. "岔路口条款"需要投资者加以选择始生效力。然而,"岔路口条款"的存在本身,使得外国投资者不敢轻易选择国内司法程序,虽然和"中心"的仲裁程序相比较,国内司法程序所花费的费用往往更少、时间更短。但是,万一国内司法程序是不公正的呢?外国投资者就不能再把争端提交"中心"加以解决了,这是处于此一境地之任何人所必然会考虑的问题。即使投资者认为国内

---

① 比如,2004 年《中华人民共和国政府和贝宁共和国政府关于促进和保护投资的协定》第 9 条第 2 款、第 3 款、第 4 款规定:"二、如争议自争议一方提出协商解决之日起 6 个月内,未能通过协商解决,争议可按投资者的选择提交投资所在国有管辖权的法院或国际仲裁解决。三、在提交国际仲裁的情形下,争议可按投资者的选择提交:(一)依据 1965 年 3 月 18 日在华盛顿签署的《解决国家和他国国民之间投资争端公约》设立的'解决投资争端国际中心';或(二)按照《联合国国际贸易法委员会仲裁规则》设立的专设仲裁庭;前提是争议所涉的缔约方可以要求有关投资者在提交国际仲裁之前,用尽该缔约方法律和法规所规定的国内行政复议程序。四、一旦投资者决定将争议提交本条第二、三款规定的投资所在国的有管辖权的法院、'解决投资争端国际中心'或专设仲裁庭,对上述三种程序之一的选择应是终局的。"另外,2003 年《中国和圭亚那共和国之间的 BIT》第 9 条"缔约一方与缔约另一方投资者争议解决"第 3 款、第 4 款规定:"三、如争议自协商解决之日六个月内,未能通过协商友好解决,缔约一方的投资者可以将争议提交缔约另一方有管辖权的法院解决。四、如投资争议在六个月内未能通过协商友好解决,作为投资争议一方的投资者可以自提交书面请求通知之日起将投资争议提交下列方式之一解决:(一)依据 1965 年 3 月 18 日在华盛顿签署的《解决国家和他国国民之间投资争端公约》设立的'解决投资争端国际中心';或(二)根据投资争端双方达成的特别约定设立的专设仲裁庭。争议提交上述仲裁程序之前,作为争议一方当事人的缔约方可以要求有关投资者用尽该缔约方的法律和法规所规定的国内行政复议程序。但是,如果投资者已经诉诸了本条第三款规定的程序,则本款规定不适用。"

司法程序一贯是公正的,然而,对"万一"的担心,使得投资者宁愿选择费用和时间花费更多的"中心"仲裁(和效率相比,公正是投资者第一位的追求)。这样,也会使得国内司法救济的规定形同虚设,其实质效果主要在于让投资者免受当地司法救济的拘束。当然,投资者如果选择国内救济,在符合严格解释条件的情况下,也确实存在不得再寻求国际救济的可能性,虽然这种可能性非常小。不过,条约对缔约双方的效力是一样的,随着我国对外投资规模的扩大,如果我国的对外投资者选择东道国国内救济后,在万一不公正的情况下,就没有了寻求国际救济的退路。

4. 相反,不采用"岔路口条款",投资者就没有后顾之忧,就会愿意尝试国内司法程序。在一些我国行政机构确实存在过错的案件中,如果通过国内司法救济可以公正地解决大部分问题,也就是说,在取得了基本公正的前提下,投资者又可能会基于效率的考虑,不会诉诸"中心"。这无论对我国还是投资者都会减少很大的负担。而且,增加投资者对国内司法救济的利用,会有助于我国司法独立的改革,有助于我国法官水平的提高。

5. 如前所述,在我国对外所签订的 BIT 当中,基本上都保留了前置当地行政复议程序。投资者如果选择寻求国际救济,就要先寻求东道国国内行政救济,这和不采用"岔路口条款"而仅仅要求用尽当地救济的情况并没有太大区别,其作用在很大程度上似乎就在于减少对司法救济的利用。本书认为,在中国目前法治精神以及官员制约与评价体制仍不是很完善的国情下,让行政机构在内部对其自身的"不当行为"加以复审,很容易产生以下情况:为尽量吸引外资以提高"政绩",地方政府常常倾向于对外商作出不切实际的承诺,一旦不能履行,面对外商提交 ICSID 仲裁的威胁,为了不"曝光"其"不当行为"以保住"乌纱帽",很可能会通过牺牲国家利益来"息事宁人"。而司法救济可以对行政机构的相关行为产生较大的制约作用,可以在很大程度上防止上述情况的出现。

6. 更重要的是,如前所述,从宽或者从严解释触发"岔路口条款"的条件都会带来极大的不利,这一两难困境几乎无法解决。这又会极大地减损可预见性,不符合订立条约之本意。

所以,本书倾向于认为,如果需要同意"中心"的管辖权,在通过 BIT 方式同意"中心"管辖权时,不宜采取"岔路口条款"的方式。正确方法是直接规定在提起"中心"程序之前应该先在一定期限内寻求东道国国内的行政、司法救济程序,会更加妥当。这样会既有利于公正、高效率地解决外国投资者和我国政府之间的有关争端,又有利于保护我国海外投资者的应有权益。

五、关于"当地救济"规则与"终局性"要求

我国签订的 BIT 中也有类似于 NAFTA 中第 1105 条中关于"公正和公平待遇""充分的、持续的保护和安全""不得采取任何随意的或歧视性的措施"等的规定。例如,2002 年《中国—波黑 BIT》第 2 条"促进和保护投资"第 2 款规定:"缔约一方投资者在缔约另一方境内的投资,应始终被赋予公正和公平的待遇并享受充分的保护和安全。"又如 2003 年《中国—德国 BIT》第 2 条"促进和保护投资"第 1 款、第 2 款规定:"缔约一方投资者在缔约另一方境内的投资应享受持续的保护和安全。缔约一方不得对缔约另一方投资者在其境内投资的管理、维持、使用、享有和处分采取任何随意的或歧视性的措施。"第 3 条"投资待遇"第 1 款规定:"缔约一方的投资者在缔约另一方的境内的投资应始终享受公平与公正的待遇。"

那么,今后在我国会不会发生类似于前述"洛文案"中的情况?本书认为这种可能性是存在的。换言之,外国投资者与我国公司发生普通合同性争端并经我国法院裁决后,外国投资者有可能会认为我国法院裁决不公,进而认为我国没有遵守相关 BIT 中"公正和公平待遇""充分的、持续的保护和安全""不得采取任何随意的或歧视性的措施"等规定,并以我国政府为被申请方,向 ICSID 申请仲裁。

如前所述,这种可能性的存在将迫使我国公司在与外国投资者签订合同时倾向于选择外国法院来解决将来争端。另外,我国签订的大量 BIT 中都包括了"岔路口条款",而类似于发生"洛文案"的可能性会使得外国投资者绕过该"岔路口条款",使其形同虚设。

所以,为了防止发生类似于前述"洛文案"中的情况,最佳方法是在 BIT 中明确把针对东道国国内法院裁决本身的是非问题排除于国际仲裁的范围之外。次佳方法是参照"洛文案"仲裁庭的意见,在 BIT 中规定把"当地救济"规则与"终局性"要求分离开来,BIT 只能够放弃属于程序性的"当地救济"规则,却不能放弃属于实体性的"终局性"要求。在 BIT 放弃了"当地救济"规则的情况下,如果是法院以外的其他国家机构损害了外国投资者的利益,那么,该外国投资者可以直接根据 BIT 申请国际仲裁。但如果外国投资者认为损害其利益的是法院的裁决,那么,该外国投资者在寻求国际仲裁之前仍然需要先寻求可以获得的上诉程序,以满足"终局性"要求。

第三章　中国对 ICSID 管辖权的同意

中国从 1993 年起正式成为《华盛顿公约》的缔约方,并且已经在大量的双边投资条约(BIT)当中加入了同意"中心"管辖权的规定。早期的 BIT 还比较保守,只是规定经双方同意可以提交"中心"管辖,这实际上使东道国保留了逐案审查的权利,或者最多只是规定征收补偿争端可以直接提交"中心"管辖,从而对这些有限的争端没有保留逐案审查权。不过,近年来缔约实践却完全向相反的方向发展。随着加大吸引外资的力度以及加快"走出去"的步伐,近年来我国签订了更多的 BIT。在这些新签订的 BIT 中,我国基本上都放弃了逐案审查权,换言之,只要发生了有关争端,在经过一定的协商期间与行政复议期间之后,投资者就可以直接把有关争端提交"中心"仲裁。而且,也没有严格限制可以直接提交"中心"管辖的"争端"的范围。

这种转变可能会产生巨大的影响,一方面,也许会极大地提高我国吸引外资的效果,促使外国对华投资迅猛增加,从而促进我国经济发展;另一方面,也可能在吸引外资方面非但不会产生预期效果,反倒使我国陷于被动,如同阿根廷一样在短短几年内数十次被诉诸 ICSID,不仅致使其经济发展受到严重损害,而且国际形象也一落千丈。那么,哪一种情况更为可能发生? 到目前为止,笔者尚未查索到论证我国在对外签订 BIT 时发生这种转变的"必要性"和"正当性"的文章。

在本书看来,这种转变将使我国面临极大的风险。不过,据笔者在各种研讨会上所获得的信息,国内外仍有观点认为我国有关同意"中心"管辖权的立场过于"落后"。我国在这方面是否真的落后? 我国可否继续推行目前放弃逐案审查权并且不对"争端"附加重要例外的做法? 可否继续坚持以前那种逐案审查的做法? 抑或可否采取其他做法? 如果应该采取后面两种做法,又应该如何对目前存在的全面同意"中心"管辖权的局面做出补救? 本书拟对这些问题加以分析和讨论。

第一节　同意方式简介

从可能性角度看,接受"中心"管辖权的方式可以分为 4 种,即"全面同意"式、"逐案同意"式、"有限同意"式以及"全面同意＋重要例外"式。这 4 种同意方式各有优缺点,从而为不同的国家提供了不同选择。

一、"全面同意"式

这种同意方式是指,有关 BIT 概括同意"中心"管辖权,且不对有关争端附加重要例外。本书称之为"全面同意"式。

这种同意方式的优点在于:(1)对外资提供最全面的保护,最大限度地增强外商在投资安全方面的信心;(2)可以迎合发达国家"全面同意"的要求,减少谈判的障碍,从而可以更快地和更多发达国家签订投资保护条约;(3)有利于最好地保护本国海外投资。

缺点在于:(1)会极大地限制东道国的经济主权,极大地约束东道国管理经济的权力。一旦对外资造成损害,即使东道国的行为具有正当性,也很可能被国际仲裁庭裁决给予"充分、及时、有效"的补偿。(2)当东道国发生突发事件或者经济危机,这种"全面同意"式可能造成灾难性后果。如果东道国是发展中国家,这种风险可能更大,后果也可能更严重。如同阿根廷一样,到 2006 年 6 月 30 日为止,一共在"中心"受理的 41 个仲裁案件中成为被申请方。

总体来看,符合以下条件的国家适合采取这种"全面同意"式:(1)签订投资保护条约的目的主要在于尽可能全面、高标准地保护对外投资的安全;(2)法律制度非常完善,政府管理非常高效、透明,政府依法行政,由于政府违法行为而损害外资的可能性可以忽略不计;(3)市场化程度非常高,经济运行非常稳健,不会发生突发事件或者经济危机,不存在为维护宏观经济利益而违背特许协议的客观必要性。

可以认为,即便如美国等发达国家也只能说是勉强符合这些条件,但这些发达国家却没有一个采取这种"全面同意"式。与此相比,中国近年来却大量采取这种同意方式。

二、"逐案同意"式

根据这种同意方式,BIT 只是提供了发生争端后当事人诉诸"中心"管辖的可能性。如要构成对"中心"管辖权的同意,还需要东道国政府和外国投资者另行达成协议。由于这种同意方式有赖于东道国政府对每一项投资的逐一审批,所以本书称之为"逐案同意"式。中国在加入《华盛顿公约》后的初期主要采用了这种接受方式。

这种同意方式的优点在于:(1)可以最大限度地维护经济主权,保留逐案审查的权利,能够很好地预见到那些有可能被提交国际仲裁的案件;(2)当东道国发生突发事件或者经济危机时不会由于频繁成为国际仲裁案件的被申请方而"雪上加霜"。

缺点在于:(1)不利于保护本国的海外投资;(2)在我国吸引外资额仍然是评价官员政绩之重要因素以及监督不力的国情下,对每一项投资争端都要单独审查并决定是否允许提交国际仲裁,在某些情况下容易流于形式;(3)将增加和发达国家谈判的阻力。

符合以下条件的国家适合采取这种"逐案审查"式:(1)希望尽量引进外资,又不希望其宏观经济管理能力受到约束,没有保护海外投资的需求;(2)市场化程度不高,法律制度仍不完善,政府违反特许协议的可能性较大;(3)经济运行非常脆弱,出现突发事件或者经济危机的可能性较大,在客观上存在为维护公共利益而损害外资或者进行行业调整的较大可能。

三、"有限同意"式

根据这种同意方式,有关缔约方在签订 BIT 时首先表明接受"中心"管辖的可能性,换言之,要构成接受"中心"管辖权的同意,还需要东道国和外国投资者另行达成协议。此外,在 BIT 中针对一些发生争端概率较低且不会影响东道国国计民生、重大国家利益的领域,作出同意"中心"管辖权的意思表示。由于这种接受方式在"逐案同意"基础上对有限的若干种争端类型概括同意"中心"管辖权,本书称之为"有限同意"式,或者称之为"自下而上式"。

和"逐案同意"式相比,这种方式更为灵活。它既具有前者的优点,又针对前者的缺点作了改善。比如,对征收补偿争端概括同意国际救济,可以在维护国家经济主权的同时又在一定程度上打消了外国投资者的顾虑。但是,"有限同意"式的缺点在于无法满足本国对海外投资的高标准保护要求。

符合以下条件的国家适合采取这种"有限同意"式:(1)希望增加对外资的吸引力,又不希望宏观经济管理能力受过度约束;(2)经济运行比较平稳,发生经济危机的概率较低;(3)只有较低的保护海外投资需求。

四、"全面同意＋重要例外"式

这种方式更加近似于"全面同意"式。通常做法是,在 BIT 中概括接受"中心"管辖权,但同时把一些容易发生争端且关系到国计民生、重大国家利益的"敏感"领域排除在"中心"管辖范围外。由于这种接受方式是先全面同意"中心"的管辖权,再逐项规定例外,本书称之为"全面同意＋重要例外"式,或称之为"自上而下式"。

这种同意方式的优点在于:(1)既可以较全面地保护外资、增强外商在投资安全方面的信心,又可以较好地维护经济主权,把一些可能严重影响国计民生的事项排除在国际仲裁庭管辖范围外。当东道国发生突发事件或者经济危机时,这种同意方式可以较好地防止因频繁成为国际仲裁案件的被申请方而进一步受到打击。(2)可以较好地保护本国的海外投资。

这种同意方式的缺点在于:(1)存在着成为国际仲裁案件被申请方的可能。当东道国属于发展中国家时,这种可能性更大。(2)在考虑应该把哪些争端确立为重要例外时存在困难,可能会由于考虑不周而有"漏网之争端",并因此造成大量被诉的局面。(3)BIT 签订后既具有稳定性,也具有滞后性,而新型经济活动、新型争端可能不断出现。那么,设若发生敏感之新争端且 BIT 没有将其排除于"中心"管辖权之外,则可能造成大量被诉的局面。

符合以下条件的国家适合采取这种"全面同意＋重要例外"式:(1)法律制度非常完善,政府管理非常高效、透明,市场化程度非常高。政府依法行政,通常不会损害外商利益,但政府仍然希望对一些关系国家重要利益的事项保留自由控制的权力。(2)经济运行非常稳健,发生突发事件或者经济危机的可能性较小,但政府仍然希望对国际仲裁庭的管辖权施加重要例外,以防万一。(3)就其作为东道国和缔约相对方而言,其输出和输入资本额大体相等,签订投资保护条约的目的是既要尽可能全面地保护其海外投资的安全,又尽可能增强外商对投资安全的信心,还要维护其经济主权不致受到过度损害,维护其管理宏观经济的权力不受过度约束。

第二节　国外同意情况之比较研究

了解和借鉴其他国家在接受"中心"管辖权方面的做法,有助于我国少走别人已走过之弯路。由于我国已与加拿大缔结 BIT,而美国又是唯一的超级大国,所以本书首先选择这两个国家加以分析。与此同时,印度是与我国经济发展水平相当的发展中国家,另一发展中国家阿根廷则在接受"中心"管辖权后遭受了重大挫折,所以,本书也选择了这两个国家进行比较。

一、加拿大

作为发达国家,加拿大非常重视签订投资保护和促进协定。加拿大的外国投资保护和促进协定缔约实践可以分为三个阶段:1989 年,加拿大根据经合组织(OECD)范本制定了第一个《外国投资保护和促进协议》(*Foreign Investment Protection and Promotion Agreement*,FIPA)示范文本;1994 年,加拿大在《北美自由贸易协定》(*North American Free Trade Agreement*,NAFTA)生效后以 NAFTA 为基础制定了第二个 FIPA 示范文本;2004 年,加拿大根据 NAFTA 10 年来的实践经验制定了第三个 FIPA 示范文本。

加拿大的第三个 FIPA 示范文本引起了西方学者的广泛关注。由于加拿大主要是与发展中国家签订 FIPA,其基本立场当然从资本输出国的角度出发,尽量推动在 FIPA 中订立高标准的投资保护条款,尽量推动投资者在争端发生后有权不受约束地寻求包括"中心"在内的国际救济。然而,在 NAFTA 的运行中,加拿大政府也深刻认识到被外国投资者告上法庭的不利影响,认为应该限制外国投资者的权利,维护东道国政府行使宏观经济调控的权力。据此,加拿大在制定第三个 FIPA 示范文本时作了大幅修改。虽然 2004 年 FIPA 示范文本仍然采取概括同意国际救济的方式,但它规定了大量例外,对外国投资者可以寻求国际救济的争端种类作了非常严格的限制,以至于被西方学者称为"进两步,退一步"。[①]

根据加拿大的官方网站信息,如果不计算自由贸易协议中的投资规则,那么,加拿大到 2015 年年底为止缔结并生效的 FIPA 共有 24 项。不过,虽然加拿大在 FIPA 中已纳入投资者—国家争端解决机制,但到 2015 年年底为止,尚没有依据 FIPA 针对加拿大申请仲裁的案件。[②]

加拿大早在 2006 年 12 月就签署了《华盛顿公约》,但一直到 2013 年 12

---

① James Mcilroy. Canada's New Foreign Investment Protection and Promotion Agreement,Two Steps Forward,One Step Back? [J]. The Journal of World Investment & Trade,2004,5(4):644.

② http://www. international. gc. ca/trade-agreements-accords-commerciaux/agr-acc/fipa-apie/info. aspx? lang=eng.

月1日该公约才对其正式生效。加拿大2004年FIPA示范文本第27条("提交仲裁")第1款规定了包括"中心"程序在内的仲裁选择:满足第26条所设程序性条件的投资方可以根据以下规定提交仲裁:(a)如果争端当事国和投资者母国都是《华盛顿公约》缔约方,则根据《华盛顿公约》提交仲裁;(b)如果争端当事国和投资者母国之中只有一个(不能两个都是)是《华盛顿公约》缔约方,则根据"中心"的附加便利规则提交仲裁;(c)根据《联合国国际贸易法委员会仲裁规则》提交仲裁;(d)委员会[①]同意且按照第C节可以用于仲裁的任何其他规则体系。

以下择要介绍2004年FIPA示范文本对外国投资者可以提交仲裁的"争端"种类附加大量限制和例外的情况:

1.根据《加拿大投资法》所作决定之例外

2004年FIPA示范文本附录Ⅳ("争端解决的例外")列举了两项内容。第一项是:"根据《加拿大投资法》,加拿大对一项需要审查的收购进行审查后作出是否允许的决定,不受本协议下第C节或者第D节当中争端解决条款的约束。"根据《加拿大投资法》第4部分("审查")中的规定,把外国投资者收购加拿大企业资产金额需要审查的额度区分为WTO成员和非WTO成员标准。WTO成员方(敏感经济领域除外)直接并购加拿大公司所涉金额在2.5亿加元以上的,需要经过加政府审核;所涉金额在2.5亿加元以下的,不需要接受审核,只需向加政府备案。非WTO成员投资以及敏感领域的直接投资在500万加元以上的需要经过政府审核,500万加元以下的只需向政府备案。[②] 同时《加拿大投资法》第16.1条规定,只有按照本部分规定对需审查的投资进行审查,且部长满意地认为(或者通过其行为可以视为满意)该项投资可能给加拿大带来"净利益"(net benefit),非加拿大籍投资者才可以进行该项投资。

可见,加拿大把根据国内法——《加拿大投资法》作出的是否接受某项外国投资对本国公司的"收购"的决定完全排除于双边投资保护条约规定的有关国际救济的范围之外。

---

① 此处的"委员会"指缔约双方为执行所签条约而建立的委员会。

② 另外,符合以下标准的也需要审查:如果是间接收购,同时加拿大企业资产在5000万加元以上;如是对所有资产在500万加元至5000万加元的加拿大企业的间接收购,同时,该企业资产又占整个投资交易总额的50%以上。

2. 根据《加拿大竞争法》所作决定之例外

2004 年 FIPA 示范文本附录Ⅳ 的第二项内容是:"与《加拿大竞争法》的行政管理与实施相关的事项,不受本协议下第 C 节或者第 D 节当中争端解决条款的约束。这些事项包括该法的实施细则、政策和习惯做法,或根据该法的任何后继立法、政策和习惯做法,还包括竞争专员①、加拿大检察总长、竞争法庭、相关部长或法院根据该《竞争法》在任何案件中所作的任何决定。"

《加拿大竞争法》第 91 条至第 103 条对监督企业"兼并"作了规定。第 92 条规定:经竞争专员申请,②如竞争法庭认为一项兼并或拟议兼并会在有关领域内阻止、减损或可能阻止、减损充分竞争,则根据第 94 条至第 96 条,竞争法庭可以在该项兼并已完成的情况下,命令任何兼并当事方或任何其他个人:(i)以竞争法庭指示的方式解除该项兼并;(ii)以竞争法庭指示的方式处理该竞争法庭指定的财产或者份额;(iii)经该命令所针对的个人同意,采取以上从(i)到(ii)以外的任何其他行动,或采取任何其他行动以代替从(i)到(ii)的方法。在拟议兼并情况下,直接针对该拟议兼并的任何当事方或者任何其他个人发布命令,以便:(i)命令有关个人不得继续该项兼并;(ii)命令有关个人不得继续某项部分兼并;(iii)采取其他方法。

综合此项例外及上述第 1 项"根据《加拿大投资法》所作决定之例外"可以发现,加拿大把根据国内法(《加拿大投资法》《加拿大竞争法》)及相关后继立法作出的对是否允许某项外国投资并购其本国资产、反垄断、反不正当竞争等的决定完全排除在 FIPA 提供的任何国际救济范围以外。尤其重要的是,这两项例外相当于授权条款,据此加拿大以后对这两部法律所作的任何更改都不受 FIPA 中有关国际救济条款的约束!

3. 最惠国待遇不适用于以前协定所赋予的待遇

2004 年 FIPA 范本附录Ⅲ('最惠国待遇的例外')第 1 项内容是:"第 4 条('最惠国待遇')不应适用于在本《协议》生效日以前有效或者签订的所有双边或者多边国际协定赋予的待遇。"这样,缔约相对方就不能根据最惠国待遇享受到加拿大以前赋予第三方的更优惠的待遇。

---

① 该竞争专员(Commissioner of Competition)由议会任命,负责《加拿大竞争法》的行政事务和执行。

② 可能引发竞争专员调查并提出申请的方式有三种:(1)任何 6 位 18 岁以上的加拿大居民要求竞争专员调查;(2)该竞争专员有理由自主发起调查;(3)经部长指示发起调查。

4.间接征收的限制

鉴于围绕着 NAFTA 发生的一系列案件,①加拿大意识到不能让仲裁庭随意扩大对"间接征收"的解释,认为必须在 BIT 中对"间接征收"加以限制。所以,2004 年范本第 13 条确立高标准的征收补偿规则的同时,又单独通过附录 B.13(1)专门规定了许多例外,以防止投资者滥用间接征收规则,损害东道国的主权,其中两句尤应注意:"虽然缔约方的某种措施或者一系列措施对某项投资的经济价值具有消极效果,但仅仅这一事实本身不足以推断已经发生间接征收","缔约方旨在保护合法公共福利目标,如健康、安全以及环境而制定并适用非歧视措施,这些非歧视措施不构成间接征收"。

5.拒绝授惠

为防止非缔约方国民利用在缔约方建立没有实际营业的"公司"而享受双边投资条约项下优惠待遇,加拿大 2004 年范本第 18 条("拒绝授惠")第 1 款规定,在满足以下条件下,缔约一方可以拒绝缔约另一方企业的投资方及这些投资方的投资享受本协定项下利益:如果某一非缔约方的投资者拥有或控制该企业,且缔约一方采取或维持禁止与该非缔约方的投资者进行交易的措施。或者是,在某一非缔约方的投资者拥有或者控制该企业的情况下,如果本协定项下的利益被赋予该企业或者该企业之投资,将导致违反或规避缔约一方针对该非缔约方所采取的措施。

第 2 款规定,如果满足以下条件,在预先通知及按照第 19 条进行协商的情况下,有关缔约方可以拒绝把本协定项下利益赋予作为另一缔约方企业的投资方及这些投资方的投资:如果某个非缔约方的投资者拥有或者控制该企业,且根据该企业设立地法律,该企业在该缔约方境内没有从事实质性商业活动。

6.文化产业例外

加拿大的特殊国情使其重视对本国文化产业进行严格保护。加拿大是一个移民国家,移民占全国人口的 99%,众多族裔带来的民族文化五花八门。由于立国较晚,其文化底蕴并不深厚。加拿大多数人居住在离美加边境数百公里的区域内,美国文化产品,尤其是广播电视节目可以轻易地通过卫星和其

---

① 如 Metalclad Corporation v. United Mexican States,ICSID Case No. ARB(AF)/97/1.在该案中,仲裁庭认为,墨西哥许可或者容忍申请方建设却在竣工后不准开业,从而构成了征收而拒不补偿。另外,墨西哥颁布生态法令本身又"相当于征收"。后来,在墨西哥政府和加拿大政府的压力下,面对撤销程序中的不利结果,申请方和墨西哥达成和解。

他方式进入加拿大。加拿大人口不到 3000 万,市场容量难以使文化产业成为商业上赢利的、无须政府资助的产业。加拿大地广人稀决定了向他们提供文化服务只能由加拿大政府承担,而不可能指望私人去做亏本买卖。加拿大拥有英语和法语两种官方语言,英国、法国及美国的文化产品进入加拿大不存在语言障碍。上述种种,导致 20 世纪 50 年代前加拿大市场上充斥着英、法、美等国的文化产品,基本上看不到加拿大本国生产的书籍、唱片、电影等。第二次世界大战后,美国文化产品更是长驱直入,加国文化产品遭到严重排挤。加拿大人开始反思:加拿大到底是干脆以美国文化为自己的文化还是应该坚持自己的文化? 为了增强加拿大人的团结、凝聚民族性、维护国家统一,加拿大坚持塑造本国的文化认同,倡导多元文化政策。实践中,加拿大增加对文化产业的投资,规定文化产品中"加拿大成分"的应有比例,并严格限制外国投资者投资文化产业。即便因此被美国诉至 WTO 并败诉,加拿大仍然变着花样对国内文化产业提供高标准的保护。①

2004 年 FIPA 范本第 10 条第 6 款规定,"本协议规定不得适用于对文化产业领域的投资"。范本第 1 条定义条款中对"文化产业"作了非常宽泛的定义:(1)书籍、杂志、期刊或者报纸以印刷形式或可机读形式的出版、发行或者销售,但不包括仅仅是前述印刷或者排版的行为;(2)电影或者视频记录的出版、发行、销售或展出;(3)声音或者图像音乐记录的出版、发行、销售或展出;(4)把音乐以印刷形式或者可机读形式出版、发行销售或展出;(5)有意让普通公众直接接收的无线通信,所有的收音、电视、有线广播以及所有的卫星节目、广播网络服务。

7. 其他

2004 年 FIPA 范本第 9 条("保留和例外")第 1 款允许缔约方在附录中详细列举不适用于第 3 条("国民待遇")、第 4 条("最惠国待遇")、第 6 条("高级管理人员、董事会以及人员")和第 7 条("业绩要求")的现有、将来或修正后的

---

① 1993 年,美国《体育画报》通过卫星传送的方式将其编辑好的版面绕过加拿大海关发送到加拿大境内付印,摇身一变为加拿大杂志并销售,结果遭到加拿大的打击。美国政府以加拿大实行保护主义政策为由将加拿大告到了 WTO,加拿大败诉后向 WTO 提出上诉,认为反渗透进入税是对付美国杂志不公平竞争所必须的,也是保护加拿大文化产业所必须的。结果加拿大又一次败诉。参见 Canada—Certain Measures Concerning Periodicals(DS31)[EB/OL]. http://www.wto.org/english/tratop_e/dispu_e/cases_e/ds31_e.htm;一鸣. 加拿大的文化政策[J]. 国际展望,1999(20):31,32.

有关措施。该第 9 条第 5 款规定:本协定第 3 条、第 4 条和第 6 条的规定不适用于:(a)某缔约方的国有企业;(b)某缔约方或者国有企业提供的补助或者特许(subsidies or grants),包括政府资助的贷款、保证以及保险。另外,范本第 12 条("损失补偿")规定,针对武装冲突、内乱或自然灾害使境内投资遭受损失而采取或者维持的措施,每一缔约方应该赋予另一缔约方的投资者和投资以非歧视待遇。该条还规定,这一要求不适用于不符合第 3 条("国民待遇")但属于第 9(5)(b)条关于补助或者特许的现有措施。这里的"第 9(5)(b)条"就是上述关于"某缔约方或者国有企业提供的补助或者特许,包括政府资助的贷款、保证以及保险"这一内容。第 9 条第 6 款规定:为增加确定性,本协定第 3 条("国民待遇")不适用于缔约方授予金融机构以排他性的特许权,以便提供作为公共退休计划或者社会安全法律体系组成部分的活动或服务。第 7 款规定:本协定第 4 条("最惠国待遇")不适用于金融服务。

另外,2004 年范本第 10 条("一般例外")用了 7 款内容把许多领域排除于双边协定适用范围之外。如"保护人类、动物、植物的生命和健康""可耗竭自然资源的维护""基本公共利益""维护国际和平和安全""保护国家机密、个人隐私"等。其中"防护"作用极强的第 3 款规定:"本协定不适用于任何公共机构为了实施金融和相关信用政策或汇率政策而采取普遍适用的非歧视措施。"

二、美国

1982 年,美国制定了第一个 BIT 范本,并在此后多次对该范本作了修改。与加拿大一样,由于担心国家权力受到过度约束,美国于 2004 年发布了一个新的 BIT 范本。从该范本开始到 2012 年的新范本,都比较重视对东道国规制权的维护。在出台 2004 年范本之时,美国商务部要求其所属国际经济政策咨询委员会(一个代表广泛群体的非政府专家委员会)对示范 BIT 范本进行了审查与评论。2004 年 1 月 30 日,该咨询委员会下设投资委员会提交了一份报告,将投资委员会成员观点归纳如下:(1)代表投资者的成员认为,不需要或不应该改变 1994 年 BIT 范本。该范本反映了现代国际法和投资实践,对美国海外投资者面临的风险提供了强有力的保护。相反,2004 年 BIT 范本实质上减弱了对投资者的保护,表明美国对海外投资者的保护在"走下坡路",而美国的海外投资者在国外要面对未能独立的、落后的司法体系。(2)代表环境和劳工组织的成员认为,即使新的 BIT 范本也未能充分维护政府的权力,以便政府制定和维持保护重要公共利益的措施。1994 年 BIT 范本规定的透明度及公众参与机会仍不充分,应该纠正这些缺点。他们认为,BIT 范本应该包括改变国内法的义务,以便必要时提高保护环境和工人权利的标准,并且使投资者负有义务满足这些标准。代表劳工组织的成员反对任何可能导致工作机会或生产被转移到美国以外的促进对外投资条约。[①]

西方学者认为,美国政府毫无疑问倾向于在与智利、新加坡及其他国家的自由贸易区协定、双边投资保护条约中弱化对投资者的保护。与美国海外投资者在某些国家所面临的现实风险相比,即使外国投资者对美国提起申诉的可能性更小,但 2004 年 BIT 范本仍然更多关注美国国会、公众的批评及外国投资者可能对美国所提起的申诉,这种关注远远超过了美国对保护其海外投资者的关注程度。[②]

美国于 1966 年 10 月正式成为《华盛顿公约》缔约国,其 2012 年范本全面接受了"中心"仲裁庭管辖权。不过,与加拿大 2004 年范本相似,美国 2004 年范本对有关国家安全和重大利益的许多敏感性事项附加了严格的限制和例外。美国 2012 年范本继承了 2004 年范本中的这些限制与例外,其中尤为引人注目的是包括了以下几项内容:

1."拒绝授惠"例外

范本第 17 条("拒绝授惠")第 1 款规定,如果满足以下条件,缔约一方可以拒绝缔约另一方企业的投资方及该投资方的投资享受本协定下的利益:如果某一非缔约方的投资者拥有或控制该企业,且该缔约一方和该非缔约方之间没有建立外交关系;或者是,如果某一非缔约方的投资者拥有或控制该企业,而该缔约一方针对该非缔约方或该非缔约方投资者采取了或维持禁止交易的措施;或者是,在某个非缔约方的投资者拥有或控制该企业情况下,如果本协议下的利益被赋予该企业或其投资将导致违反或规避该缔约一方针对该非缔约方或该非缔约方投资者所采取的措施。

---

① Subcommittee on Investment of the U. S. Dep't of State Advisory Comm. on International Economic Policy (ACIEP), Report Regarding the Draft Model Bilateral Investment Treaty [EB/OL]. http://www. ciel. org/Publications/BIT_Subcmte_Jan3004. pdf, 2004-01-30. MURPHY S D. Proposed New U. S. "Model" Bilateral Investment Treaty [J]. American Journal of International Law, 2004(98):836~837.

② GANTZ D A. The Evolution of FTA Investment Provisions: From NAFTA to the United States—Chile Free Trade Agreement [J]. American University International Law Review, 2004(19):764.

第 17 条第 2 款规定,在满足以下条件的情况下,某缔约方可以拒绝把本协定项下利益赋予属于另一缔约方企业的投资方及这些投资方的投资:如果某个非缔约方或者是该欲拒绝授惠之缔约方的投资者拥有或控制该企业,且该企业在另一缔约方境内没有从事实质性商业活动。

相较加拿大范本,除了额外强调把本国企业控制或拥有的外国公司向本国的返投资排除在协定范围之外,美国范本还强调把与本国没有外交关系的非缔约方控制或拥有的另一缔约方公司向本国的投资排除在协定范围之外,其中蕴含着明显的政治意图。

2."金融服务"例外与争端解决

美国 2012 年范本第 20 条("金融服务")规定了金融服务例外事项,以及独特的争端解决方式。类似于加拿大范本,美国 2012 年范本第 20 条第 1 款规定,本协定不得阻止缔约方基于审慎理由采取或维持与金融服务有关的措施,其中包括为保护投资者、贷款人,维护金融机构的稳健运行等等。第 20 条第 3 款规定,如果有关当事人根据第 B 节("投资者和东道国争端解决")申请仲裁,而被申请人引用第 1 款或第 2 款进行抗辩,则被申请人应该在该争端提交仲裁的 120 天内,把该问题以书面形式提交给缔约双方的主管金融机构,以便二者共同作出决定:第 1 款或第 2 款是否以及在多大程度上可以作为被申请人的有效抗辩?缔约方主管金融机构作出的联合决定对仲裁庭是有约束力的。如果缔约双方的主管金融机构在收到被申请人书面申请之日起的 120 天内没有作出决定,则仲裁庭应解决双方主管金融机构未能解决的事项。

与加拿大 2004 年范本相比,美国 2012 年范本在规定"金融服务"例外的同时,对缔约方的有关措施是否符合这些"例外"规定了严格审查条件。换言之,有关措施是否属于"例外",要按照有关程序依次提交缔约双方主管金融机构,只有在双方主管金融机构未能解决相关争端的情况下,解决投资者和东道国间争端仲裁庭才能进行处理。这样就给缔约双方的金融主管机构提供了充分的决定权。与此类似,第 20 条第 4 款规定在缔约双方根据第 C 节(缔约双方间争端解决)申请仲裁庭解决金融争端之时,缔约双方金融主管机构有 180 天的时间与机会来协议解决相关金融争端。

3."税收措施"例外与争端解决

2012 年范本第 21 条("税收")第 1 款规定,除非本条另有规定,第 A 节中条款不得对缔约国附加税收措施方面的义务。第 21 条第 2 款规定,第 6 条("征收")应适用于所有税收事项,但认为某项税收措施构成征收的申请方只有在满足以下条件后才可以根据第 B 节提交仲裁:(a)申请方已经把有关税收措施是否构成征收这一问题以书面形式提交给缔约双方的主管税务机构；(b)缔约双方主管税务机构在 180 天内没有一致认为该项税收措施不构成征收。①

第 21 条第 3 款规定，在符合本条第 4 款的前提下，第 8 条("业绩要求")第 2 款到第 4 款应适用于所有税收事项。第 21 条第 4 款规定，本条约不得影响缔约任何一方在任何税务公约下的权利与义务。如果本条约与任何此种公约间存在不一致之处，该公约应在不一致的范围内优先适用。如果缔约双方共同参加了某税务公约，则该公约下的有权机构应有唯一的职权以决定是否在本条约与该公约之间存在任何不一致之处。

4."重大安全"例外

范本第 18 条("重大安全")规定，本协定不能被解释为要求缔约方披露其认为将违反重大安全利益的信息，不得解释为阻碍缔约方采取其认为对于履行有关维持或者恢复国际和平、安全或保护本国重要安全利益方面的义务所必要的措施。

相较前述"金融服务"例外及"税收措施"例外，对于所采取的有关措施是否属于"重大安全"例外，缔约方只要"认为……所必要"即可，并没有规定应该依次提交缔约双方的有关机构共同决定。相反，采取相关措施的缔约一方自己的意见即具有决定性意义。

5.其他

与加拿大 2004 年范本相似，美国 2012 年范本附件 B("征收")对于间接征收也作了限制。比如，附件 B 第 4 点当中的两点内容对维护东道国的规制权具有极为重要的意义："虽然缔约方的某种措施或一系列措施对某项投资的经济价值具有消极效果，但仅仅这一事实本身不足以推断出已经发生了间接征收"，"除非极个别情况，缔约方旨在保护合法公共福利目标，如健康、安全以及环境，而制定和适用非歧视措施，这些非歧视措施不构成间接征收"。在这

---

① 其原文是：With respect to the application of Article [Expropriation] referred to in paragraph 1,a claimant that asserts that a taxation measure involves an expropriation may submit a claim to arbitration under Section B,only if:

(a)the claimant has first referred to the competent tax authorities of both Parties in writing the issue of whether that taxation measure involves an expropriation; and

(b)within 180 days after the date of such referral,the competent tax authorities of both Parties fail to agree that the taxation measure is not an expropriation.

里,美国范本并没有明确提及加拿大范本中附件 B.13(1)(C)规定的"措施的意图是如此严厉,以致不能合理地认为这些措施系基于善意而制定并实施"这些条件,但仲裁庭可能把"极个别情况"的含义解释为与此相同。

另外,美国 2012 年范本第 14 条("不符措施")规定,第 3 条("国民待遇")、第 4 条("最惠国待遇")、第 8 条("业绩要求")、第 9 条("高级管理和董事会")不适用于现有的且在附录 I 与 III 中列举的不符合 BIT 有关规定的措施,其中第 3 条、第 4 条及第 9 条不适用于某缔约方提供的补助或者特许,包括政府资助的贷款、保证及保险。第 19 条("信息的披露")规定,本协定不得理解为要求缔约方披露会妨碍执法、违反公共利益、损害公司的合法商业利益等方面的信息。

三、印度

印度于 2015 年 12 月通过了其 2016 年 BIT 范本。① 该 2016 年范本对其 2003 年范本作了非常大的修改。2016 年范本继承了 2003 年范本中的一些限制外国投资者权利的例外规则。例如,与加拿大与美国范本相似,印度 2016 年范本与 2003 年范本都在第 5 条对间接征收的认定作了一些限制措施:不能仅仅依据相关措施对外资存在经济上的负面影响而认定构成征收,某些为了公共利益的非歧视措施不构成征收,等等。

另外,2016 年范本还增加了许多有利于维护东道国规制权的新规则。以下介绍其中具代表意义的五项规则。就笔者查找到的资料而言,其中第三项规则应该属于印度首创,此前并未在其他国家 BIT 中见到。其他几项规则则是在其他国家已有规则基础之上作出了较大改进。

1. 一般例外规则

印度范本第 6 章"例外"专门用两个条款规定了东道国的例外规则。第 32 条"一般例外"第 1 款规定,本条约不得解释成阻止缔约一方基于非歧视采取或实施普遍适用且为以下目的所必要的措施:保护公共道德或维护公共秩序;保护人类、动物或植物生命或健康;确保遵守与本条约不一致的法律法规;保护与保存环境,包括所有的生物或非生物资源;保护具有艺术、文化、历史或考古价值的纪念物或国家财富第 32 条第 2 款规定,本条约不适用于缔约一方

---

① 该范本下载网址:http://indiainbusiness. nic. in/newdesign/upload/Model_BIT. pdf.

中央银行或财政当局为了财政与相关信贷政策或汇率政策而采取的普遍适用的非歧视性措施。本款不影响缔约方在第 6 条下的权利与义务。第 32 条第 3 款还规定本条约不影响缔约方作为国际货币基金组织成员方在 IMF 协议条款下的权利与义务。

2. 安全例外规则

印度范本第 33 条"安全例外"第 1 款较为详细地规定了哪些措施属于该条的安全例外范围。根据该款规定,本条约不得解释成:(1)要求缔约方披露其认为会违反其重大安全利益的任何信息。(2)阻止缔约一方采取其认为对于保护其重大安全利益属于必要的任何行动,包括但不限于:涉及可裂变与可聚变材料或者由此衍生而来的材料之相关行动;在战争或其他国内或国际紧急情况时期所采取的相关行动;相关措施涉及武器、弹药与其他作战物资的运输以及直接或间接为供应军事基地的其他货物与物资的运输;为保护关键公共基础设施而采取的行动,包括阻止那些故意瘫痪或减损通信、能源与水基础设施而采取的措施;为了获得(或拒绝)对任何公司、员工或设备的安全调查而采取的任何政策、要求或措施。(3)阻止缔约一方为维护国际和平与安全从而履行其在《联合国宪章》下的义务而采取的措施。

印度范本除了在条约正文中第 33 条规定安全例外规则,同时还在附件一"安全例外"中规定了如何解释与实施该第 33 条。该附件明确规定了两点内容。一是为了安全所采取的相关措施应该规定于国家哪部法律当中。二是明确规定,缔约方根据第 33 条采取的措施不受仲裁庭裁判,不管这些措施是仲裁程序提起之前或之后所采取的。尤其是,这些措施不受本条约下任何仲裁庭的审查,即使是仅仅对相关损害与/或补偿的审查。

3. 申请国际仲裁之前"不低于 5 年"的用尽当地救济要求

印度虽然不是《华盛顿公约》缔约方,但印度范本第 16 条也规定可以提交"中心"仲裁。根据该第 16 条第 1 款的规定,投资者可把相关争端提交国际仲裁。仲裁程序如下:(1)如果缔约双方都是 1965 年《华盛顿公约》完全成员方,则可提交给"中心";(2)如果缔约一方,不是双方同时,属于 1965 年《华盛顿公约》成员,则可提交《附加便利规则》解决争端;(3)按照 1976 年《联合国国际贸易法委员会仲裁规则》提交临时仲裁庭。

但是,该第 16 条明确规定外国投资者投交国际仲裁的前提条件是满足第 15 条的要求。第 15 条规定了一些申请国际仲裁的前提条件,其中最为重要的便是期限为"不低于 5 年"的用尽当地救济要求。根据第 15 条第 1 款的规定,外国投资者必须首先把其指控提交被指控方的国内法院或行政机构,以便求得当地救济。该款进一步明确规定,"为澄清投资者遵守用尽当地救济之义务起见,投资者不得主张其用尽当地救济的义务不予适用,不得依据本条约下的指控是由不同当事方提起或者基于不同诉因提起这些理由而声称已履行了用尽当地救济义务"。

根据第15条第2款的规定,如果至少在5年内采用所有的司法与行政救济仍然不能得出让投资者满意的解决方法,投资者才可向东道国递交"争端通知"(notice of dispute)根据本条约发起国际仲裁程序。不过,在东道国收到该"争端通知"之后的不少于6个月内,争端各方应尽量通过协商、谈判或第三方介入等方式友好解决相关争端。

可见,从外国投资者认为存在相关争端开始,到其最终有权把相关争端根据投资协定提交国际仲裁为止,中间必须至少经过5年的国内救济期间以及6个月的协商期间。有从事投资者保护的公司认为,考虑到印度司法与行政体制是世界上最为行动缓慢的机构之一,这一规定在事实上构成对国际仲裁的拒绝并因此构成拒绝把相关争端提交公平、独立与高效解决。[①]

4.习惯国际法中的待遇

各国缔结的大多数投资条约都纳入了"公平与公正待遇"条款。然而,时至今日,各国却对该待遇的含义并没有取得一致意见。由于多数投资条约没有对"公平公正待遇"进行任何界定,这就给了仲裁庭完全的自由裁量权。从仲裁庭的裁决来看,被认定为违反公平与公正待遇的情形有11种之多,包括:违反正当程序、实行专断的和歧视性措施、损害外国投资者的合法期待、缺乏透明度、未提供稳定的及可预见的法律和商务框架、以不适当之目的行使权力、东道国政府部门越权行事、未尽适当审慎之义务、不当得利、非善意。同时,随着新裁决的出现,公平与公正待遇的情形还会不断增加。[②]由于公平与公正待遇的范围如此宽泛,以至于随便打开一份投资仲裁裁决书,基本都能看到投资者指控东道国违反公平与公正待遇的内容。

有学者主张,应该将公平公正待遇标准同"普遍适用的国际法规则"或"习惯国际法"的国际最低待遇标准相关联,在一定程度上压缩公平公正待遇标准的诠释空间。将符合国际最低待遇标准要求的公平公正待遇标准之内容限定

---

① http://www. globalinvestmentprotection. com/index. php/india-wants-to-replace-47-bits-with-a-new-bit-model/.

② 徐崇利.公正与公正待遇:正义之解读[J]法商研究,2010(3):60.

为程序权利之保障方面,并列举其具体内容以约束仲裁庭之自由裁量权。[①]这种建议可较好地限制公平与公正待遇的滥用。印度新范本所采纳的方法与此相近又有所不同。

印度范本第 3 条第 1 款规定,缔约方不得对相关投资采取构成违反习惯国际法的四种行为:在任何司法或行政程序中拒施公正;严重违反预期程序;基于例如性别、种族或者宗教信仰等不公正的理由有目的地施加歧视;明显虐待,例如强迫、威胁与骚扰。

实际上,这四种违反习惯国际法的行为在多个案例中被仲裁庭认为构成属于违反公平与公正待遇的情形。可见,为了解决这种公平与公正待遇无案不用的情况,印度范本的规定会大幅度降低公正与公正待遇被滥用的情况。其解决思路有两个。一是条约中没有明确采用"公平与公正待遇"这一表述。表面上看似乎废除了"公平与公正待遇"条款。二是明确规定东道国不得从事违反习惯国际法的四种行为,这就不但对这四种行为从习惯国际法的角度施加了限制,同时又通过具体表述四种情形之内容的方式施加限制。

5.没有最惠国待遇条款与岔路口条款

值得注意的是,印度范本没有纳入最惠国待遇条款。这就意味着,以该范本所缔结的投资条约,受益方没有机会依据最惠国条款援引印度此前缔结的更优惠投资条约中的内容。这在现行的投资条约中并不多见。

另外,印度新范本也没有纳入岔路口条款。岔路口条款通常规定投资者可在国内救济与国际仲裁之间选择一种方式解决争端,并且择一终局。不过如上所述,印度新范本第 15 条明确规定在寻求国际仲裁之前,必须先在"至少5 年内"用尽当地救济。因此,没有岔路口条款存在的空间了。

6.投资者遵守法律的义务

印度范本专门在第三章中规定投资者应承担的义务规则。该章共有两条,即第 11 条与第 12 条。根据第 11 条的规定,投资者应遵守缔约方的法律、法规、行政指引与政策。投资者及其投资在任何时候都不得直接或间接向政府公务员提供或允诺贿赂以获得不适当优势。第 12 条规定,投资者及其投资企业应尽力采纳国际社会公认的公司社会责任标准,例如解决劳工、环境、人权、社区关系与反腐败等问题方面的原则。

---

① 刘笋.论投资条约中的国际最低待遇标准[J].法商研究,2011(6):106.

四、阿根廷

为表明自己的投资环境之优良,表现对外资保护之全面,从而吸引外资,20 世纪 90 年代开始,阿根廷与包括美、法、德、澳、西(班牙)等发达国家及其他发展中国家缔结了高保护标准的 BIT。整个 20 世纪 90 年代,阿根廷共签订了 50 多个 BIT,这一数字远远高于拉美其他国家。① 实体规则方面,阿根廷缔结的 BIT 基本上都规定了如下内容:公平、公正待遇;国民待遇和最惠国待遇;全面及合理勤勉地保护外资;投资及收益的自由转移;未经充分、及时、有效补偿不对外资进行征收或采取类似于征收的措施。②

程序规则方面,大约从 1990 年起,阿根廷在签订的 BIT 中作出了概括同意。比如,规定投资者可以选择 ICSID 仲裁解决有关投资争端(或者利用附加便利规则),还可以根据《联合国国际贸易法委员会仲裁规则》提交仲裁,或根据双方同意的其他方式提交仲裁。③ 阿根廷签订的 BIT 中多数都包含全盘接受 ICSID 仲裁管辖权的规定。④

然而,在全盘接受 ICSID 仲裁管辖权的同时,阿根廷签订的 BIT 并未附加严格限制和重要例外。换言之,它采取的是"全面同意"式。此外,阿根廷所签订 BIT 的篇幅也比较短,如阿根廷和美国签订的 BIT 只有 14 条,和瑞典签订的 BIT 只有 11 条,和澳大利亚签订的 BIT 也只有 15 条。显然,如此简短的 BIT 不可能把本应规定的例外和限制予以清楚、全面地表述。在这方面,中国的情况颇为类似。中国 2003 年 BIT 范本只有 13 条,相较加拿大 2004 年 BIT 范本共有 52 条及 4 个附录、美国 2004 年 BIT 范本共有 37 条及 4 个附

---

① DERINGER F B. The Argentine Crisis-Foreign Investor's rights [EB/OL]. http://www. freshfields. com/places/ latinamerica/publications/pdfs/2431. pdf, 2005-07-01.

② DERINGER F B. The Argentine Crisis-Foreign Investor's rights [EB/OL]. http://www. freshfields. com/places/ latinamerica/publications/pdfs/2431. pdf, 2005-07-01.

③ 如阿根廷和美国间 BIT(1991)第 7 条。还可参见《瑞典王国政府与阿根廷共和国政府促进和互相保护投资协定》第 8 条。

④ 阿根廷至少已经在 23 个 BIT 中全盘接受了 ICSID 仲裁管辖权,其中包括与瑞典、美国、西班牙、德国、法国、芬兰这些发达国家签订的 BIT。另外,ICSID 高级顾问 Ucheora Onwuamaegbu 先生在厦门大学讲学时曾指出,阿根廷在 ICSID 的仲裁案件均系投资者依据 BIT 提起。

录,其中差距可见一斑。

五、小结

从以上简要介绍中可以发现:

1.虽然美国 BIT 范本与加拿大 FIPA 范本都全面同意了"中心"管辖权,但这两国范本同时通过相关条款设定了大量的例外规则。换言之,二者都没有采取完全的"全面同意"式,而是采取"全面同意+重要例外"式。加拿大最新 FIPA 范本设定众多例外的做法表明,主权国家的公共政策目标是如何优先于私人投资者权利之上的,也表明投资条约用于促进社会政策之目的。有观点认为,与传统的 BIT 及 NAFTA 第 11 章赋予投资者以高标准保护的待遇相比,加拿大 FIPA 范本表明加拿大正在实施"战术性撤退"。[①] 美国 2004年范本的内容也表明,美国至少也是"部分地往后退"。[②]

2.基于"移民国家"因而需要扶持文化产业等特殊国情,加拿大在制定FIPA 范本时坚持把文化产业完全排除于 BIT 约束范围之外,坚持把根据相关国内法对外资并购、反垄断等事项做出的决定排除在国际救济范围之外。在确定有关例外范围时,加拿大考虑的最终依据就是本国国家利益,而不是所谓的"市场开放""国际潮流"等口号。

3.美国范本在规定诸多例外的同时,对实践中引发争端的措施是否属于某些"例外"范畴进一步规定,应先由缔约双方国内主管机构解决。只有在一定期限内双方国内主管机构不能达成一致协议的,才由投资者与东道国间仲裁庭解决。对于所采取的有关措施是否属于"重大安全"例外,美国范本规定只要缔约方"认为……所必要"即可,属于典型的自行判断条款。可见,对于重要的"敏感"事项,就连美国这样的超级大国都非常谨慎,坚持了"留权在手"。

4.印度 2016 年范本没有采取"全面同意"式,而是采取"全面同意+重要例外"式。

---

① MCILROY J. Canada's New Foreign Investment Protection and Promotion Agreement,Two Steps Forward,One Step Back? [J]. The Journal of World Investment & Trade,2004,5(4):637.

② GANTZ D A. The Evolution of FTA Investment Provisions:From NAFTA to the United States—Chile Free Trade Agreement[J]. American University International Law Review,2004(19):767.

印度 2003 年投资保护条约范本没有同意把相关争端提交"中心"仲裁。从表面上看,印度 2003 年范本似乎概括同意了"中心"管辖权,不过,目前印度还不是《华盛顿公约》缔约方,此种概括同意只能在其加入该公约后方可生效,而印度并没有公布加入该公约的日程表。而且,对于可以适用于不属于《华盛顿公约》缔约方(指在争端当事国与争端投资者母国中,只有一方不属于《华盛顿公约》缔约方)的《附加便利规则》,该范本却规定要经争端当事双方另行同意方可适用。所以,印度 2003 年范本中对"中心"的"概括同意"实际上是"概括不同意"。

印度 2016 年范本在概括同意"中心"管辖权的同时,并没有对其中提交《华盛顿公约》的《附加便利规则》解决争端的情况施加"争端当事双方另行同意"这一限制条件。从表面上看,似乎对外国投资者非常有利。但是,根据该 2016 年范本第 15 条,外国投资者在投资国际仲裁之前,"必须至少经过 5 年的国内救济期间以及 6 个月的协商期间"。这就让国际仲裁的效率大打折扣。

即便如此,印度仍然在该范本中规定了许多例外。例如第 32 条"一般例外"、第 33 条"安全例外"规则。尤其是在附件中特别规定对于东道国符合第 33 条的措施,"不受本条约下任何仲裁庭的审查,即使是仅仅对相关损害与/或补偿的审查"。印度范本没有规定"公平与公正待遇"条款,而是具体以四种构成违反习惯国际法的情形取而代之。对于多数国家采纳的最惠国条款与岔路口条款,印度范本没有纳入。此处,印度范本还增加了投资者义务方面的内容。

5.阿根廷在与发达国家、发展中国家签订 BIT 时,广泛接受了"中心"管辖权,却没有规定大量例外,属于典型的"全面同意"式。其结果是,在发生危机时被大量诉诸"中心",处境极为被动。自 2001 年至 2005 年年底短短 5 年间,阿根廷成为被申请方的 ICSID 仲裁案件总数为 36 个。如果把 2001 年以前的 5 个案件以及 2006 年至 2015 年底期间的 12 个案件计算在内,阿根廷在 2015 年年底之前被诉之于 ICSID 的案件总数为 53 个。①

---

① 其中,2001 年 3 次,2002 年 4 次,2003 年 17 次,2004 年 8 次,2005 年为 4 次,2007 年为 5 次,2008 年为 2 次,2009 年为 1 次,2012 年为 1 次,2014 年为 1 次,2015 年为 2 次。

第三节 中国同意方式之现状判断:"落后" 还是"超前"?

从商务部网站公布的信息来看,中国到 2016 年 6 月止已缔结 104 项 BITs(这一统计数据包括与同一国家先后缔结的新旧投资保护协定在内)。① 根据 UNCTAD 网页的统计数据,中国到 2016 年 6 月止已缔结 145 项 BITs (这一统计数据包括已缔结但未生效、已终止的投资协定)。②

从这些 BITs 的内容来看,中国在 BIT 中同意国际仲裁的方式可大体分 为三个阶段。第一阶段是 1998 年之前坚持采用"逐案同意"和"有限同意"式 时期。第二阶段是 1998 年之后到 2005 年之间从"逐案同意"和"有限同意"式 转向"全面同意"式的时期。第三阶段是从 2005 年之后至今尝试着采用"全面 同意+重要例外"式的时期。

一、1998 年之前对"逐案同意"和"有限同意"式的坚持

在加入《华盛顿公约》后的初期,我国对外签订 BIT 时采取以"逐案同意" 为主、"有限同意"为辅的同意方式。

从 1992 年 9 月 30 日我国在与韩国签订的 BIT 中接受 ICSID 仲裁管辖 权起,③到我国与巴巴多斯于 1998 年 7 月 20 日签订 BIT 止,我国签订的 88 项 BIT 中没有接受 ICSID 仲裁管辖权的有 30 项,接受 ICSID 仲裁管辖权的 至少有 13 项。④ 这 13 项接受 ICSID 仲裁管辖权的 BIT 都强调:东道国与海 外投资者间有关"征收补偿额"(或"征收补偿款额""国有化和征收补偿款额") 的争议,应该由当事方友好协商解决,友好协商 6 个月仍未解决的,投资者(或 "任何一方")方可提交仲裁;东道国或者投资者间的其他争议,或应该提交东

---

① 详细名单请参见 http://tfs. mofcom. gov. cn/article/Nocategory/201111/ 20111107819474. shtml.

② 详细名单请参见 http://investmentpolicyhub. unctad. org/IIA/CountryBits/42? type=c # iiaInnerMenu.

③ 参见该条约第 9 条第 3 款和第 10 款。

④ 在这 13 个 BIT 中,缔约另一方分别是:韩国、立陶宛、智利、冰岛、秘鲁、摩洛哥、以 色列、南斯拉夫、沙特阿拉伯、加蓬、喀麦隆、马其顿、也门。

道国国内法院解决,或可以根据双方的协议提交 ICSID 仲裁。换言之,这 13
项 BIT 都采用"有限同意"式。

在我国与巴巴多斯缔结 BIT 之前,中国—南非 BIT 于 1997 年 12 月缔结
并于 1998 年 4 月生效。该 BIT 第 9 条第 1 款至第 2 款规定:"(1)缔约一方的
投资者与缔约另一方之间就在缔约另一方领域内的投资产生的争议,应当尽
可能由双方友好协商解决。(2)在六个月内不能协商解决争议时,争议任何一
方均可将争议提交国际仲裁庭仲裁,条件是涉及争议的缔约方可以要求投资
者按照其法律、法规提起行政复议程序,并且投资者未将该争议提交该缔约方
国内法院解决。"

该条规定"争议任何一方均可将争议提交国际仲裁庭仲裁",不过并没有
规定提交 ICSID 仲裁。因此,如果只是以提交国际仲裁(包括提交 ICSID 之
外的仲裁机制)为标准,1998 年生效的中国—南非 BIT 属于最早把相关投资
争议全部提交国际仲裁的 BIT,属于最早采纳"全面同意"式的 BIT。

二、1998 年之后向"全面同意"式的转变

(一)"全面同意"式的纳入及其背景

从 1998 年 7 月 20 日我国与巴巴多斯签订 BIT 至 2004 年年底,我国又签
订了 26 项 BIT。在这 26 项条约中,没有接受 ICSID 管辖权的有 7 项,全盘接
受 ICSID 管辖权的有 18 项,[①]部分接受 ICSID 仲裁管辖权的为 1 项。[②] 在 18
项接受 ICSID 仲裁管辖权的 BIT 中,有 16 项均明确规定:东道国与外国投资
者间有关东道国领土内的投资的任何争议(或"争议""法律争议"),应由当事
方友好协商解决,友好协商 6 个月仍未解决的,可应投资者(或"任何一方")的
请求提交 ICSID 仲裁;在争议提交仲裁前,缔约一方可以要求投资者用尽该
缔约方国内的法律法规所规定的国内行政复议程序。

可见,大约从 1998 年开始,我国接受 ICSID 仲裁管辖权的方式发生了急
剧的转变,由采用"有限同意"式转变为采用"全面同意"式。换言之,从 1998
年前采用不接受 ICSID 仲裁管辖权的"逐案同意"式,或采用仅就有关征收补

---

① 在这 18 个 BIT 中,缔约另一方分别是:巴巴多斯、刚果(布)、博茨瓦纳、塞浦路斯、
塞拉利昂、莫桑比克、肯尼亚、荷兰、缅甸、波黑、特立尼达和多巴哥、科特迪瓦、圭亚那、德
国、贝宁、拉脱维亚、乌干达、约旦。

② 我国与巴林签订的 BIT 规定仅就"有关征收补偿额的争议"接受 ICSID 仲裁管
辖权。

偿款额争议接受 ICSID 仲裁管辖权的"有限同意"式,转变为 1998 年以来的大部分采用全盘接受 ICSID 仲裁管辖权的"全面同意"式、少部分采用不接受 ICSID 仲裁管辖权的"逐案同意"式、偶尔采用仅就征收补偿款额争议接受 ICSID 仲裁管辖权的"有限同意"式。

我国从 1998 年开始转变为采用"全面同意"式的原因何在?本书认为,这可能与 1998 年前后我国开始"走出去"战略有关。受到 1997 年亚洲金融危机的影响,我国对外出口出现滑坡,企业海外投资可以带动对外出口。① 另外,随着经济发展的加快,我国能源和原材料越来越依赖于从国外进口。② 同时,某些领域(如家电)的产能已大大超过国内需求,迫切需要打开海外市场。为解决这些问题,我国大致从 1997 年开始逐步确立并实施"走出去"战略。例如,1997 年 9 月,党的十五大确定了"鼓励能够发挥我国比较优势的对外投资,更好地利用国内国外两个市场、两种资源"的战略方针。③ 在 1998 年中共十五届二中全会的讲话中,江泽民同志指出"要有领导、有步骤地组织和支持一批有实力、有优势的国有企业走出去,到国外,主要是到非洲、中亚、中东、中欧、南非等地投资办厂"。1999 年 2 月 14 日,国务院办公厅转发了原外经贸部、国家经贸委、财政部《关于鼓励企业开展境外带料加工装配业务意见的通知》,其中第三项("金融服务和政策性保险鼓励政策")强调"尽快研究建立境外投资风险保障机制"。④ 2001 年 3 月 15 日,第九届全国人民代表大会第四次会议批准的《国民经济和社会发展第十个五年计划纲要》、2002 年党的十六大及温家宝总理于 2005 年 3 月 5 日在十届全国人大政府工作报告都进一步

---

① 杨磊,金杰. 匆忙海外并购,企业是否会顾此失彼? [EB/OL]. http://news3. xinhuanet. com/fortune/2005-07/30/content_3287562. htm,2005-07-30.

② 比如,中国在 1993 年成为石油净进口国,当年石油净进口 893 万吨,此后逐年递增,到 2000 年增到 7000 万吨,2004 年成为世界第三大石油进口国。吴磊. 中国石油安全 [M]. 北京:中国社会科学出版社,2003:116.

③ 江泽民在党的十五大上的报告 [EB/OL]. http://www. shanghai. gov. cn/ shanghai/node2314/node5737/node5742/userobject21ai10373. html,1997-09-12.

④ http://www. mofcom. gov. cn/column/print. shtml? /b/e/200207/20020700032508, 2002-07-08.

强调实施"走出去"战略的必要性及制定信贷、保险、外汇等方面的支持。①
2003年党的十六届三中全会也提出,要继续实施"走出去"战略,完善对外投资服务体系,积极参与和推动区域经济合作。②

可以认为,我国在签订BIT时由"逐案同意""有限同意"式转变为1998年之后的"全面同意"式,其主要原因可能就是为了因应实施"走出去"战略的需要,为我国的对外投资"保驾护航"。③ 同时,我国转变为采取"全面同意"式的另一原因可能是,希望通过确立高标准的保护水平增加对外资的吸引力。但是,"为我国的对外投资保驾护航"是否可以成为我国在签订BIT时采取"全面同意"式的充分理由? 采取"全面同意"式是否可以达到我国吸引外资的预期目标? 对此本书将在第四部分详细加以讨论。

（二）限制措施的缺失

我国对外签订BIT的模式一直比较固定。单纯从条款数目看,一般是12条（如与波黑等国签订的BIT）、14条（如与科特迪瓦、伊朗、莫桑比克、贝宁等国签订的BIT）、15条（如与圭亚那等国签订的BIT）、16条（如与乌干达、特立尼达和多巴哥、德国等国签订的BIT）。暂且撇开具体内容看,我国的BIT可以说是比较简单的。

然而,即便在这些包含全面同意"中心"管辖权条文的BIT中,中国对于一些关系国计民生的重要事项似乎没有给予足够的重视,即没有把涉及国计民生重要事项的争端排除在"中心"仲裁庭的管辖范围外。即使是条文最长、内容最"复杂"的中国和德国（2003）签订的BIT也仅在附加"议定书"中用了3

---

① 国民经济和社会发展第十个五年计划纲要［EB/OL］. http://www.people.com.cn/GB/shizheng/16/20010318/419582.html,2001-03-18. 江泽民在中国共产党第十六次全国代表大会上的报告［EB/OL］. http://www.shanghai.gov.cn/shanghai/node2314/node5737/node5738/userobject21ai10210.html,（原文末列明上传时间）. 温家宝：要适应新形势切实做好对外开放工作［EB/OL］. http://news3.xinhuanet.com/newscenter/2005-03/05/content_2652775.htm. 2005-03-05.

② 中共中央关于完善社会主义市场经济体制若干问题的决定［EB/OL］. http://www.people.com.cn/GB/shizheng/1024/2145119.html,2003-10-21.

③ 在商务部条法司有关领导和厦门大学法学院于2005年9月11日举行的"投资保护座谈会"上,条法司领导也强调,我国在签订BIT时全面同意国际仲裁,很大原因就在于我国的对外投资企业提出了较高保护标准的要求。

项内容做了些许限制性声明,^①而对于发达国家 BIT 示范文本普遍规定的重要例外事项,如"限制最惠国待遇条款对争端解决条款的适用""公平与公正待遇的限制""间接征收的限制规定""国家重大安全例外""拒绝授惠""新投资企业的建立、并购"等,我国在这一期间签订的 BIT 基本没有涉及。这种在没有附加重要例外的前提下全盘接受"中心"仲裁管辖权的做法,其中蕴含的风险是不言而喻的。

三、2005 年之后采纳"全面同意＋重要例外"式的尝试

2005 年之后,中国缔结的 BITs 可归纳为以下几个类别:

(一)某些 BITs 继续采用"全面同意"式

由于在此之前采用"全面同意"式的"惯性",中国继续在一些 BITs 中采用"全面同意"式。例如,2007 年缔结并于 2010 年生效的中国—法国 BIT 沿用 12 条的中国式 BIT 模板,规定了各项待遇以及争端解决机制。并没有涉及前述加拿大以及美国 2004 年 BIT 范本中已明确规定的各项重要例外,如:"限制最惠国待遇条款对争端解决条款的适用""公平与公正待遇的限制""间接征收的限制规定""国家重大安全例外""拒绝授惠""新投资企业的建立、并购",等等。

与上述中国—法国 BIT 相似,中国与多国缔结的 BITs 仍然沿用"全面同意"式。例如,2005 年缔结并于 2009 年生效的中国—比利时与卢森堡 BIT,2006 年缔结并于 2009 年生效的中国—俄罗斯 BIT,2005 年缔结并于同年生效的中国—朝鲜 BIT,等等。

(二)完全接受印度范本的 2007 年中国—印度 BIT

与上述采用"全面同意"式 BITs 以及在"全面同意"式上尝试纳入"重要例外"的 BITs 相比,2006 年缔结并于 2007 年生效的中国—印度 BIT 表现得比较特别。从其内容上看,基本上是沿用印度 2003 年范本。根据中国—印度 BIT 第 9 条第 3 款的规定,相关争端可提交国际仲裁的选择有三个:一是如果缔约双方都是 1965 年《华盛顿公约》缔约方,且投资者书面同意把该争端提交"中心",则该争端应该提交给"中心";二是如果争端当事双方都同意,则按照《附加便利规则》解决争端;三是任一争端当事方可根据 1976 年《联合国国际贸易法委员会仲裁规则》提交临时仲裁庭。由于印度迄今尚不是《华盛顿公

---

① 在该附加"议定书"的 7 项规定中只有第 3 项、第 4 项、第 5 项规定包含了可以称之为"例外或者限制"的内容。

约》缔约方,故投资者不能选择第一项。又由于第二项选择的条件是"如果争端当事双方都同意",故在未能获得东道国同意的情况下,投资者不能选择第二项。因此,投资者只有选择第三项了。而且,东道国可在投资者申请国际仲裁之前要求先用尽国内救济。在中国以前缔结的BITs、美国BIT范本以及加拿大BIT范本中都没有见到过此种争端解决条款。

此外,中国—印度BIT也规定一些限制条款,例如重大安全例外条款,对征收认定的限制规则,等等。

(三)多数BITs在"全面同意"式基础上尝试着纳入"重要例外"规则

2004年年底缔结并于2006年生效的中国—芬兰BIT对国民待遇作了限制。不过,主要是从2005年开始,中国才开始在大批量的BITs中限制国民待遇原则之适用。这些BITs在采取"全面同意"式的基础上,尝试着纳入"重要例外"的内容。例如,2005年缔结并于2007年生效的中国—斯洛伐克BIT附加议定书对第3条"投资待遇"进行了修改,该条第1款是关于国民待遇的内容:"缔约一方应给予缔约另一方投资者在其境内的投资及与投资有关活动不低于其给予本国投资者的投资及与投资有关活动的待遇。"该条第4款规定:"本条第一款不适用于:(1)任何现存的在其境内维持的不符措施。(2)这种不符措施的持续。(3)任何对这种不符措施的修改,但修改不能增加措施的不符程度。"这在以前缔结的BITs当中是没有见到的。

与上述中国—斯洛伐克BIT附加议定书,中国在这段时期缔结的多项BITs都在采纳"全面同意"式之基础上,对国民待遇原则进行了限制。例如以下BITs:2005年缔结并于2008年生效的中国—葡萄牙BIT,2005年缔结并于2008年生效的中国—西班牙BIT,2007年缔结并于同年生效的中国—保加利亚附加议定书,2009年缔结并与2010年生效的中国—瑞士BIT,等等。

不过,加入更多"重要例外"的是2011年缔结并于同年生效的中国—乌兹别克斯坦BIT。该项BIT的"重要例外"主要体现在:

1.限制最惠国待遇对争端解决条款的适用。其第4条规定:"(1)缔约一方就投资的设立、并购、扩大、管理、维持、使用、享有、出售或投资的其他处置所赋予缔约另一方投资者及在其境内的投资的待遇不得低于在相同情势下给予第三国投资者及其投资的待遇。……(3)尽管有第一款的规定,其他条约中规定的争端解决程序不得被援引用来处理本协议框架下的争端。"

2.限制征收的认定。其第6条第3款规定:"除非在例外情形下,例如所采取的措施严重超过维护相应正当公共福利的必要时,缔约一方采取的旨在保护公共健康、安全及环境等在内的正当公共福利的非歧视的管制措施,不构成间接征收。"

3.加入拒绝授惠条款。其第 10 条规定:"(1)如果存在以下情形,则缔约一方可拒绝给予缔约另一方的企业投资者及其投资以本协定项下的利益,如果该企业是由非缔约方的国民拥有或控制:拒绝授惠的缔约一方与该非缔约方没有外交关系;拒绝授惠的缔约一方针对该非缔约方或非缔约方的国民和企业采取或者维持一定的措施,该措施禁止其与该企业进行交易,或者,给予该企业或其投资以本协定项下的利益会违反或阻碍该措施;该企业在另一方境内未从事实质性商业经营。(2)如果一项投资是由缔约另一方的企业在缔约一方进行,但该企业在缔约另一方境内未从事实质性商业经营,且该企业被拒绝授惠缔约一方的国民或企业控制,则缔约一方可拒绝给予该企业本协定项下投资者的利益。"

4.争议国家一方可要求缔约双方共同解释某规则。其第 16 条规定:"(1)在第十二条规定的争议解决程序中,应争议国家一方要求,仲裁庭应要求缔约双方就争议问题涉及的本协定条款进行共同解释。缔约双方应在该要求提出后 70 日内,以书面形式,将双方解释的联合决定提交仲裁庭。(2)缔约双方根据第一款做出的联合决定应对仲裁庭具有约束力。裁决应与该联合决定相一致,如果缔约双方在 70 日内未能做出这样的决定,则仲裁庭独立作出决定。"

2012 年缔结并于 2014 年生效的中国—加拿大 BIT,代表着中国已开始全面接受加拿大式 BIT。由于加拿大式 BIT 基本是追随美国式 BIT 的脚步,因此实际上中国已接受美国式 BIT。中国以往缔结的 BITs 基本是以德国式 BITs 为模板,条款不多,无论是采用"逐案同意"式、"有限同意"式还是"全面同意"式,条款数量大概平均 15 条左右。然而,该中国—加拿大 BIT 在数量上就达到共 35 项条款再加 6 项附录。在内容上,则在"全面同意"式基础上施加了大量"重要例外"。这些例外有:对公平与公正待遇施加最低待遇标准的限制,限制最惠国待遇不适用于争端解决条款,针对 NT/MFN 制定专门的例外条款,制定条约的一般例外条款,对汇兑义务进行限制,规定税收领域的例外规则,拒绝授惠条款,纳入透明度与第三方参与规则,对征收认定的限制,根据缔约双方投资法律规则作出审查决定的例外,等等。可见,无论是从条款数量上,还是从内容上看,该中国—加拿大 BIT 都是以加拿大 2004 年 BIT 范本以及美国 2004 年 BIT 范本为模板的。

与上述中国—加拿大 BIT 同年缔结并于 2014 年生效的中国—韩国—日

本 BIT,在数量上有 27 条再加一份由 3 个条款组成的议定书,在内容上也是在"全面同意"式基础上施加了大量"重要例外"。这些例外有:规定国民待遇的例外规则,规定最惠国待遇不适用于争端解决条款,国家安全例外,临时保障条款,金融审慎措施例外,税收领域的例外规则,拒绝授惠条款,对征收认定的限制规则,等等。可见,无论从条款数量上,还是从内容上看,该中国—韩国—日本 BIT 与上述中国—加拿大 BIT 都非常相似。

四、小结

从我国的缔约实践看,在加入《华盛顿公约》时,我国真正做到了"谨慎小心、多方求证"。[①] 在加入《华盛顿公约》后的初期,我国采取"逐案同意"式和"有限同意"式并用,并以前者为主的方法。即使在采取"有限同意"式时,我国仍然颇为谨慎,只同意就征收补偿争端接受"中心"仲裁管辖权,坚持"留权在手,但决不滥用"。然而,大约从 1998 年开始,我国对外缔约实践发生了突变,由"逐案同意"式和"有限同意"式并用的方法转变为以"全面同意"为主、"有限同意"和"逐案同意"为辅的方法。

必须指出,即便如此,国内外仍有观点认为我国对"中心"管辖权的"同意"过于"落后"。而前文所作的比较法分析表明,即便 NAFTA 中的两个发达国家,即美国、加拿大都没有采取完全的"全面同意"式,而是在概括接受"中心"管辖权时施加了大量的重要例外,即采取"全面同意＋重要例外"的同意方式。作为发展中国家,我国 1998 年后相当长的时期里全面同意"中心"管辖权的同时却基本上没有采取任何限制措施。从这个意义上说,中国对"中心"管辖权的全面同意是世界上最开放的同意方式,其开放程度远远超越美国、加拿大等发达国家。直言之,无论从与美国、加拿大等发达国家的同意方式比较看,还是从作为发展中国家的角度看,中国对"中心"管辖权的同意均属"超前",而非"落后"。

在加拿大 2004 年 BIT 范本与美国 2004 年 BIT 范本颁布之后,不少研究人员都注意到这两个范本更注重维护东道国规制权的倾向,指出中国所缔结的 BITs 中存在的风险。[②] 此后,中国才开始在 BITs 中纳入例外条款,进入采

[①] 关于中国加入《华盛顿公约》的过程,陈安.国际投资争端仲裁——"解决投资争端国际中心"机制研究[M].上海:复旦大学出版社,2001;21~41.

[②] 相应评论,陈安.国际投资法的新发展与中国双边投资条约的新实践[M].上海:复旦大学出版社,2007.

纳"全面同意＋重要例外"式的时代。不过,中国 BITs 进入"全面同意＋重要例外"式时代似乎又可分为两个阶段。第一阶段是 2005 年之后的几年期间,中国在比较多的 BITs 中开始尝试着纳入限制国民待遇原则的内容。比较典型的是 2007 年中国—印度 BIT 基本上是印度 2003 年 BIT 范本的翻版,规定了比较多的维护东道国规制权的内容。第二阶段是 2011 年开始缔结的多项BITs,代表着"全面同意＋重要例外"式的正式接受。2011 年中国—乌兹别克斯坦 BIT 已在相当程度上纳入了加拿大与美国 BIT 范本中的例外规则,但一直到 2012 年缔结的中国—加拿大 BIT 才更为全面地接受加拿大与美国的"全面同意＋重要例外"式 BIT。同样缔结于 2012 年的中国—韩国—日本BIT 也是如此。

在中国与加拿大缔结的 BIT 中正式采纳"全面同意＋重要例外"之前,笔者即着手分析过中国应采纳何种同意方式之问题。① 当时笔者就对中国式BIT 中这种全世界保护外国投资者标准最高的"超前"同意仲裁方式提出过完善建议。时至今日,情况与当时有所不同。一方面,中国对外投资额于 2015年前后迅速增加,预计中国海外投资额马上要超越所吸收的外交额。在这种背景下,中国在 BIT 中采取什么样的同意仲裁方式才能满足中国的现实需求? 另一方面,2012 年缔结的两项 BITs,即中国—加拿大 BIT 以及中国—韩国—日本 BIT 明确体现出中国已正式采纳"全面同意＋重要例外"。这一缔约策略是否有进一步改进的空间?

尤其是,在 2012 年之前缔结的大量 BITs 中仍然采用了"全面同意"式。这些采"全面同意"式的大量 BITs 在可预计的将来仍然会对中国有约束力。中国这种同时受到两类同意方式 BITs 约束的情况可能会带来什么样的风险? 本书拟在下一节先根据中国具体国情分析在 BIT 中应采纳的同意方式,再分析两类 BITs 同时适用的风险及其对策。

到 2006 年 6 月止,中国已在两项案件中作为被申请方。一是马来西亚投资者于 2011 年根据中国—马来西亚 1988 年 BIT 对中国申请国际仲裁的案件,后已通过双方谈判的方式达成和解。② 二是韩国投资者于 2014 年根据2007 年中国—韩国 BIT 要求中国赔偿 1 亿元人民币的国际仲裁案件,现仍然

---

① 王海浪."落后"还是"超前"? ——论中国对 ICSID 管辖权的同意[M]//陈安.国际经济法学刊.北京:北京大学出版社,2006.13(1).

② Ekran Berhad v. People's Republic of China (ICSID Case No. ARB/11/15).

正处于仲裁程序当中。① 从表面来看,中国成为被申请方的案件只有两起,似乎很让人放心。但需要注意的是,这两起案件都是在中国经济运行平稳、未发生经济危机的情况下出现的。一旦出现经济危机,此类案件很可能会呈直线上升之势,一如当年的阿根廷。

如果陶醉于目前的"太平盛世",则不符合我国历任领导人所强调的要"居安思危"、要有"忧患意识"。例如,1944 年,毛泽东在《学习和时局》一文中指出:"我党历史上曾经有过几次表现了大的骄傲,都是吃了亏的。"全党同志"都要引为鉴戒"。② 1949 年,当中共中央领导人离开西柏坡前往北平筹建新中国时,毛泽东要求全党必须以"进京赶考"的心态常存忧患之意。③ 邓小平"听到西方七国首脑会议决定要制裁中国,马上联想到一九零零年八国联军侵略中国的历史"④。江泽民同志也告诉我们,"面对很不安宁的世界,面对艰巨繁重的任务,全党同志一定要增强忧患意识,居安思危,清醒地看到日趋激烈的国际竞争带来的严峻挑战,清醒地看到前进道路上的困难和风险"。⑤ 2002 年12 月,胡锦涛同志在西柏坡学习考察时也强调要"增强忧患意识,居安思

---

① Ansung Housing Co., Ltd. v. People's Republic of China (ICSID Case No. ARB/14/25).

② 毛泽东.毛泽东选集:第 3 卷[M].北京:人民出版社,1991:498,947-948.

③ 孙海.毛泽东执政观中的四个基本问题[J].求实.2006(1):9.还可参见李家祥,魏继昆.居安思危:从中共七大文献看毛泽东的忧患意识[J].高校理论战线,2004(2).周亚越.毛泽东、邓小平忧患意识之比较[J].江西社会科学,2001(1).刘德军.毛泽东执政党思想作风忧患意识[J].理论学刊,2005(2).

④ 邓小平.邓小平文选:第 3 卷[M].北京:人民出版社,1993:357-358.关于邓小平同志的"忧患意识",请参见涂以辉,敖林珠.论邓小平忧患意识的基本特征[J].西南民族大学学报(人文社科版),2004(6).黄宏东.论邓小平忧患意识的基本特征[J].理论探讨,2002(6).许开轶.试析邓小平的忧患意识[J].当代世界与社会主义,2003(5).梁红敏.邓小平的忧患意识与思想政治工作理论[J].毛泽东思想研究,2003(7).

⑤ 江泽民.十六大报告:全面建设小康社会,开创中国特色社会主义事业新局面[EB/OL].http://www.hfzfcg.gov.cn/wzyc/wzyc/20021122141827.htm,2002-11-22.关于江泽民同志的"忧患意识",请参见邵广侠.江泽民同志忧患意识的特点及其作用[J].毛泽东思想研究,2004(9).张雪永.试论江泽民忧患意识思想[J].西南民族大学学报(人文社科版),2003(7).乔运鸿.中国共产党居安思危思想的新发展[J].山西高等学校社会科学学报,2003(7).

危"。① 2014 年 6 月,习近平同志在中共中央政治局第十六次集体学习上指出:"我们共产党人的忧患意识,就是忧党、忧国、忧民意识,这是一种责任,更是一种担当。"② 总之,我们要做到毛泽东同志所强调的:"争取最有利的局面","准备应付最坏的情况"。③ 根据这一精神,笔者拟对中国可以采取的对策具体加以分析。

第四节　中国可以采取的对策之具体分析

一、考虑之前提:在 BIT 中接受"中心"管辖权的作用

采取什么样的"同意"方式,应该取决于其是否可以达到我国在 BIT 中接受"中心"管辖权的预期目的。在 BIT 中同意"中心"管辖权之目的不外乎两个,即吸引外资和保护本国海外投资。在满足这两大目的之同时,还需要考虑同意把相关投资争端提交国际仲裁会对本国经济主权造成多大的冲击。因此,我们应在多大程度上接受"中心"管辖权,取决于"对吸引外资的需求""对本国海外投资的保护"以及"对国家经济主权的冲击"这三者的综合考虑和权衡得失。如果同意"中心"管辖权对于吸引外资的作用非常小,则多大程度上接受"中心"管辖权就取决于需要在多大程度上保护其海外投资。所以,在分析我国可采取的对策前,有必要先判断在 BIT 中接受"中心"管辖权对于吸引外资的作用。

（一）同意"中心"管辖权与投资流向之间的关系

商务部的统计资料显示,④如果抛开香港和台湾地区不计,2005 年 1—12 月对中国大陆投资前八位外国投资国来源地（以实际投入外资金额计）依次为:英属维尔京群岛（90.2 亿美元）、日本（65.2 亿美元）、韩国（51.68 亿美元）、美国（30.6 亿美元）、开曼群岛（19.48 亿美元）、新加坡（22 亿美元）、德国

---

① 央视国际.激情岁月　警世之理[EB/OL]. http://www.cctv.com/news/china/20040616/100917.shtml,2004-06-16.

② 高雷:解析"习近平执政风格"之一:直面问题的强烈忧患[EB/OL]. http://cpc.people.com.cn/xuexi/n/2014/1229/c385474-26290572.html.

③ 毛泽东.胜利的信念是斗争中间得出来的.毛泽东外交文选[M].北京:中央文献出版社,北京:世界知识出版社,1994:571.

④ 本节统计数据均来自于商务部商务数据中心,请读者输入相应年月自行查询:http://data.mofcom.gov.cn/channel/includes/list.shtml? channel＝wzsj&visit＝A.

（15.3亿美元）、萨摩亚（13.5亿美元）。实际上，每年对中国大陆投资前几位国家/地区都是这么几位，基本上不会有什么大的变化。例如在2006年1—12月份对华投资前几位是英属维尔京群岛、日本、韩国、美国、新加坡、开曼群岛、德国、萨摩亚。在这八个国家/地区中，如果以2005年之前的缔约情况来分析的话，只有英国、日本、韩国、新加坡和德国这五国和中国大陆签订了双边投资保护条约。维尔京群岛、开曼群岛以及萨摩亚是英国的属地或英联邦成员。换言之，只有美国没有与中国缔结BIT。

如前所述，中国从1998年开始到2005年期间，缔结了大量采"全面同意"式BIT。故如以2005年之前的缔约情况来分析，①英国与中国签订的1986年BIT只规定有关补偿额的争端应由国际仲裁，但没有提及"中心"仲裁庭。②1988年日本与中国签订的BIT③及1992年中国与韩国签订BIT④都只规定，"中心"只对征收补偿额争端的管辖权，对其他争端是否具有管辖权必须由争端双方另行签订协议。1985年新加坡与中国签订的BIT只规定了就征收补偿争端提交国际仲裁的意向，并未概括同意"中心"管辖权。⑤另外，根据2003年德国和中国签订的BIT第9条，缔约一方与缔约另一方投资者间就投资发生的任何争议都可提交"中心"仲裁。可见，2003年德国和中国签订的BIT已经概括同意了"中心"管辖权。⑥

所以，在2005年1—12月对中国大陆投资前八位国家/地区（不含香港和台湾地区）中，只有德国和中国签订的BIT概括同意了"中心"管辖权，中国和英国、日本以及韩国签订的BIT只就征收补偿额争端同意了"中心"管辖权。在当年这前八位国家/地区实际投入的307.96亿美元外资中，来自德国的只有15.3亿美元，比例为4.97％。换言之，从表面上看只有4.97％的外资是被

---

① 相关缔约情况均来自于商务部条法司公布的《我国对外签订双边投资协定一览表》，网址为：http://tfs.mofcom.gov.cn/article/Nocategory/201111/20111107819474.shtml.

② 参见1986年5月中国和英国间BIT第7条。

③ 参见1988年中国和日本间BIT第11条。

④ 参见1992年中国和韩国间BIT第9条。

⑤ 1985年中国和新加坡间BIT第13条（"争端解决"）第1款规定，争端当事双方应该协商解决争端。第2款规定，6个月内无法协商解决的，应该提交东道国内有管辖权的法院。第3款规定，如果争端涉及征收、国有化或其他具有同样效果的措施的补偿额，且无法在6个月内协商解决的，可以提交当事双方建立的国际仲裁庭。

⑥ 参见2003年中国和德国间BIT第9条。

完全同意"中心"管辖权的 BIT 吸引来的,但显然不能断言如果不存在这种完全同意"中心"管辖权的 BIT,这 15.3 亿美元的德国资本就不会进入中国。因此可以认为,在 307.96 亿美元外资中真正因为存在完全同意"中心"管辖权而选择进入中国的部分肯定是低于 15.3 亿美元。

根据德国联邦统计局提供的统计资料,2000 年至 2003 年年间,德国对华投资额分别为 8.3 亿、9.6 亿、9.9 亿和 19.9 亿美元,其中 2003 年比 2002 年增加约 10 亿美元,这似乎表明全面同意"中心"管辖权的规定产生了作用。然而,数据分析并不支持这一结论。首先,如果从德国的角度考虑,2000 年至 2002 年,德国对华投资几乎维持在德国对外投资总额 1% 的水平,2003 年也只上升至 1.2%。在此期间,德国对华投资只相当于美国和日本对华投资的 1/5,甚至远远落后于韩国及中国台湾地区对中国大陆的投资。① 换言之,在签订规定全面同意"中心"管辖权的 BIT 的 2003 年,德国对华投资在其对外投资总额中只比上年度增加 0.2%。其次,从德国对华投资占我国吸引外资总量的比例来考虑,2004 年这一比例为 1.75%,2005 年这一比例提升为 2.54%,②这一数字在总量中仍然是无足轻重。再次,德国对华投资额增长的基本背景是,同期我国吸引外资总体规模出现较大增长,2003 年,中国曾经取代美国成为全球吸引外国直接投资最多的国家;2005 年,中国吸引外资额仅次于英国和美国,名列世界第三。③ 换言之,不仅仅德国对华投资有所增加。从这个意义上说,不能过高估计全面同意"中心"管辖权对于吸引德国对华投资的作用。事实上,在加入世界贸易后,中国巨大的销售市场、成本低廉且丰富的劳动力资源对于包括德国在内的外国投资者无疑具有很大的吸引力。

由此可以认为,与德国签订全面同意"中心"管辖权的 BIT 并没有使德国对华投资出现显著增加,而只能说"有作用",至于该"作用"到底多大,显然难以确切计算。

另外,上述中国吸引外国直接投资的数据表明,2005 年英属维尔京群岛、

---

① 中国驻德国使馆经商处. 德国对华投资现状及趋势[EB/OL]. http://www. chinatradenews. com. cn/news/Article_Show. asp? ArticleID=9067,2005-06-09.

② 2005 年 1—12 月〈外商直接投资〉利用外资分国别〈地区〉分析表[EB/OL]. http://www. fdi. gov. cn/common/info. jsp? id=ABC00000000000028169,2006-01-19.

③ 去年我吸引外资 720 亿美元仅次于英美居世界第三[EB/OL]. http://www. chinagate. com. cn/chinese/yw/50628. htm,2006-06-30.

日本及韩国对华投资总额为 207.08 亿美元,占总数 307.96 亿美元的 67％。如果不考虑其他因素,却似乎表明仅仅对征收补偿额同意"中心"管辖权已足以产生吸引外资的作用。尤其值得注意的是,到 2015 年年底为止,美国与中国并没有缔结有效的 BIT,但美国基本每年都属于中国吸收外资最多的十大来源国家/地区之一。

诚然,这样的计算和比较并非完全科学,但它至少表明:在我国 2005 年 1—12 月吸收外资总额中,依靠完全同意"中心"管辖权吸引来的外资规模应该不大,作用应该颇为有限。

从中国对外投资角度看,2005 年 9 月 1 日,商务部、国家统计局联合发布的《2004 年度中国(不包括香港、澳门特区和台湾地区)对外直接投资统计公报》(非金融部分)显示,目前中国境外企业分布在全球 149 个国家和地区,占全球国家(地区)的 71％。其中,中国企业在欧洲地区的投资覆盖率最高,几乎所有欧洲国家中都有中国直接投资企业。中国境外企业在香港地区、美国、俄罗斯、日本、德国、澳大利亚的聚集程度最高,在这些国家和地区的中国境外企业占全部中国境外企业的 43％,其中香港为 17％。[①] 另外,据统计,2005 年我国对外直接投资额达到上亿美元的国家(地区)有 6 个,分别是香港地区、韩国、开曼群岛、加拿大、澳大利亚、美国。[②] 如前所述,到 2004 年年底中国已签订了 18 项全盘接受 ICSID 仲裁管辖权的 BIT,缔约另一方分别是:巴巴多斯、刚果(布)、博茨瓦纳、塞浦路斯、塞拉利昂、莫桑比克、肯尼亚、荷兰、缅甸、波黑、特立尼达和多巴哥、科特迪瓦、圭亚那、德国、贝宁、拉脱维亚、乌干达、约旦。比较这 18 项 BIT 和上述统计数据可以发现,我国对外投资企业在选择东道国时似乎并没有把我国是否已与东道国签订规定全面同意"中心"管辖权

---

① 去年中国对外投资同比增长近一倍[EB/OL]. http://www. huaxia. com/sw/cjzx/jjdt/2005/00361580. html,2005-09-02.

② 从地区分布情况看,2005 年我国对外直接投资主要集中在:亚洲 24.53 亿美元,占 60.3％,主要流向香港、韩国、泰国、柬埔寨、日本、蒙古、越南、也门、印度尼西亚等国家(地区);拉丁美洲 6.59 亿美元,占 16.2％,主要流向开曼群岛、英属维尔京群岛、委内瑞拉等国家(地区);非洲 2.8 亿美元,占 6.9％,主要流向苏丹、阿尔及利亚、尼日利亚、南非、赞比亚等国家;北美洲 2.7 亿美元,占 6.7％,主要流向美国和加拿大;欧洲 2.57 亿美元,占 6.3％,主要流向俄罗斯联邦、德国、英国、哈萨克斯坦等国家;大洋洲 1.48 亿美元,占 3.6％,主要流向澳大利亚和新西兰。2005 年我国对外直接投资统计[EB/OL]. http://www. fdi. gov. cn/common/info. jsp? id＝ABC00000000000028713,2006-02-16.

的 BIT 作为首要的考虑因素。

（二）国际组织报告及学者调查报告

研究表明，ICSID 仲裁之类的投资仲裁安排无法实现有关国家在签订 BIT 时对于吸引外资的预期，直言之，此类安排对于吸引外资虽有作用但作用不大。在《2003 年全球经济展望》中，世界银行指出："即使 BIT 中相对强有力的保护措施，看来也没有增加向签署协定的发展中国家的投资流动。"①世界银行《2005 年世界发展报告》强调不要过分夸大 BIT 对投资流动的影响："（BIT 中的）这类保证［按：包括解决投资争端方面的安排］有助于改善东道国的投资环境，也有一些证据表明投资者信赖这些保证。的确，东道国与投资者母国之间存在 BIT 这一事实有时是投资保险机构向投资者发放政治风险保单的前提条件。但尽管如此，迄今的实证研究尚未发现，在缔结 BIT 与其后的投资流入间存在密切联系。"②它还认为，有证据显示，投资者在进行投资决策时并不清楚其母国与东道国签订有 BIT 这一事实，而直到其与东道国间发生争端且该 BIT 的规定可能有助于解决争端时，投资者这才恍然大悟。③

英国剑桥大学的单文华博士进行的一份调查报告也印证了这一观点。他发现，ICSID 仲裁机制对于从事国际投资的欧盟投资者是鲜为人知的：在进行对中国投资决策时，只有 18% 的欧盟投资者注意到能否援用 ICSID 仲裁机制的问题。④

鉴于完全同意"中心"管辖权对于吸引外资所起的作用颇为有限，因此在考虑是否接受完全同意"中心"管辖权时应该以保护本国海外投资为基本点，同时考虑防范全面同意"中心"管辖权对国家经济主权可能产生的消极影响。

---

① 世界银行. 2003 年全球经济展望［EB/OL］. http://www. worldbank. org/prospects/gep2003/summarycantonese. doc，2003-01-01.

② World Bank. World Development Report 2005-A Better Investment Climate for Everyone［Z］. World Bank and Oxford University Press，2004：177.

③ World Bank. World Development Report 2005-A Better Investment Climate for Everyone［Z］. World Bank and Oxford University Press，2004：177.

④ SHAN WENHUA. The Role of Law in China's Success in Attracting Foreign Investment：An Empirical Approach［Z］. 该文作者在 2004 年 11 月 4—5 日于厦门召开的"国际经济法与经济转型期的中国"国际研讨会（International Economic Law and China in Its Economic Transition）上提交的论文。

以上述分析为基础,以下拟对可供中国选择的四种同意方式逐一加以考察。

二、下策:"全面同意"式

本书认为,"全面同意"式蕴含的风险太大,我国在签订 BIT 时不宜采取这种同意方式。理由如下:

1. 我国是一个处于经济转型过程中的发展中国家

作为正处于市场经济转型过程的发展中国家,我国制定的许多经济政策、法律规则已经比较稳定。但是,面对不断出现或可能出现的许多新问题,我国还需要制定新的法律规则,或改革旧有的法律规则,以有效地调整宏观国民经济。例如,经过多年的改革开放,我国经济取得了极大进步,人民生活得到了很大提高。然而,同时还存在了诸如环境政策、劳工政策、"超国民待遇"政策等问题。① 这些政策都势在必改,因而不能排除发生为维护公共利益而违反有关特许协议的情况。

与此同时,作为发展中国家,我国的经济运行不是很稳健,抵御经济危机的能力不是很大,而采取"全面同意"式很可能使得我国在发生经济困难甚至危机时"雪上加霜"。此外,我国依法行政还不太理想,还时常存在政府官员"以言代法"的情况,采用"全面同意"式可能造成我国大量被诉的后果。

2. 风险和收益不成比例

如前所述,在 BIT 中全面同意"中心"管辖权对于吸引外资的效果并不明显,其作用主要在于为海外投资提供高标准保护。而在采纳"全面同意"式BIT 的 1998—2005 年期间(2005 年后还有相当多的 BIT 采纳"全面同意"式),我国仍然主要是资本输入国,对外投资规模还不大。根据中国商务部的统计数据来计算,我国 2005 年非金融类对外直接投资额为 69.2 亿美元,吸引非金融类外资额为 603.25 亿美元,前者相当于后者的 11.47%。如果以累计总量来计算,迄 2005 年年底为止,中国非金融类对外直接投资累计总额为

---

① 对这些问题的详细讨论,请参见陈安.中外双边投资协定中的四大"安全阀"切勿贸然拆除——美、加型 BIT 谈判范本关键性"争端解决"条款剖析[M]//陈安.国际经济法学刊:13(1).北京:北京大学出版社,2006:24-25.

437.2亿美元,吸引外资总额为6224.26亿美元,前者相当于后者的7.02%。[①] 所以,如果全面同意"中心"管辖权,就相当于用7.02%的潜在"收益"来换取92.98%的潜在"风险",这无疑是得不偿失的。

2015年1—12月中国实际使用外资金额为1262.7亿美元,同时期中国非金融类对外直接投资额为1180.2亿美元。[②] 这一吸引外资数额与中国对外投资数额已近平衡。而且,从2016年的数据来看,"中国对外投资规模将超吸引外资规模"。[③] 估计这种情况以后会成为常态。那么,在这种新情况下,是否可采纳"全面同意"式BIT?

本书认为,虽然此种"全面同意"式BIT有助于保护中国海外投资,然而,由于上述中国仍处于"经济转型过程中的发展中国家"这一国情,决定了中国现在以及将来都不宜采纳"全面同意"式BIT。因为,一旦需要大规模修改相关法律与经济政策,甚至在万一出现经济危机之时,将导致大量被诉之于国际仲裁的局面,可能重蹈阿根廷的覆辙。彼时,即便中国海外投资能得到很好的保护,但如果海外投资的大本营——中国本身被外资利用"全面同意"式BIT全面攻陷,那仍然是风险和收益不成比例。

3. 采取"全面同意"式BIT没有吸收外国经验教训

如前所述,阿根廷在BIT中采用"全面同意"式之后被频繁诉之于ICSID仲裁庭。然后,阿根廷又全面转向,试图收回其对国际仲裁管辖权的同意。例如,1996年阿根廷时任总统C.梅纳姆(Carlos Menem)应外商要求,曾经签署一项法令,建立国际仲裁庭来解决GB石油公司与阿根廷政府之间的争端,并且认为这是解决该争端最有效与最经济的方法。但阿根廷政府于2003年10月发布了另一项新的法令,废除了前项1996年法令,并指派专人针对原先由GB石油公司控制但现已停业的两家公司向阿根廷本国法院重新起诉,追索价值5亿阿根廷比索(ARS500 million)的欠交税款、罚款与贷款。这一行动被认为是政府把其与境内外商间的许多法律争端"重新交给本国管辖"采取的

---

① 国别贸易投资环境报告(2006)[EB/OL]. http://gpj. mofcom. gov. cn/accessory/ 200603/2006ch. pdf, 2006-03-31. 2005年1—12月(外商直接投资)利用外资分国别(地区)分析表 [EB/OL]. http://www. fdi. gov. cn/common/info. jsp? id = ABC00000000000028169, 2006-01-19.

② 本节统计数据来源于商务部商务数据中心:http://data. mofcom. gov. cn/ channel/includes/list. shtml? channel=dwjjhz&visit=A.

③ 商务部. 预计今年中国对外投资规模将超吸引外资规模[EB/OL]http://finance. ifeng. com/a/20160617/14500515_0. shtml.

一个步骤。这些争端实际上包括许多家主要由外商拥有的公用事业公司对阿根廷政府提起的数十件讼案在内,而这些争讼案件正由 ICSID 仲裁庭受理审议之中。该法令提到把上述案件提交给境外第三方审理"从法律、政治与经济各个层面来看,都会带来一系列的困难"。①

　　还有论者从法律层面提出种种理由为阿根廷不执行仲裁裁决予以辩解:第一,由国内法院根据国内法对 ICSID 裁决加以审查。根据《华盛顿公约》第54 条第 3 款的规定,裁决的执行应该受到接受执行之申请的国家关于执行判决的国内法管辖,而阿根廷相关国内法要求外国裁决不得违反"公共政策"。阿根廷宪法也规定与外国所签订的条约(当然也包括根据条约所作出的裁决)必须服从于宪法中的"公共法律原则"。这些"公共政策""公共法律原则"又与"主权""国家紧急状况"紧密相关,因此,阿根廷为其审查 ICSID 裁决并不予以执行找到了法律根据。第二,主张同意 ICSID 仲裁管辖权的条款不符合阿根廷新宪法而无效。阿根廷修改后的新宪法于 1994 年 8 月 22 日生效,该新宪法对于批准条约以及同意国际组织管辖权规定了特别程序,而其同意加入ICSID 的法令是 1994 年 9 月 2 日于政府公报上公布,该法令由于没有符合新宪法中的特别程序因而归于无效。② 这些都表明了阿根廷"全面转向"的决

---

　　① NORMAN L,NEWSWIRES D J. Argentina:Government Reopens 7-Year-Old Case vs Oil Group[EB/OL]. http://www. LatinPetroleum. com,2003-10-28.

　　② ALFARO C E,LORENTIP P. Argentina:vs. ICSID:Unconstitutionality of the BITs and ICSID Jurisdiction—the Potential New Government Defenses Against the Enforcement of the ICSID Arbitral Award—Issues That May Subject the Award to Revision by the Argentine Judiciary[EB/OL].

　　http://www. mondaq. com/article. asp? articleid = 32539,2005-05-17. ALFARO C E. ICSID Arbitration and BITs Challenged By the Argentine Government[EB/OL]. http://www. mondaq. com/article. asp? articleid=30151&,2004-12-21.

　　ALFARO C E,LORENTIP P. The Enforcement Process of the ICSID Awards:Procedural Issues And Domestic Public Policy[EB/OL]. http://www. mondaq. com/article. asp? articleid=32803,2005-06-01.

心。① 正如阿根廷财政部总长办公室负责人（the head of the office of the Attorney General in the Treasury）Horacio Rosatti 认为，阿根廷政府正在研究如何把政府与阿根廷境内外资企业之间的其他争端，包括那些因 2002 年紧急措施受到损失并把争端提交给 ICSID 仲裁庭解决的案件在内，拿回到阿根廷境内解决（bring back within Argentina's orbit），恢复阿根廷本国法院的管辖权。阿根廷政府力图确保做到两点，即：第一，这些公司已在阿根廷境内优先用尽所有的法律救济；第二，任何国际仲裁庭的最后决定都应当受到阿根廷国内法院的"审查"（analysis）。② 后来，在外界的批评之下，阿根廷又改口说

---

① 可以适用于阿根廷第二种方法的国际法规则是 1969 年《维也纳条约法公约》中的规定。该公约第 27 条规定："一当事国不得援引其国内法规定为理由而不履行条约，此项规则不妨碍第 46 条。"第 46 条规定："一、一国不得援引其同意承受条约拘束之表示为违反该国国内法关于缔约权限之一项规定之事实以撤销其同意，但违反之情事明显且涉及其具有基本重要性之国内法之一项规则者，不在此限。二、违反之情事倘由对此事依通常惯例并秉善意处理之任何国家客观视之为显然可见者，即系明显违反。"阿根廷关于"同意 ICSID 仲裁管辖权的条款不符合阿根廷新宪法而无效"的主张是否符合这两条中的规定？本书认为，阿根廷关于相关"同意""不符合阿根廷新宪法"的主张倒是符合《维也纳条约法公约》第 47 条当中"涉及其具有基本重要性之国内法之一项规则"的规定。另外，阿根廷修改后的新宪于 1994 年 8 月 22 日生效，而阿根廷向 ICSID 交存加入批准书的时间是 1994 年 10 月 19 日，正式成为 ICSID 缔约国的时间是 1994 年 11 月 18 日。阿根廷正式成为 ICSID 缔约国的时间后于新宪法的生效时间，从这一层面上来看，阿根廷所主张的相关"同意""不符合阿根廷新宪法"也可以属于第 47 条当中的"明显违反"。然而，以下情况的存在使得阿根廷的这两大主张不会有太大的实际作用，不会达到阿根廷的预期效果：（1）《维也纳条约法公约》第 45 条规定：一国于知悉事实后而有下列情形之一者，即不得再援引第四十六条至第五十条或第六十条及第六十二条所规定条约失效、终止、退出或停止施行条约之理由：（甲）该国业经明白同意条约有效，或仍然生效或继续施行；或（乙）根据该国行为必须视为已默认条约之效力或条约之继续生效或施行。（2）阿根廷在"加入"《ICSID 公约》并正式成为"缔约国"后的 20 年来，一直都没有对其"加入"《ICSID 公约》这一情事提出过质疑。（3）加入《ICSID 公约》后，阿根廷相继在大量 BIT 中同意把相关争端提交 ICSID 管辖，这一情事进一步确证阿根廷有意成为《ICSID 公约》的缔约方并接受其管辖。（4）外国投资者在阿根廷申请执行 ICSID 裁决受到阻碍后，可以到其他《ICSID 公约》成员方境内申请执行阿根廷政府的境外财产，阿根廷政府对这一情况是无力加以阻碍的。

② NORMAN L. NEWSWIRES D J. Argentina: Government Reopens 7-Year-Old Case vs Oil Group [EB/OL]. http://www.LatinPetroleum.com, 2003-10-28.

会遵守国际法与履行仲裁裁决。但在该事件中,阿根廷从总统、政客到法律学者的种种反复言行却严重损害了其原先希望通过"全面同意"式 BIT 塑造的国家形象。如果阿根廷能未雨绸缪不采用"全面同意"式 BIT,完全可以避免这些闹剧与折腾。

与阿根廷相似,加拿大、美国也经历了一个先"全面放开"再收回管辖权的过程。由于加拿大、美国主要是和发展中国家签订 BIT,其立场显然是基于资本输出国的角度,尽量订立最高规格的投资保护条款,尽量推动投资者在争端发生后有权不受约束地寻求包括 ICSID 在内的国际仲裁救济。然而,在 NAFTA 的实际运行中,加拿大与美国政府也逐渐体会到了作为"被告"被外国投资者诉诸国际仲裁庭的不利影响,认为应该对美国境内的外国投资者动辄向国际仲裁庭提出申诉加以限制,应该维护东道国政府行使宏观经济调控的权力。于是,加拿大与美国分别在 2004 年对其原有的 BIT 示范文本当中做了大幅度的修改,增加了大量的例外,并对 NAFTA 中的一些法律问题做了澄清。例如,加拿大在其 2004 年范本附录 B.13(1)、美国在其 2004 年范本附录 B 中都进一步澄清:什么情况以及具备哪些条件才可以视为东道国对外资实行"间接征收";东道国为了健康、安全以及环境等公共利益而采取的有关措施,不得视为"间接征收",等等,这就把"间接征收"的范围大大缩小了。又如加拿大 2004 年 BIT 范本第 5 条与美国 2004 年 BIT 范本第 5 条都对"公平与公正待遇"作了限制解释,附加了"传统国际法的最低待遇"的要求等等。因此,加拿大 2004 年范本被西方学者称之为"进两步,退一步"。[①] 美国政府倾向于在与智利、新加坡以及其他国家的自由贸易区协定、双边投资保护条约当中弱化对投资者的保护。美国 2004 年 BIT 范本更多地关注国会、公众的批评以及外国投资者可能对美国所提起的国际申诉。[②] 该 2004 年 BIT 范本被认为"在实质上削弱了对美国海外投资者的保护,体现了'走下坡路'倾向,不

---

① MCILROY J. Canada's New Foreign Investment Protection and Promotion Agreement, Two Steps Forward, One Step Back? [J]. The Journal of World Investment & Trade, 2004, 5(4).

② DAVID A. GANTZ. The Evolution of FTA Investment Provisions: From NAFTA to the United States—Chile Free Trade Agreement [J]. American University International Law Review, 2004(19): 679.

足以排除美国的海外投资者常常面临的东道国不发达法律体系的管辖"。①
另外,由于担忧国际仲裁庭裁决的终局性会过度影响美国的国家利益,2002
年出台的《两党贸易促进授权法案》明确规定美国的首要谈判目标在于通过建
立"上诉机构"或者类似机制的方式,改善外国投资者与东道国政府间的争端
解决机制。② 而美国 2004 年 BIT 范本附件 D 也规定,从有关 BIT 生效 3 年
内,缔约国双方应该考虑是否建立一个"双边上诉机构"或者类似机制,以审查
有关国际仲裁庭的裁决。

有学者把阿根廷以及美国、加拿大这两类国家的这些转变情况归纳为正
处于"否定之否定"阶段。认为,这两种不同层次的"否定之否定",如今都正在
朝着同一种方向发展,即都开始否定国际仲裁的全面管辖,开始注重对国际仲
裁加以必要的限制,开始重视或者强调东道国对本国境内涉外投资争端应当
在必要的范围和必要的条件下保持优先的管辖权或排他的管辖权。③ 在这种
背景下,作为发展中国家的中国,更加不宜采用"全面同意"式。

4. 国际组织的建议

《2003 年世界投资报告》中,联合国贸易与发展会议也告诫发展中国家:
为给本国保留适当的管制经济的政策空间,东道国不要付出过多的代价。该
报告还指出:"在今后的国际投资协定中,发展中国家面临的最大挑战是,在这
类协议推动外国直接投资流量的潜力与国家维持继续实行使其能从外国直接
投资流动中获得更多益处的、有利于发展的外国直接投资政策的能力之间保
持平衡,即国家有权基于公共利益考虑实行管制。这意味着发展中国家必须
保留足够的政策空间,使政府能在所签署的国际投资协定确定的权利、义务框

---

① Subcommittee on Investment of the U. S. Dep't of State Advisory Comm. on International Economic Policy (ACIEP),Report Regarding the Draft Model Bilateral Investment Treaty 2-3 (Jan. 30,2004)[EB/OL]. http://www. ciel. org/ Publications/BIT_Subcmte_Jan3004. pdf,2004-01-30. MURPHY S D. Proposed New U. S. "Model" Bilateral Investment Treaty [J]. American Journal of International Law,2004,October.

② See 19USCS § 3802(b)(3)(G)(iv).

③ 陈安. 中外双边投资协定中的四大"安全阀"切勿贸然拆除——美、加型 BIT 谈判范本关键性"争端解决"条款剖析[M]//陈安. 国际经济法学刊:13(1). 北京:北京大学出版社,2006.

架内灵活地运用这些政策。"①

什么叫"必须保留足够的政策空间"? 在本书看来,就是东道国在签订 BIT 时需要保留本国管理国民经济的自主权力,并在必要时"有权基于公共利益考虑实行管制"。换言之,就是在 BIT 中不能全盘同意国际仲裁庭的管辖权! 即使同意,也应该保留应有的例外,保留基于公共利益"灵活运用"管制措施而不至于违反国际投资协定的权力。

三、中策:严格的"逐案同意"式

在我国海外投资迅速增加的情况下,传统的"逐案同意"式并非最佳选择。理由如下:

1. 中国也有保护海外投资的需求

我国对外投资总量达到了一定水平。根据商务部的数据,2016 年 1—5 月,中国非金融领域实际使用外资 541.9 亿美元,同比仅增长 3.8%;同期对外直接投资金额为 735.2 亿美元,同比增长 61.9%。② 可见,中国海外投资已开始超过所吸引的外资。

另外,我国对外投资领域与东道国政府的特许协议联系紧密。中国发展和改革委员会外资司有关负责人早在"2006 中国行业发展报告会"上认为,中国支持企业走出去的重点领域包括能源、农林业、加工制造业、服务业、基础设施、工程承包等。③ 2005 年 9 月 1 日由商务部、国家统计局联合发布的《2004年度中国(不包括香港特区、澳门特区和台湾地区)对外直接投资统计公报》(非金融部分)显示,在 2004 年对外投资行业中,采矿业占 32.7%。换言之,

---

① UNCTAD,World Investment Report 2003—FDI Policies for Development: National and International Perspectives (Overview),2003. 18,UNCTAD/WIR/2003 (Overview).

② 商务部. 预计今年中国对外投资规模将超吸引外资规模[EB/OL]. http://finance. ifeng. com/a/20160617/14500515_0. shtml,2016-07-01.

③ 国家发改委. 中国尚不具备大规模对外投资的条件[EB/OL]. http://www. chinataiwan. org/web/webportal/W5267210/Uhuss/A134822. html,2005-11-14.

中国对外投资中相当部分是以国有企业为主体的对外能源、原材料投资。[①]
2016 年 1—5 月份非金融类对外直接投资额为 735.2 亿美元,同期中国对外
承包工程统计营业额为 500.8 亿美元。随着"一带一路"战略的推进以及"亚
投行"业务的展开,中国海外投资会更多地集中于基础设施建设以及能源、原
材料的开采。这些能源、农林业基础设施、工程承包、原材料投资等投资形式
与东道国政府之间的特许协议往往息息相关,尤其容易受当地政府行为的影
响,政治风险比较大。

在这种情况下,注重东道国的"防守"但无法实施"攻击"的"逐案同意"式
虽然在 10 多年来较好地维护了我的经济主权,但在保护我国海外投资方面
却力不从心。考虑到目前我国海外投资的不断加速发展,尤其是相当部分的
海外投资集中在能源、原材料等更可能遇到政治风险的领域,"逐案同意"式无
法满足我国保护海外投资的需要。直言之,"逐案同意"式并不是我国目前的
最佳选择。

2. 对少数几类争端(如征收补偿额争端)同意"中心"管辖不会带来太大负
面影响

尽管 20 世纪中叶在许多发展中国家掀起的国有化浪潮使得跨国投资者
满怀戒心,但 20 世纪 80 年代以来广大发展中国家对外资的态度已经发生了
积极变化。发展中国家对外资已鲜有对外资采取国有化或类似的措施,甚至
为吸引外资竞相制定竞争性的鼓励政策。就我国而言,改革开放以来我国经
济发展,政局稳定,普遍认为不太可能会对外资实施较大规模的征收或类似措
施。在此情况下,即便同意把少数若干类争端提交"中心"也不会明显损害我
国的经济主权。另外,我国还可以在 BIT 中对间接征收加以严格限制。从实
践方面看,近 20 年来我国就征收补偿款额争端同意"中心"管辖的实践也没有
对我国的宏观经济管理权力施加过度约束,而针对征收补偿额提供国际救济
对于我国保护海外投资却颇为重要。

---

① 2000 年,我国最大的境外投资项目是位于赞比亚的谦比希(Chambishi)铜矿。在
2003 年中国对外投资流量中,采矿业占 48%,达到 13.8 亿美元,其中主体又是石油和天然
气开采业。参见中国对外贸易经济合作部《中国对外经济贸易白皮书》编委会. 中国对外
经济贸易白皮书(2001)[Z]. 北京:中国金融出版社,2001:99;中国商务部国际贸易经济合
作研究院. 中国对外经济贸易白皮书(2004)[Z]. 北京:中信出版社,2005:122.

四、上策：区别对象采取"有限同意"或"全面同意＋重要例外"式

（一）"有限同意"式 BIT 的适合缔约对象：发达国家

"有限同意"式可以在不过度降低对外资吸引力的同时较好地维护国家经济主权，防止国家管理宏观经济的权力受到过度约束。如果再对有限同意的事项加以限制，将可以进一步减少对东道国造成的消极影响。

然而，如在与其他发展中国家 BIT 中采用这种"有限同意"式，对于保护我国海外投资会存在不足。中国在较长时期保持改革开放与稳定发展之后，仍然会在依法行政等方面存在种种不足。其他不少发展中国家在缺乏较长时期稳定发展的情况下，无疑会存在着更为严重的依法行政问题，甚至其经济与政局也有较大概率存在动荡的风险，可见在这些国家投资将面临比较大的种种政治风险。采"有限同意"式 BIT 通常同意提交国际仲裁的争端类型仅限于征收补偿额，但这些国家违反国民待遇原则、最惠国待遇原则、公平与公正待遇原则等的概率并不会低，而且无法对这些违法行为通过国际仲裁获得救济。因此，在与其他发展中国家缔结 BIT 时，采用"有限同意"式并不能满足我国海外投资保护的需求。

本书认为，这种同意方式较适合于中国在与发达国家签订 BIT 时采用。其原因是，一方面，从吸收外资角度看，针对几种特定类型的争端同意接受"中心"管辖有助于在很大程度上消除发达国家投资者的疑虑，但也不会明显削弱我国管理宏观经济的权力。另一方面，从保护中国海外投资来看，发达国家的法律制度通常较为完善、政府行为较为高效透明、司法独立较有保障，政府违法侵权的可能性较小，即使侵权也可以通过国内司法途径较好地得到解决。此时在与相关发达国家签订的 BIT 针对某些类型的争端规定国际救济措施，即采取"有限同意"式，应该能够较好地保护我国在相关发达国家的投资。而事实上，即便我国和发达国家在 BIT 当中采取"全面同意＋重要例外"式，由于如前所述发达国家所采用的 BIT 范本往往规定了许多"重要例外"且与其国内法配合较好，因而我国海外投资者实际上可能无法享受太多的优惠和保护待遇，这种同意方式反倒可能使得法律尚不完善且经济正处于转型时期的我国陷入被动境地。

（二）"全面同意＋重要例外"式 BIT 的适合缔约对象：发展中国家

如前所述，如果把"有限同意"式适用于中国与其他发展中国家间签订的BIT 中，则可能不足以保护我国海外投资，尤其是能源、原材料方面的投资。

有研究认为,随着经济的不断发展,中国对能源和原材料进口的依赖程度将越来越高。① 能源、原材料如果供给不足,将极大地制约我国经济的可持续发展。比如 2005 年前后大宗原材料猛烈上涨的历史很清楚地表明了这一点。2004 年新春伊始,全球三大铁矿石供应商先后宣布把铁矿石价格提高 18.62%,其涨幅为近 24 年来最高升幅。2005 年年初,中国企业又不得不接受铁矿石进口价格猛涨 71.5% 的现实。2006 年,中国钢厂又不得不接受进口铁矿石价格在 2005 年基础上上涨 19%。② 从 2003 年到 2013 年的 10 年间,铁矿石价格最高上涨 5 倍。③ 虽然 2015 年左右大宗商品呈断崖式下跌,但下个经济上升周期来临之际,难保这段 10 年涨 5 倍的历史不会再现。解决能源和原材料供应问题最有效的解决方法,就是加快"走出去"的步伐,加大在能源、原材料领域对外投资的力度,使我国能源、原材料供应多元化。这就迫切需要 BIT 的保驾护航。

据此,本书认为,通过在 BIT 中采取"全面同意＋重要例外"式,有助于对这些投资数额巨大、投资周期较长因而较有可能遇到政治风险的海外投资提供有效保护。尤其是当投资目的地可能存在较大政治风险之时,这种同意方式的意义更为显著。

另外,中国海外投资的八成分布在发展中经济体,而不是发达经济体。例如,以投资存量来看,中国截至 2014 年年底对外直接投资存量为 8826.4 亿美元。其中,在发展中经济体的投资存量为 7281.68 亿美元,占 82.5%。2014 年中国对发展中经济体的投资额为 976.8 亿美元,占 82.%。2014 年中国对发展中经济体的投资额为 976.8 亿美元,占当年对外投资流量(1231.2 亿美元)的 79.3%。故与发展中国家缔结保护标准比较高的"全面同意＋重要例外"式 BIT,是这八成海外投资的迫切需求。

因此,首先,"全面同意＋重要例外"式最适合应用于与那些在能源、原材

---

① 根据中国石油集团经济技术研究院发布的 2015 年度《国内外油气行业发展报告》,2015 年中国石油消费对外依存度首破 60%,达到 60.6%。报告称 2015 年中国石油对外依存度首次突破 60%[EB/OL]. http://energy. people. com. cn/n1/2016/0126/c71661-28086315. html.

② 铁矿石"中国价格"未现,宝钢接受 19% 涨幅[EB/OL]. http://www.ce.cn/cysc/jc/jczbjy/200606/21/t20060621_7448623. shtml,2006-06-21.

③ 十年上涨 5 倍　铁矿石期货上市能否解钢企矿石之困?[EB/OL]. http://news. xinhuanet. com/fortune/2013-10/17/c_117761492. htm.

料等方面存在与中国较大互补性的发展中国家之间的 BIT。其次,"全面同意
＋重要例外"式适合应用于"一带一路"沿线国家与地区。①"一带一路"建设
涉及大量基础设施建设,可能会面临较大的政治风险,与当地政府的关系息息
相关。再次,与"亚洲基础设施投资银行"(Asian Infrastructure Investment
Bank ,AIIB)规则相配套与衔接,②尝试着把"全面同意＋重要例外"式 BIT 应
用于亚洲相关国家与地区。另外,对于其他发展中国家,本书认为也可以考虑
采用"全面同意＋重要例外"式。因为中国目前有些较高技术产业(其中以家
电产业最为明显)生产能力严重过剩,而不少发展中国家市场又急需价廉物美
的产品来满足其人民日益增长的物质需求。然而,由于各种关税壁垒与非关
税壁垒等原因,到国外去投资建厂就成为中国公司的优先选择。发展中国家
更低的劳动力等生产成本会使得这种选择更加容易达到预期目的。随着我国
经济的快速发展,作出此种选择的我国公司会越来越多。因此,本书认为,在
中国与发展中国家签订 BIT 时,基本上都可以采用"全面同意＋重要例外"
式,当然,根据相对方的具体经济、政治和法律状况,其中的"重要例外"可予以
相应修正。

诚然,也如前所述,由于我国尚处于经济转型期,政府依法行政还不尽如
人意等问题,与发展中国家签订 BIT 时采取"全面同意＋重要例外"式对我国
来说也是有风险的。但这种风险对我国来说是可以承担的,总体看利大于弊。
其原因是:(1)由于缔约对方也是发展中国家——发展中国家海外投资能力总
体较低,一般来说只有少数有能力对外投资的"龙头企业"可能从事对华投资,
并可能与我国政府发生争端,与中国政府发生大面积的争端不太可能出现。
(2)通过在 BIT 中规定"重要例外"可以有效降低这种风险。(3)这种"全面同
意＋重要例外"式可以很好地保护我国在发展中国家的能源、原材料领域的海
外投资,可以保障我国的能源安全,可以保护我国较高技术产业的对外投资。

不过,如果与发达国家签订 BIT 时采用"全面同意＋重要例外"式,则总
体看弊大于利。其原因是:(1)从保护我国海外投资角度来看。发达国家的法
律制度总体上较为完善、经济更加稳健、政府行为高效透明,发生经济危机、行
业性整顿的可能性比较小,我国海外投资在这些国家面临的政治风险的可能

---

① "一带一路"路线图以及央企在"一带一路"区域的分布,请参见 http://www. gov.
cn/xinwen/2015-07/15/content _ 2896829. htm;http://www. xinhuanet. com/fortune/
cjzthgjj/104. htm.

② 关于 AIIB 的相关信息,请参见 http://www. aiib. org/.

性较低。即使遇到政治风险,发达国家也可以提供较为有效的法律救济。进一步看,这些发达国家制定的 BIT 范本规定的种种"重要例外"也可能会极大地降低我国海外投资者基于 BIT 项下的利益。(2)从外资在我国的情况来看。发达国家的跨国公司通常具有很强的对外投资能力。由于我国相应法律制度的建立相对滞后或存在不足,跨国公司对我国企业的投资并购已经发展到了值得十分关注的程度,有的甚至威胁到了国家的经济安全。① 这是在还没有太多发达国家和我国签订"全面同意+重要例外"式 BIT 的情况下所发生的情况,如果已签订众多此类 BIT,再想改变某一行业政策、产业政策,则会为此类 BIT 所束缚。

从 2015 年开始,我国吸收的外资与海外投资额度已趋于接近。不过,即使我国海外投资超过我国所引进的外资额,也不可对所有国家都采取"全面同意+重要例外"式。因为"全面同意+重要例外"式是双向的,既有利于保护我国海外投资,即"对东道国的进攻",又有利于保护外国对我国的投资,即"对我国的进攻"。被"进攻"的当事方并不具有同一性。换言之,在"进攻"别人的同时要考虑自己是否有能力应对别人的"进攻"。在我国海外投资者把无理侵权的外国政府在国际仲裁庭"打败"的同时,我国政府可能早已被外国投资者打得"连连大败"。这并不是我们想要的结局。在有足够能力自保的基础上,才可以再考虑如何"进攻"别人。然而,我国的以下国情决定了目前并不具有足够的自保能力:

(1)经济转型期,政策法令可能有重大改变:我国经济学家基本都认同我国目前正处于经济"转型期"的提法。由于经济仍然不是很稳健,就有大规模行业调整的必要。尤其是无法避免出现经济危机的可能。

(2)法律不健全,自我防卫不严密:普遍认为我国目前法律仍然不太健全,"红头文件"仍然扮演着重要角色。因此很可能在颁布许多新法律法规的同时,大规模地影响到外资的既得利益并引发争端。另外,即便有关 BIT 规定相关情事授权依照国内法处理,但如果国内缺乏有效的法律规定,则无法起到有效的"防护"作用。

---

① 国家工商总局曾在 2005 年 5 月份完成一份名为《在华跨国公司限制竞争行为表现及对策》的报告。从报告中可以看出,美国微软占有中国电脑操作系统市场的 95%,美国柯达占有中国感光材料市场至少 50%的份额,法国米其林占有中国子午线轮胎市场的 70%,瑞典的利乐公司控制了中国 95%的无菌软包装市场。此外,在网络设备行业、计算机处理器等行业,跨国公司在中国市场上都占有绝对垄断地位。

（3）司法尚存在不足之处，"以言代法"往往难以监督：我国法院在资金、人事上都受到地方行政部门的制约，故在对行政部门的行政行为进行监督时会存在种种问题，现实生活中某些政府官员"以言代法"的情形屡见不鲜即足以说明。在此背景下，行政部门的行政行为违反与外商之间签订的特许协议可能难以避免。

本书认为，只有在以上情形获得根本性改变后，我国才可以考虑对发达国家广泛采用"全面同意＋重要例外"式。换言之，并不能认为我国永远不宜普遍采用这种同意模式。但就目前而言，针对某些发展中国家采用"全面同意＋重要例外"式是比较稳妥、务实的做法，也可以适应对外开发能源、原材料的紧迫需求。

（三）区别不同国家采取不同之"同意"方式的正当性

如前所述，"有限同意"式适合于我国与发达国家签订 BIT 时采用。"全面同意＋重要例外"式则适合运用于我国与能源、原材料丰富或者与我国经济存在较好互补性的发展中国家签订 BIT 时采用。总之，两种不同的同意方法都有其适合运用的空间，我国应该在分析具体情况后决定采用何种同意方法。

在参加投资研讨会时，有论者对这种根据缔约相对方不同背景而缔结不同 BIT 的区别对待方案提出过种种疑惑。其中值得重视的主要有两个：一是缔约相对方可能不会接受我国提出的同意方式。例如，在与发达国家谈判时，对方很可能不愿意缔结"有限同意"式 BIT，而是要求采用"全面同意"式或者"全面同意＋重要例外"式 BIT。二是对不同国家采取不同缔约方案的两套 BIT 范本策略会不会有损国家形象，毕竟没听说其他国家采用两套 BIT 范本的。

这些疑惑表面上似乎有道理，但深入探讨下去，会发现多年来典型发达国家实践中运用的正是本书建议的这种区别对待的策略。我们以美国与英国的缔约情况为例，来分析发达国家的缔结 BIT 策略。

美国签订过 BIT 的缔约方有 47 个国家/地区，分别为：阿尔巴尼亚、阿根廷、亚美尼亚、阿塞拜疆、巴林、孟加拉国、白俄罗斯、玻利维亚、保加利亚、喀麦隆、刚果民主共和国、刚果（布拉柴维尔）、克罗地亚、捷克共和国、厄瓜多尔、埃及、萨尔瓦多、爱沙尼亚、格鲁吉亚、格林纳达、海地、洪都拉斯、牙买加、约旦、哈萨克斯坦、吉尔吉斯斯坦、拉脱维亚、立陶宛、摩尔多瓦、蒙古、摩洛哥、莫桑比克、尼加拉瓜、巴拿马、波兰、罗马尼亚、俄罗斯、卢旺达、塞内加尔、斯洛伐克、斯里兰卡、特立尼达和多巴哥、突尼斯、土耳其、乌克兰、乌拉圭、乌兹别克斯坦。① 从这一名单中可见,美国选择缔结 BIT 的相对方全部是发展中国家或者经济转型国家,没有一个属于英国、德国、法国这样的发达国家。

英国签订过的 BITs 的缔约方有 108 个,分别为:阿尔巴尼亚、安哥拉、安提瓜和巴布达、阿根廷、亚美尼亚、阿塞拜疆、巴林、孟加拉国、巴巴多斯、白俄罗斯、伯利兹、贝宁、玻利维亚、波黑、巴西、保加利亚、布隆迪、喀麦隆、中国、智利、哥伦比亚、刚果、哥斯达黎加、科特迪瓦、克罗地亚、古巴、捷克共和国、多米尼加、厄瓜多尔、埃及、萨尔瓦多、爱沙尼亚、埃塞俄比亚、冈比亚、格鲁吉亚、加纳、格林纳达、圭亚那、海地、洪都拉斯、中国香港特区、匈牙利、印度、印度尼西亚、牙买加、约旦、哈萨克斯坦、肯尼亚、韩国、科威特、吉尔吉斯斯坦、老挝、拉脱维亚、黎巴嫩、莱索托、利比亚、立陶宛、马来西亚、马耳他、毛里求斯、墨西哥、摩尔多瓦、蒙古、摩洛哥、莫桑比克、尼泊尔、尼加拉瓜、尼日利亚、阿曼、巴基斯坦、巴拿马、巴布亚新几内亚、巴拉圭、秘鲁、菲律宾、波兰、卡塔尔、罗马尼亚、俄罗斯、圣卢西亚、塞内加尔、塞尔维亚、塞拉利昂、新加坡、斯洛伐克、斯洛文尼亚、南非、斯里兰卡、斯威士兰、坦桑尼亚、泰国、汤加、特立尼达和多巴哥、突尼斯、土耳其、土库曼斯坦、乌干达、乌克兰、阿拉伯联合酋长国、乌拉圭、乌兹别克斯坦、瓦努阿图、委内瑞拉、玻利瓦尔、越南、也门、赞比亚、津巴布韦。② 同样,从中可见,英国缔结 BIT 的相对方全部是发展中国家或者经济转型国家,没有一个属于美国、德国、法国这样的发达国家。

实际上,如果把德国、法国这些资本输出能力强劲的国家所缔结之 BITs 相对方来个横向比较研究,会发现存在相似规律。我们可以推导出这么一个结论:美国、英国等典型发达国家只选择发展中国家或经济转型国家缔结 BIT,不和其他发达国家缔结 BIT。换言之,美国、英国等发达国家表面上只有一套范本来与发展中国家缔结 BIT,事实上还有另外一套 BIT 范本来用于其他发达国家之间,这种用于发达国家之间的范本叫作"不签"。可见,本书建议的区别对待的策略才真正是发达国家已实践多年的"国际潮流"。但是,他们不会主动告诉我们这一点,相反,只会站在道德制高点上批评我们的行为是

---

① 此统计包括美国已缔结但尚未生效的 BIT 在内。美国缔结过的 BITs 列表请参见美国官方网站:http://www.state.gov/e/eb/ifd/bit/117402.htm.

② 此统计包括英国已缔结但尚未生效、已终止生效的 BITs 在内。英国缔结过的 BITs 列表请参见 UNCTAD 的统计:http://investmentpolicyhub.unctad.org/IIA/CountryBits/221.

如何地不符合"国际潮流"。

发现这个规律之后,上面提及的两大疑惑就容易解决了。如果发达国家不愿意与我们缔结"有限同意"式 BIT,那就不需要缔结 BIT。在相关研讨会上,笔者咨询过多位西方知名学者关于发达国家之间互相不缔结 BIT 这一问题,他们的回答是:由于发达国家法制比较健全与公正,其国内法就足以保护外国投资,故不需要互相缔结 BIT。借用这一理由,其实中国也没有与发达国家缔结 BIT 的需求。这样,表面上看起来中国同样只需要一套 BIT 范本,只是另外一套 BIT 范本由"有限同意"式改成了隐形的"不签"式。

当然,本书只是笼统地在发展中国家与发达国家之间区别对待。具体缔约时,应该根据相对方国内经济发展与中国经济的互补性、相对方国内法律、政治发展的稳定性等情况综合考虑。也许有的发达国家符合这些条件故有与对方缔结 BIT 之必要,而有的发展中国家并不符合这些条件故没有与之缔结 BIT 之需求。

(四)"有限同意"式的同意事项与例外

就同意事项而言,我国可以主要同意在有关征收补偿金额方面接受"中心"管辖权,但同时要重视对间接征收的限制,如可以规定:"如果缔约方旨在保护合法公共福利目标,比如健康、安全以及环境而采用非歧视措施,则这些非歧视措施不构成间接征收。"

此外,我国可以根据经济发展的具体情况,考虑在有关资金转移、货币兑换等事项方面是否可以及在多大程度上同意接受"中心"管辖权。

有学者认为,我国应该采取"积极列举法为主,消极排除为辅"的严密方法,首先列举可以由"中心"处理的各大争端的类别,然后在各类别中,把目前不宜提交的那部分争端排除出去。具体而言:

1.有关外资待遇方面的争端。可以把有关最惠国待遇原则的争端提交"中心"仲裁或者调解,而不宜把有关公正与公平待遇原则以及有条件国民待遇原则的争端交由"中心"管辖。

2.有关征收、战乱损害赔偿以及禁止汇兑方面的争端。除征收合法性的问题(包括征收是否出于公共利益需要、是否对外国投资者实行非歧视待遇以及是否采取正当程序等)和征收的识别问题之外,有关征收补偿、战乱损害赔偿以及禁止汇兑方面的争端,都可以提交"中心"解决。

3.有关代位所产生的争端。在我国确定提交"中心"仲裁或者调解的争端事项范围内,可以把外国海外投资保险机构对投资者代位所产生的争端提交"中心"管辖。

4.关于中国政府是否信守承诺而产生的争端。因我国国务院、商务部及其他各部委在行使外资审批权过程中所作承诺而引起的争端,可以提交"中心"仲裁或调解,因各地方外资主管机关在审批外资项目时所作承诺产生的争端,不宜提交"中心"解决。①

为防止采用"有限同意"式的 BIT 之缔约相对方援引最惠国条款主张享受我国此前与德国等国家签订且采用"全面同意"式的 BIT 项下的争端解决待遇,也防止缔约相对方享受今后我国与其他国家签订且采用"全面同意＋重要例外"式的 BIT 项下的更优惠待遇,我国在签订 BIT 时应该明确主张:"最惠国待遇"不适用于争端解决程序。如上所述,我国 2011 年缔结的中国—乌兹别克斯坦 BIT 就是如此规定。

（五）"全面同意＋重要例外"式中的重要例外

有必要根据缔约双方的具体国情,有针对性地规定相应例外与必要限制。其中可以包括但不限于以下例外情形:

1."新投资企业的建立、并购"例外

此项例外旨在否定"中心"对市场准入前的国民待遇之争端的管辖权。如前所述,这一例外规定即便发达国家都是颇为重视,我国显然也应予以认真对待。笔者认为,具体做法可以是,在 BIT 中明确规定此项例外,或在 BIT 中规定根据相关国内立法——其前提是我国制定完善的国内法——所作决定不受争端解决条款约束(如同 2012 年缔结的中国—加拿大 BIT 中相关规定)。

2."重要安全利益、特别紧急情况"例外

为今后可能发生某种紧急情况而未雨绸缪计,我国在签订有关 BIT 时不妨借鉴印度 BIT 范本中第 12 条的"重要安全利益、特别紧急情况"之例外规定:"除非本条另有规定,所有投资应该受到东道国内有效法律的约束。本协议内容不得排除东道国为保护其重要安全利益或者在特别紧急情况下根据其法律在非歧视基础上正常、合理地采取行动。"②作为一种"安全阀",订立这一规定可以保障我国即使在发现紧急情况(如严重的经济困难)时也能从容应对。

---

① 以上是徐崇利教授的主张,陈安.国际经济法学专论:上编总论[M].北京:高等教育出版社,2002:388-393.

② http://ita.law.uvic.ca/Indiamodelbit.htm.

3."最惠国待遇"例外

如前所述,中国在 1998 年后向"全面同意"式 BIT 转变。又于 2005 年后开始尝试着采纳"全面同意＋重要例外"式 BIT。多种同意方式之 BITs 并存的情况可能带来的风险是:"全面同意＋重要例外"式 BIT 项下的投资者有可能借助于 BIT 中的最惠国待遇条款,主张享有"全面同意"式 BIT 当中的更优惠待遇,从而让"全面同意＋重要例外"式 BIT 当中的诸多例外条款形同虚设。

为应对这一风险,应该规定"最惠国待遇"条款不得适用于争端解决程序,以防今后签订的 BIT 相对方根据最惠国条款主张享受我国以前和德国等国家之间签订且采用"全面同意"式 BIT 中的争端解决待遇。同时,也可以考虑借鉴加拿大 BIT 范本附录 III 第一项当中的内容,即规定最惠国待遇不适用于以前协定赋予的待遇。[①] 甚至可借鉴印度 2016 年 BIT 范本的规定,不赋予外国投资者以最惠国待遇。

4."国民待遇"例外

虽然国际社会都号称要给予外资以国民待遇,但所有国家或多或少都会施加种种限制。如果在 BIT 中没有把这些限制措施作为例外规定下来,这些仅仅规定于国内法中的相关限制措施很可能会在 BIT 下受到挑战。我国已在 2005 年缔结的中国—斯洛伐克 BIT 附加议定书中对国民待遇施加以下限制:"不适用于:(1)任何现存的在其境内维持的不符措施。(2)这种不符措施的持续。(3)任何对这种不符措施的修改,但修改不能增加措施的不符程度。"这一例外宜在将来缔约时继续使用。

5."公平与公正待遇"例外

大多数国家的 BIT 中都规定了公平与公正待遇条款,但几乎都没有进行详细界定。早期的 BIT 则更是只有抽象地规定赋予外资以公平与公正待遇权,而没有任何限制。美国公布其 2004 年 BIT 范本之后,越来越多的国家才渐渐借用美国的方法,用习惯国际法来限制公平与公正待遇。而印度 2016 年 BIT 范本则根本没有明确提及公平与公正待遇这一措施。2012 年缔结的中国—加拿大 BIT 也对公平与公正待遇施加了最低待遇标准这一限制。将来缔约时,中国宜继续沿用这一限制,或者学习印度 2016 年 BIT 范本的做法。

---

① http://ita.law.uvic.ca/documents/Canadian2004-FIPA-model-en.pdf.

6."金融服务"与"税务"例外

"金融服务"与"税务"这两大领域关切着国家的经济命脉,与一国的经济稳定息息相关。因此,美国与加拿大 BIT 范本对这两大领域做了较为严格的限制,维护了东道国的规制权。2012 年缔结的中国—韩国—日本 BIT 也对这两大领域规定了类似于美国 BIT 范本中的例外规则。以后宜沿用这一规定。

7."拒绝授惠"例外

鉴于"全面同意+重要例外"方式下可以被诉之国际救济的争端的范围较广,因此有必要严格限制可以享受 BIT 权利的主体。在这方面,颇为有效的限制方法是加拿大和美国 BIT 范本中规定的"拒绝授惠"例外。① 比如,我国

---

① 加拿大与美国 BIT 范本分别从以下网址下载:http://ita. law. uvic. ca/documents/Canadian2004-FIPA-model-en. pdf;http://ita. law. uvic. ca/documents/US-modelbitnov04. pdf。

另外,加拿大范本第 18 条"Denial of Benefits"的原文是:1. A Party may deny the benefits of this Agreement to an investor of the other Party that is an enterprise of such Party and to investments of such investor if investors of a non-Party own or control the enterprise and the denying Party adopts or maintains measures with respect to the non-Party that prohibit transactions with the enterprise or that would be violated or circumvented if the benefits of this Agreement were accorded to the enterprises or to its investments. 2. Subject to prior notification and consultation in accordance with Article 19,a Party may deny the benefits of this Agreement to an investor of the other Party that is an enterprise of such Party and to investments of such investors if investors of a non-Party own or control the enterprise and the enterprise has no substantial business activities in the territory of the Party under whose law it is constituted or organized.

美国范本第 17 条"Denial of Benefits"的原文是:1. A Party may deny the benefits of this Treaty to an investor of the other Party that is an enterprise of such other Party and to investments of that investor if persons of a non-Party own or control the enterprise and the denying Party:(a) does not maintain diplomatic relations with the non-Party; or (b) adopts or maintains measures with respect to the non-Party or a person of the non-Party that prohibit transactions with the enterprise or that would be violated or circumvented if the benefits of this Treaty were accorded to the enterprise or to its investments. 2. A Party may deny the benefits of this Treaty to an investor of the other Party that is an enterprise of such other Party and to investments of that investor if the enterprise has no substantial business activities in the territory of the other Party and persons of a non-Party,or of the denying Party,own or control the enterprise.

在签订有关 BIT 时可以主张："如果满足以下条件,在预先通知和协商后,某缔约方可以拒绝把本协议下的利益赋予属于另一缔约方企业的投资方以及这些投资方的投资:如果某个非缔约方的投资者拥有或者控制该企业,且根据该企业组成或者建立的缔约方法律,该企业在该缔约方境内没有从事实质性商业活动。"另外,为了应对某些发达国家出于政治原因禁止与我国某企业交易,可以借鉴美国 BIT 范本的有关规定,即如果某个非缔约方的投资者拥有或者控制该企业,且我国对该非缔约方采取措施以便禁止与该非缔约方或者缔约方之企业交易,则我国可以拒绝让另一缔约方企业的此类投资方及其投资享受本协议下的利益。

公开资料显示,美国几乎每年都会指责中国公司相关出口业务违反了美国法律并予以制裁,涉华企业大大小小已有几十家。2016 年对中国企业制裁的最新名单是中兴通讯公司等。① 通常,被制裁中国公司在美国的资产会被冻结,通过快递公司发往美国客户的运输单据及空运货物快件均被退回,所有快件均被开封并插入数页有关制裁的文件,其美国客户通过快递公司发往被制裁的中国公司的邮件也被附上有关制裁文件并被退回。自 2001 年以来,全世界已有约 50 家公司和个人被列入美国"黑名单"并遭到美国制裁,"罪名"是向"无赖国家"出口敏感武器和技术。在每一次被制裁后,中国政府都只能表

---

① 　美国制裁中兴内幕:担心失去信息产业链统治权［EB/OL］. http://news. xinhuanet. com/fortune/2016-03/10/c_128787831. htm,2016-04-01.

示强烈愤慨和坚决反对。①

　　一方面,美国政府可以以中国公司曾对某些享有独立主权的国家出售过武器这一"莫须有"之"事实"而对中国公司加以制裁。另一方面,对于美国政府公开推动美国公司向中国领土的一部分——台湾地区——出售各种武器这一铁一样的事实,中国政府却未曾对美国相关公司加以制裁过。在对中国台湾地区军售问题上,美国公开表示遵守中美三个联合公报,不支持"台湾独立",同时却借口依据美国《与台湾关系法》不断向台湾地区出售武器。例如,

---

　　① 美国针对中国公司所谓"扩散行为"的制裁,始于20世纪90年代初。1991年,美国政府依据其国防授权法,制裁中国公司"向巴基斯坦转让导弹技术"。1993年,美国再次对中国公司进行制裁,称中国"向巴转让与M—11型导弹相关技术"。2001年9月,美国政府借口所谓中国冶金设备总公司(中冶公司)向巴基斯坦出口导弹相关物项,决定对其实施制裁。2002年5月,美国对包括中国公司在内的14家公司由于"向伊朗出售与武器有关的货物"实施为期两年的经济制裁。2002年7月,美国政府再度宣布对中国8家国营大公司实施全面经济制裁,制裁的理由是:这8家中国公司涉嫌向伊朗和伊拉克输送了"敏感"的武器技术。2003年7月,美国决定对5家中国公司和1家朝鲜公司实施制裁,措施包括禁止美国政府同这些公司签订任何合同,禁止美国对这些公司提供协助,禁止向这些公司出售美国军事物资,制裁为期两年。理由是这些公司向伊朗出口了可能用于发展大规模杀伤性武器以及导弹系统的设备和技术。2004年,美国务院据《2000年伊朗核不扩散法案》指控4家中国公司向伊朗出口敏感设备并帮助伊朗开发大规模杀伤性武器。2005年12月,美国对6家中国公司、2家印度公司和1家奥地利公司因向伊朗出售武器和技术加以制裁。2006年6月13日,美国财政部宣布,将根据布什政府第13382号行政令对4家中国公司和1家美国公司进行金融制裁,因为美认定这些公司在帮助伊朗发展导弹计划,是"大规模杀伤性武器的扩散者"。美财政部所说的4家中国公司分别是北京海立联合科技有限公司、LIMMT经贸公司、中国精密仪器进出口公司以及中国长城工业公司。美国公司则是长城公司的美国代理。美财政部表示,将冻结它们在美的资产,并禁止美企业、银行及个人与它们的业务往来。实际上,自布什政府上台以来,美就中国武器出口一直采取强硬态度。九个月内第四次发生,中国8大公司遭到美国制裁[EB/OL].http://www.pdsdaily.com.cn/gb/content/2002-07/25/content_72254.htm,2002-07-25.当你的公司遭遇美国制裁[EB/OL].http://www.gemag.com.cn/Content/Article.asp?Aid=321,2003-08-28.北京回应美国制裁中国公司[EB/OL].http://military.china.com/zh_cn/important/64/20010906/10097658.html,2001-09-06.美国制裁中国公司,中国应该好好学习[EB/OL].http://club.cat898.com/newbbs/printpage.asp?BoardID=1&ID=577917,2003-7-4.美国政府制裁六家中国公司[EB/OL].http://biz.icxo.com/htmlnews/2005/12/29/748192.htm,2005-12-29.美制裁4家中国公司,称其帮助伊朗发展导弹计划[EB/OL].http://news.163.com/06/0615/10/2JLDG7OT0001121M.html.2006-06-15.

2006 年美国通过各种渠道向台湾当局施压,要求台湾当局通过金额高达 6100 亿新台币的向美国采购武器的军购预算,引起各方极大关注。① 据统计,台湾地区购入的各种武器中 95％以上来自美国。在 1996—2005 年十年间,台湾地区与美国就已达成 50 多项军火交易。② 可是,即使如此,中国也只能一次次地表示"强烈愤慨和坚决反对"。如果我国在今后所签订的 BIT 中也加入"拒绝授惠"例外,则对美国此类行为加以报复时更加有条约上的依据。

8.其他

我国在签订 BIT 时还可以根据我国的经济情况主张其他例外,如在企业高级管理人员以及董事会组成人员要求、业绩要求等方面,概括或者详细列举与 BIT 不符的现有不符措施。

如本章第二节所述,以上例外大都已经规定于发达国家的 BIT 范本当中。作为处于经济转型期的发展中国家,我国尤其有必要予以认真研究,并合理吸纳。

五、小结

可以发现,即使是如同美国这样的发达国家在与发展中国家签订 BIT 时都没有采用无条件的、不附加任何重大例外的"全面同意"式。但我国在与若干发达国家、发展中国家签订 BIT 时却在较长时期采用了"全面同意"式,其间蕴含的风险不容忽视,今后显然不宜继续采取这种做法。在其他三种同意方式中,虽然我国传统上采取的"逐案同意"式对于维护经济主权居功至伟,但不适应我国目前及未来大规模对外投资开发能源、原材料的现实,因而并非最优选择。"有限同意"式适合在与发达国家签订 BIT 时运用,但应规定"最惠国待遇"不得适用于争端解决程序,以防止采用"有限同意"式 BIT 之相对方以此条款主张享受我国以前与德国等国家签订且采用"全面同意"式 BIT 规定的争端解决待遇,也可防止相对方主张享受今后我国与其他国家签订且采用"全面同意＋重要例外"式 BIT 规定的更优待遇。在"有限同意"式中,主要同意"中心"管辖权的是征收补偿事项,但同时也要强调对间接征收的限制。

---

① 对台军售:解析美战略思维的诡变性[EB/OL]. http://tw. people. com. cn/GB/14811/14869/2734293. html,2004-08-24. 国亲"立委"联手 52 度封杀军购案[EB/OL]. http://tw. people. com. cn/GB/14812/14875/4309043. html,2006-04-18.

② 台湾军购总额居全球第二成为美国废品收购站[EB/OL]. http://jczs. sina. com. cn/2005-08-17/0831313735. html,2005-08-17.

此外,还应该根据我国经济发展的具体情况,适时考虑是否同意把资金转移等事项接受"中心"的管辖,但均需设定必要的限制和例外。

"全面同意＋重要例外"式最适合在与能源、原材料丰富的发展中国家(也可以考虑其他发展中国家)签订 BIT 时运用,但同时也要重视规定例外情形,如"拒绝授惠"例外、"新投资企业的建立、并购"例外、"最惠国待遇"例外、"重要安全利益、特别紧急情况"例外、"金融服务"例外、"税收"例外等。

此外,如果基于政治等方面的考虑确有必要与某发达国家签订全面同意"中心"管辖权的 BIT,则我国尤其应该主张规定前述"新投资企业的建立、并购"例外、"重要安全利益、特别紧急情况"例外、"拒绝授惠"例外,因为:"新投资企业的建立、并购"例外使得东道国在外资准入方面保留充分的审查和监督权,东道国可以根据国内经济发展的需要自由裁量让多大规模、何种性质的外资进入我国及进入哪些领域;"重要安全利益、特别紧急情况"例外使得东道国可以根据国内经济发展需要对有关法律、政策作必要调整,而不会违反有关 BIT 的规定;"拒绝授惠"例外使得东道国确保享受 BIT 优惠待遇的主体不会被任意扩大。"金融服务"例外、"税收"例外规则可确保我国出现经济危机等紧急情况时有足够的规制措施克服危机而不被将来仲裁庭裁定违反 BIT。

经实证分析发现,美国、英国等发达国家只选择与发展中国家或经济转型国家/地区缔结 BIT,在发达国家相互之间并不缔结 BIT。可见,视缔约相对方的具体情况区别对待是发达国家践行已久但并不会公之于众的"国际潮流"。根据我国具体国情,也应该沿用这一区别对待的"国际潮流"。

从我国吸引外资与海外投资的统计来看,从 2016 年开始,我国海外投资额会超过所吸引的外资额。但是即便如此,在至少满足以下几项条件之前,本书仍然认为不宜与发达国家缔结"全面同意"式与"全面同意＋重要例外"式 BIT:经济转型升级完成,经济运行稳定,对经济危机有较好的抵御能力;法制健全,法院在资金、人事上摆脱地方行政机构的制约;政府依法行政,有较好的透明度与可预见性,不会出现"以言代法"这些负面情况,法院对政府监督有力。

当然,具体缔约时,不宜教条主义地一味以发达国家与发展中国家作为区分标准。应该根据相对方国内经济发展与中国经济的互补性、相对方国内法律、政治发展的稳定性等情况,综合考虑是否有缔结 BIT 之必要以及缔结何种 BIT。也许有的发达国家符合相关条件故有与对方缔结"全面同意＋重要例外"式 BIT 之必要,而有的发展中国家并不符合相关条件故没有与之缔结BIT 之需求。

第四章 最惠国条款对"同意"范围的扩展

第一节 最惠国概述

一、最惠国待遇问题的提出

最惠国(most-favored-nation,以下简称"MFN")待遇在国际贸易中的萌芽,可以追溯到公元 11 世纪来自地中海沿岸各城邦、法国以及西班牙等的商人到北非各王国从商的实践。这些商人登上北非土地开拓商业,开始总是想独占市场挤走别人,但常常会遇到已捷足先登并从政府取得优势地位的竞争对手,从而处于劣势,于是他们强烈要求在该地区获得平等地位和同等机会。所以西北非的阿拉伯王子们颁布命令,给予后到者们与捷足先登的威尼斯、比萨等城邦商人以同样特许权。在公元 15、16 世纪,MFN 待遇随着商业的发展得到了广泛推广。到公元 18 世纪,随着国际贸易在欧洲地区的规模日益扩大,形成了贸易脱离政治条约而独立成章的做法。1713 年英法乌特勒支通商条约就是这方面的代表,在该条约中双方相互给予 MFN 地位,即一方保证把它给予第三国在通商方面的好处给予另一方。① 不过,就西方列强与全世界众多弱小民族之间的经济关系而言,各种不平等条约中片面的经济特惠条款是当年国际经济法的主要组成部分。② 历史上的 MFN 待遇常常是强国压迫

---

① 赵维田.最惠国与多边贸易体制[M].北京:中国社会科学出版社,1996:1.

② 例如,1843 年签订的《中英虎门条约》第 8 条规定:中国日后如果"有新恩施及各国,亦应准英人一体均沾"。有关这方面的详细讨论,请参见陈安.国际经济法学(3)[M].北京:北京大学出版社,2004:5.

弱国单方面提供的"最惠"待遇。①

从公元 19 世纪开始,MFN 待遇被更加频繁地运用于各种条约,尤其是《友好、通商、航海条约》。② 在《哈瓦那宪章》中,MFN 待遇被确定为商业政策的核心义务,成员方拟承担"避免在外国投资者之间产生歧视"之义务。③ 该宪章失败后,在 1950 年以来所缔结的众多双边、多边有关投资的协议中,加入 MFN 待遇已经成为普遍性实践。尤其是在经济日益全球化的今天,"MFN 条款"已经被广泛应用于全球性多边协定(比如 WTO)、区域性自由贸易协定(比如 NAFTA)以及几乎是所有的双边贸易和投资条约当中。

虽然 MFN 条款的历史比较久,但一直没有较权威的公约对其含义与适用作出周密的界定。1978 年,联合国国际法委员会将其起草的《关于 MFN 条款的条文草案》提交联合国大会,并建议据此制定成公约。但是,大会没有采纳该建议,也没有对该条约草案采取实质性行动。④ 然而,其中规定"MFN 条款"与"MFN 待遇"含义的条款却在很大程度上反映了各国的共识。该《关于 MFN 条款的条文草案》第 4 条"MFN 条款"规定:"MFN 条款是指一项条约规定,依据这项规定,一国向另一国承担义务,在约定的关系范围内给予 MFN

---

① 在历史上,最惠国也有黑暗或者不光彩的一面。相互无条件的最惠国原则只是通行于"(基督教)文明国家之间"的规则,有些条款明文把理应泛指的第三国写作"其他基督教国家"。这并不奇怪,因为当时整个国际法都是"(基督教)文明国家之间"的法。至于他们与非基督教的伊斯兰国家以及"未开化"的、"不文明"的广大亚非国家和地区的贸易关系,通行的仍是强加的、单方面给惠的、不平等的"最惠国"条款。这方面的代表是 1680 年英国东印度公司拟定的与缅甸国王之间的"通商条约"。该条约第 17 条规定:"如果此后国王给予任何其他国家以比本条款所含者更多或者不同的特权,也需要给予英国以同样特权。"在清朝后期,西方列强侵略中国时,强加于中国的不平等条约也属于这一模式。在这些不平等条约的条款中写作"利益一体均沾"。另一个历史上驰名的条约是 1774 年德国打败奥斯曼帝国后签订的"和平(投降)条约"。该条约单方面给予德国的许多特权,都经最惠国条款同样给予西方列强。"领事裁判(管辖)权"通常都是通过单方面最惠国条款给予了它们,我国人民对此受害颇深。赵维田.最惠国与多边贸易体制[M].北京:中国社会科学出版社,1996:2-3.

② 参见 OECD. International Investment Law:A Changing Landscape,A Companion Volume to International Investment Perspectives [R]. OECD Publishing,2005:130.

③ 参见 OECD. International Investment Law:A Changing Landscape,A Companion Volume to International Investment Perspectives [R]. OECD Publishing,2005:130.

④ 参见大会后来的行动:Res. 33/139(1938),35/161(1980),40/65(1985),43/429(1988).

待遇。"第5条"MFN待遇"规定:"MFN待遇是指施惠国给予受惠国或者与之有确定关系的人或者事的待遇不低于施惠国给予第三国或者与之有相同于上述关系的人或事的待遇。"①对于"MFN条款"当中的"条款",国际法委员会认为可能存在这种情况,即整个条约仅仅由详细程度不一的MFN规定组成,"条款"既包括条约或者其他协定中的单一规定,还包括这种规定的综合体,如果合适的话甚至可以包括整个条约。由这一层面来看,MFN条款可以制定得非常简短,也可以制定得非常详细,甚至可以构成条约的全部内容。②

由于没有各国普遍接受的权威公约对MFN待遇的含义与适用加以详细规定,MFN待遇在实践中的适用一直是人们关注的焦点。多年来,MFN条款引起极大争论的是其对争端解决程序的适用问题。许多国家在对外签订的某些BIT中规定了在把相关争端提交国际救济之前应该优先用尽或者附加一定期限的当地救济,而在某些BIT中又没有规定当地救济优先。然而,如前所述,基本上所有的BIT都规定了"MFN条款"。那么,外国投资者是否可以利用该"MFN条款"绕过其母国与东道国间BIT中优先采用"当地救济"之要求,从而享受到东道国与第三国间BIT中可直接寻求国际救济的"最优惠"待遇? 另外,某些国家在其签订的BIT中,有的同意了"中心"管辖权,有的没有同意,那么,外国投资者是否可以根据其母国与东道国间BIT的"MFN条款",转而利用东道国与其他国家间BIT中同意了"中心"管辖权的争端解决条款,从而直接申请"中心"仲裁? 这些问题从2000年"墨菲兹尼"案仲裁庭认为MFN条款可以适用于程序性待遇开始,引起了人们极大的关注。

因此,本章拟重点探讨MFN条款对争端解决程序的适用问题,主要通过考察ICSID对这一问题的实践来推导出某些规律,以期对我国在实践中趋利避害提供建议。

二、最惠国待遇不是一条习惯国际法规则

要解决MFN待遇是否应该或者说是否可以适用于争端解决程序这一问题,就有必要先确定MFN待遇是否属于习惯国际法规则。如果是,就应该进一步考虑MFN待遇作为一项习惯国际法规则,在漫长的发展历史中适用于

---

① 王铁崖,田如萱. 国际法资料选编[Z].北京:法律出版社,1995:806.

② Draft Articles on most-favoured-nation clauses with commentaries 1978〔A〕. Yearbook of the International Law Commission〔Z〕,1978,2(Part Two):18.

争端解决程序这一情事是否已经成为"国际惯例"并且取得了各国的"法律确信"。① 如果不是一项习惯国际法规则,那么,其是否适用于争端解决程序就取决于当事各方是否有此合意。

法学家曾经认为,MFN 条款的运作是"条约不损害第 3 国利益"规则(pacta tertiis ree nocent necprosunt)的例外。"英伊石油公司案"(Anglo-Iranian oil company)则是个带有里程碑性质的案件。按该案中多数仲裁员的观点:施惠国与第三方的条约独立于"基础性"条约(basic treaty,包含 MFN 条款的条约被称为"基础性"条约),也不能在施惠国与受益国之间产生法律效力,即所谓"他人之间的行为"(res inter alios acta)。而 MFN 条款的出现在受益国与"施惠国与第三方缔结的条约"之间建立了法律联结,随后,法学界基本接受了这一观点。正如英国国际法学家施瓦曾伯格认为:"从原则上来看,条约只在其缔约方之间适用,因此一个缔约方不能从另一缔约方与第三国间的条约中获得权利。MFN 条款并不构成这条规则的例外……反倒是凭借这条规则才保持其存在。允许受惠方有资格获得另一缔约方给予第三方权益的规定,是一种简写手法。真实情况是:受惠方只有根据它自己与另一缔约方的条约,并且借助于 MFN 条款,才有这种请求权……在它自己条约里装进另一缔约方与第三国在相同领域的所有权利与优惠。"②

在历史上,曾经有观点把 MFN 待遇作为一种待遇标准与国家平等原则联系起来。③ 不过,主流观点仍然认为只有当经过条约条款的创设后,才会存

---

① 通常认为,国际习惯是各国重复类似的行为而具有法律拘束力的结果。国际习惯由两个因素构成:一是各国的重复类似行为,二是被各国认为有法律拘束力。前者是"常例",是客观的因素,后者是"法律确信",是主观的因素。国际习惯不是国际惯例,不仅是各国的重复的类似行为,而必须是各国认为有法律拘束力。单纯的重复的类似行为只能被视为惯例,而没有法律拘束力,但是,这种惯例逐渐被各国认为有法律拘束力,就可以转变成习惯。王铁崖.国际法[M].北京:法律出版社,1995:14.

② 转引自:赵维田.最惠国与多边贸易体制[M].北京:中国社会科学出版社,1996:35.

③ 请参见"Comments of Member States,organs of the United Nations,specialized agencies and other intergovernmental organizations on the draft articles on the most-favoured-nation clause adopted by the International Law commission at its twenty-eighth session"当中某些社会主义国家的评论。Yearbook of International Law Commission,1978,2(Part Two):163 .

在 MFN 待遇义务。[①] 1958 年,法律科学国际协会受联合国经社理事会委托,在罗马召开了一次讨论"国营贸易对各国贸易法的影响"的学术会议。会上就 MFN 条款或者平等待遇原则是否为一条习惯国际法规则,进行了一场有重大实践意义的国际法理论争议。[②] 苏联与东欧的贸易官员们认为:MFN 条款是联合国宪章第 2 条第 2 款的主权平等原则在贸易领域的法律表现,也是宪章第 1 条尊重人民平等权利的合乎逻辑的延伸。这个论点遭到与会学者的普遍反对。

对于这个问题,英国学者施瓦曾伯格的观点是:"国际经济法中的平等待遇可以是绝对的或者相对的。特别是在通商与航运的平等上,为了获得所需要的形式,各国在做法上有若干供选择的标准,其中最重要的有 MFN 待遇、国民待遇与平等待遇。"这一关于 MFN 不是习惯国际法的论断已被公认为是对的。[③]

我国也有学者认为,之所以不能把 MFN 说成是习惯国际法,基本有两条理由或者两条不容混淆的界限。第一,MFN 是由条约创设的法律权利与义务,只对缔约方有约束力。一般来说缔约方表示的意思在条约中有决定性作用,缔约方有选择不给予对方 MFN 待遇的自由。第二,经习惯形成的传统国际法,大都是处理各国政治关系的规范,而 MFN 待遇却是产生于并且主要适用于贸易和经济关系的规范。两者循着不同的轨迹发展,虽不能说有不可逾越的鸿沟,但是不可以把传统国际法规则原封不动地适用到各国经济关系上来。由于约定是创设 MFN 条款权利与义务关系的条件,所以,如果没有订立 MFN 条款,在各国间就不发生 MFN 关系。各国都有选择不设定 MFN 的自由,这是一国的主权权利。因为是约定产生的权利义务关系,缔约方在约定或者条约中明文表达的意思,对 MFN 的内容、对象、范围等具有决定作用。根据 MFN 条款从第三方条约中获得的优惠或者特权,会随着该第三方条约的存在而起,随着其废止或者失效而终止。否则就会违背通过 MFN 条款实现

---

① 请参见"Comments of Member States, organs of the United Nations, specialized agencies and other intergovernmental organizations on the draft articles on the most-favoured-nation clause adopted by the International Law commission at its twenty-eighth session"当中相关评论,Yearbook of International Law Commission,1978,2(Part Two):24.

② HAZARD J N. Editorial Comment:Commercial Discrimination and International Law [J]. American Journal of International Law,1958,52(3):495.

③ 赵维田.最惠国与多边贸易体制[M].北京:中国社会科学出版社,1996:55-56.

平等待遇的初衷。①

另外,1978 年联合国国际法委员会拟定的《MFN 条款的条文草案》第 8 条(MFN 待遇的来源和范围)②以及第 21 条(MFN 条款权利的终止或中断)③当中的规定表明了 MFN 待遇在其是否存在、范围大小以及终止或者中断等各方面都依赖于当事各方的合意:

(1)MFN 待遇的存在依赖于施惠国与受惠国之间通过签订 MFN 条款加以创设。反之,如果没有 MFN 条款,在施惠国与受惠国之间也就不会存在 MFN 待遇。

(2)MFN 待遇的范围受到施惠国给予第三国待遇范围的限制。

(3)依据 MFN 待遇所享受到的更优待遇,在受惠国给予施惠国以议定的补偿或者议定的互惠待遇终止或者中断之时也同样终止或者中断,在施惠国给予第三方有关待遇终止或者中断之时也同样终止或者中断。

本书同意以上观点,MFN 待遇不是一项习惯国际法规则,其是否存在以及适用范围的大小都依赖于缔约各方的合意,依赖于对 MFN 条款用语的仔细推敲。

三、最惠国条款适用的范围

虽然 MFN 条款在众多的双边、多边投资条约中运用得非常普遍,但这些 MFN 条款并没有统一的适用范围。甚至可以说,各个投资条约中 MFN 条款

---

① 赵维田.最惠国与多边贸易体制[M].北京:中国社会科学出版社,1996:36,57.

② 该条内容是:(1)受惠国享受最惠国待遇的权利只来自于施惠国与受惠国之间有效的第 4 条所提及的最惠国条款或者第 6 条所提及的关于最惠国待遇的条款。(2)受惠国为了自身或者为了与之有确定关系的人或事的利益,根据第 1 款所提及的条款有权享受的最惠国待遇,决定于施惠国给予第三国或者与之有同于上述关系的人或事的待遇。其中的"第 4 条"是前面已引用过的对"最惠国条款"加以定义的条款,而"第 6 条"的内容是:"不论第一、二、四及五条规定如何,本条文各条应适用于国际其他主体也是缔约方的、包括有最惠国条款的国际协定所规定的国家间关系。"

③ 该条内容是:(1)受惠国为了自身或者为了与其有确定关系的人或事的利益,依据最惠国条款享受最惠国待遇的权利,在施惠国给予第三国或与之有上述同样关系的人或事的有关待遇终止或中断之时终止或中断。(2)受惠国为了自身或为了与之有确定关系的人或事的利益,依据以补偿为条件的最惠国条款享受最惠国待遇的权利,在受惠国给予施惠国以议定的补偿终止或中断之时同样终止或中断。(3)受惠国为了自身或与之有确定关系的人或事的利益,依据以互惠为条件的最惠国条款享受最惠国待遇的权利,在受惠国给予施惠国以议定的互惠待遇终止或中断之时同样终止或中断。

的范围存在很大不同。有些 MFN 条款范围狭窄,而有些则比较宽泛。另外,由于包含 MFN 条款之条约的目的各自有所不同,这也会影响到 MFN 条款的适用范围。

国际法委员会探讨了同类规则(ejusden generis rule)原则,该"同类规则"已经在多个司法与仲裁案件的解释中得到了运用。委员会在制定该条款草案时试图不歧视任何规定,对这些规定,允许施惠国与受益国作出相反规定。因此,每个具体案件中相关条约的内容由待决 MFN 条款实际上所用语言来加以确定。该文本必须根据 1969 年《维也纳条约法公约》当中的条约解释原则来加以理解。

只有第三方条约含有相同或者同类事项,才会引起受惠国请求优惠的权利。没有学者能够否定"同类规则"的有效性,该规则为 MFN 条款的目的而被从其性质中抽取而来。通常认为,对某类事项赋予 MFN 待遇的条款只有在某个同一事项或者某同类事项方面,才能够吸引其他条约所赋予的待遇。[①] 英国一位著名大法官作过比喻"不能引用贸易条约的 MFN 条款作为引渡罪犯的理由或者根据",因为贸易行为与刑法是两个不同领域。另一位英国学者给同类规则下的定义是:"对某个事项或者某类事项给予权利的(MFN)条款,只能引起其他(第三方)条约对相同事项或者同类事项的权利。"其中的"相同事项或者同类事项"是一种概括说法,实际上现代条约的"相同"或者"同类"范畴含有两个要素:一是优惠活动范围;二是优惠对象,通常指"与该(受惠国)有确定关系的人或者物"。[②]

1978 年联合国国际法委员会拟定的《MFN 条款的条文草案》第 9 条(依据 MFN 条款享有权利的范围)表明了 MFN 条款的潜在范围。其第 1 款规定受惠国只能要求那些属于 MFN 条款主题限制内的权利,第 2 款对该规则更精确地规定:受惠国只能为 MFN 条款所规定的人或事或者是为 MFN 条款主题事项所默示的人或事而要求属于 MFN 条款主题限制内的权利。第 10 条对"优惠活动范围"与"优惠对象"作了更为详细的规定。[③] 以下拟对"同类规则"中的"优惠活动范围"与"优惠对象"分别加以讨论。

---

① Draft Articles on most-favoured-nation clauses with commentaries 1978,Yearbook of International Law Commission,1978,2(Part Two):30.

② 赵维田.最惠国与多边贸易体制[M].北京:中国社会科学出版社,1996:38.

③ Draft Articles on most-favoured-nation clauses with commentaries 1978[Z]. Yearbook of International Law Commission,1978,2(Part Two):33.

（一）"同类规则"中的优惠活动范围

联合国国际法委员会《MFN 条款的条文草案》第 9 条（依据 MFN 条款享有的权利的范围）第 1 款规定：依据 MFN 条款，受惠国仅为了自身或者为了与之有确定关系的人或事的利益，取得该条款的主题范围内的权利。第 10 条（依据 MFN 条款取得的权利）第 1 款规定：依据 MFN 条款，受惠国只有在施惠国给予第三国以该条款主题范围内的待遇的条件下，才取得 MFN 待遇的权利。

如果事项主题不同，则不得依据 MFN 条款主张相关权利。① 19 世纪的早期条约对"相同或者同类"中的类（genus）通常表述得宽泛而含糊，容易引发纠纷。在早期的法国案件中，法国法庭要决定：1871 年 5 月 10 日缔结的法国与德国商业条约保证在他们之间的商业关系上相互给予 MFN 待遇，那么，是否可以由于该 MFN 条款而使得某些提起诉讼的程序性要求（例如《法国—瑞士之间关于管辖权以及裁决的执行的公约》中的规定）适用于德国国民？法院的部分意见如下："从国际法权利这一层面来考虑，这些规定排他性地适用于法国与德国间的商业关系，他们并没有明示或者默示地涉及民法上（civil law）的权利——具体来说就是指争端解决程序与管辖权规则"，"只有在规定 MFN 条款的条约主题（subject）与所主张更优惠待遇的主题事项相同的情况下，才可引用该 MFN 条款"②。

在"Lloyds Bank 案"中，"Lloyds Bank"作为原告被要求为程序费用提供担保，其母国英国与法国在 1882 年签订的条约中规定了 MFN 条款。该条约序言规定其制定是"为了规制两国间的海商关系"，其第 1 条规定 MFN 待遇是"在商业或者工业方面的立即与无条件的优惠、豁免或者特权"。同时，1889

---

① 例如，1978 年联合国国际法委员会拟定的《最惠国条款的条文草案》第 25 条（最惠国条款对于为方便边境贸易而给予的待遇的关系）规定：(1)非毗连的受惠国无权依据最惠国条款享受最惠国为了方便边境贸易而给予毗连的第三国的待遇。(2)毗连的受惠国只在最惠国条款的主题是方便边境贸易的情况下，才有权依据该条款享受不低于施惠国为了方便边境贸易而给予毗连的第三国的待遇。另外，该《草案》第 26 条（最惠国条款对于给予内陆的第三国的权利和方便的关系）还规定：(1)内陆国以外的受惠国无权根据最惠国条款享受施惠国为了内陆第三国出入海洋的方便而给予该国的权利和方便。(2)内陆的受惠国只在最惠国条款的主题是方便出入海洋的情况下，才有权依据该条款享受施惠国为了内陆的第三国出入海洋的方便而给予该国的权利和方便。

② Draft Articles on most-favoured-nation clauses with commentaries 1978 [Z]. Yearbook of International Law Commission,1978,2(Part Two):28.

年法国与瑞士条约赋予瑞士国民无须提供担保即可在法国起诉的权利。所以,原告依据该 MFN 条款主张其可以享有 1889 年法国与瑞士条约所赋予的无须提供担保即可在法国起诉的权利。法院驳回了这一主张,认为:"具有普通特征的条约(例如规制两国间海商关系的英法约)下的当事方,不得根据 MFN 条款主张特别条约下的利益(例如该法国与瑞士间条约,该条约处理某种特定事项——即免除为诉讼费用提供担保的义务)。"①

国际法委员会认为,根据"Lloyds Bank 案"的推理,MFN 条款的起草者将面临"两难困境":如果在该条款中采用过于一般的术语,就会由于严格解释"同类规则"而面临丧失有效性的风险;如果把它起草得过于明确,列举其适用的特定领域,又会面临由于列举不完全而带来的风险。② 所以,国际法委员会认为,只需要该条款的主题事项(而不是包含该条款的条约或者协议)属于同一事项范围。换言之,包含该条款的条约或者协议没有必要与根据该条款所主张的利益属于同一种类。反之将严重损坏 MFN 条款的价值。MFN 条款运作的效果是通过某一条约的规定吸引另一条约的规定,但以下情况除外:即,在这两种相关条款的主题事项之间存在实质区别,其结果将会给施惠国施加其预见不到的义务。③ 但是,根据《维也纳条约法公约》第 31(1)条,④用来解释 MFN 条款的"前后文"当然也包括 MFN 条款之外的其他条款。所以,笔者认为"其他条款"的具体规定有助于确定 MFN 条款的"主题"范围,进一步而言,考察"其他条款"与考察含有 MFN 条款之条约的"种类"并无质的区别。各国也已注意到了这一问题,普遍在 MFN 条款中加入某些特定词语以表明主题之范围,主要可以分为以下三种类别:

1. 全部适用

有的 BIT 明确规定 MFN 待遇适用于哪些具体条款,从中可判断出该 MFN 待遇是否适用于争端解决程序。例如,1996 年《阿尔巴尼亚与英国

---

① LAUTERPACHT H. ed. , Annual Digest of Public International Law Cases, 1929—1930, London, vol. 5, 1935, Case No. 252, p. 404. See, Draft Articles on most-favoured-nation clauses with commentaries 1978 [Z]. Yearbook of International Law Commission,1978,2(Part Two):28-29.

② Commentary(11)to articles 9 and 10.

③ Commentary(6)to articles 9 and 10.

④ 其内容是:条约应依其用语按其上下文并参照条约的目的和宗旨所具有的通常意义,善意地加以解释。

BIT》第 3 条第 1 款及第 2 款规定了国民待遇与 MFN 待遇,并且在该条第 3
款规定:为了避免疑问,双方确认本条第 1 款及第 2 款待遇适用于本条约第
1~11 条的规定。① 在该条约中,除了最后条款外,第 1~11 条构成了该条约
的全部条款。换言之,MFN 待遇适用于该 BIT 的几乎所有条款。其中第 8
条是关于缔约双方同意"中心"管辖权的规定,第 9 条是关于缔约双方之间的
争端解决规定,可见缔约双方的意图是让 MFN 条款适用的"主题"范围包括
这两种争端解决待遇。

2. 任何情况下

有的 BIT 没有具体列出 MFN 待遇适用于哪些条款,而是笼统施加"在任
何情况下"的前提条件。例如荷兰 BIT 范本就是如此,它在第 3 条把 MFN 待
遇义务与其他待遇标准结合起来加以规定,比如国民待遇(视何种待遇更加优
惠)、公平与公正待遇、完全的保护与安全。第 3 条第 1 款、第 2 款所规定的非
歧视待遇如下:(1)每一缔约方应该确保另一缔约方国民的投资享有公平与公
正待遇,并且不得通过不合理或者歧视性措施,从而损害这些国民对其投资的
运作、管理、维持、使用、享有或者其他处置。每一缔约方应该赋予此种投资完
全的安全和保护。(2)在任何情况下,每一成员方对这种投资所赋予的待遇不
得低于其赋予自己国民之投资或者第 3 国国民之投资的待遇,视对国民所赋
予的何种待遇更加优惠而定。②

那么,其中的"任何情况"是否可以理解为包括争端解决程序在内,还是仅
仅指 MFN 待遇适用于实体待遇的绝对性? 从 ICSID 的仲裁庭实践来看,出
现前一情况的可能性较大。

3. 类似环境下

有的 BIT 则不采用"任何环境下"这样的绝对性用语,而是更加谨慎地采
用"在类似环境下"这样的词语。这多体现在美国与加拿大所签订的 BIT 中,
通常会明确规定该权利仅仅适用于"类似环境"(in like circumstances),不像
其他 BIT(尤其是"欧洲 BIT 范本")没有提及在判断该待遇时需要加以对照
的参照背景。

---

① 该 BIT 可以从以下网址下载:http://www. unctad. org/sections/dite/iia/docs/
bits/uk_albania. pdf.

② OECD. International Investment Law: A Changing Landscape, A Companion
Volume to International Investment Perspectives [R]. OECD Publishing,2005:131. http://
www. sourseoecd. org/finance/9264011641.

美国—智利自由贸易协议就强调"类似环境"。其中"投资"章第 10.3 条
MFN 待遇规定了两项与 MFN 相关的内容:其一为,每一缔约方赋予另一缔
约方投资者的待遇不得低于类似环境下赋予任何非缔约方投资者关于在其境
内对投资的建立、收购、扩展、管理、生产、运行、销售或者其他处理的待遇。其
二为,每一缔约方赋予相关投资的待遇,不得低于类似环境下赋予任何非缔约
方投资者在其境内之投资在对投资的建立、收购、扩展、管理、生产、运行、销售
或者其他处理所享有的待遇。[①] 1997 年加拿大—智利自由贸易协议第 G-03
条"MFN 待遇"规定与以上相同。[②]

美国—新加坡自由贸易协议把国民待遇与 MFN 待遇规定于同一条款当
中,也强调"类似环境"。其第 15.4 条"国民待遇与 MFN 待遇"规定了两项与
MFN 相关的内容:其一为,每一缔约方赋予缔约另一方投资者的待遇不得低
于类似环境下赋予任何非缔约方投资者关于在其境内对投资的建立、收购、扩
展、管理、生产、运行、销售或者其他处理的待遇。每一缔约方赋予相关投资的
待遇,不得低于类似环境下赋予任何非缔约方投资者在其境内之投资在对投
资的建立、收购、扩展、管理、生产、运行、销售或者其他处理所享有的待遇。每
一缔约方在本款所赋予待遇是"MFN 待遇"。其二为,每一缔约方应该对另
一缔约方的投资者以及相关投资赋予国民待遇或者 MFN 待遇当中的更优
待遇。[③]

(二)"同类规则"中的同类人或事

联合国国际法委员会《MFN 条款的条文草案》第 9 条(依据 MFN 条款享
有的权利的范围)第 2 款规定:受惠国仅就该条款所规定的或者该条款的主题
所默示的人或事,依据第 1 款取得权利,与那些可以享受相关待遇的人或事与
第 3 国的关系相比而言,主张 MFN 待遇的人或事必须和受益国具有同样的
关系。[④] MFN 条款本身可能会表明其所适用的人员、船只、产品等,但也并不
是必然如此。该条款可能会简单地规定:在关税、商业范围、运输、设立等方

---

① http://www.ustr.gov/Trade_Agreements/Bilateral/Chile_FTA/Section_Index.
html.

② 参见该文本第 G-03 条。http://www.dfait-maeci.gc.ca/tna-nac/cda-chile/chap-
g26-en.asp.

③ http://www.ustr.gov/Trade_Agreements/Bilateral/Singapore_FTA/Section_
Index.html.

④ Commentary(15)to articles 9 and 10.

面,受惠国被赋予 MFN 待遇,而没有特别指明拟被赋予 MFN 待遇的人或事。在这种情况下,该条款的主题事项(例如海关税收、商业、航行)将默认由此受益的人或事的种类(例如出口商、商人、船舶)。①

联合国国际法委员会《MFN 条款的条文草案》第 10 条(依据 MFN 条款取得的权利)第 2 款规定:受惠国就与其有确定关系的人或事,依据第 1 款取得权利,但以该人或事属于下列各类者为限:(A)与从施惠国的待遇获得利益并且与第三国有确定关系的人或事属于同类者。(B)同受惠国的关系与(A)目所指的人或事同该第三国的关系相同者。委员会意识到,其中的"相同者"这样的表述在某些情况下会使得第 9 条与第 10 条的适用引起很大困难。委员会认为,应该谨慎使用"同一关系"这样的表达,例如,A 国与其国民之间的关系并不必然和 B 国与其国民之间的关系是"相同的"。各国的国籍法是如此不同,以至于从一国国籍法当中所产生的全部权利和义务有可能会极大地不同于从另一国国籍法中所产生的全部权利和义务。当条约提到其他方面的国内法时也会遇到类似的困难,例如有关设立法人的权利,也可能会引发极其大的问题,因为它们由相关国内法规定。例如,当某项条约明确赋予第三国根据该第三国国内法所界定的某类法人以优惠待遇,如某英语国家所不知晓的某种德国有限责任公司,那么,该英语国家是否可以引用 MFN 条款为与该条约中规定的德国公司最相类似的英国公司主张同样优惠,还是应该禁止它如此行事?②

由于公司国籍的确定不由国际法调整,这也会引起类似的问题。如果某个国家赋予具有其国籍的公司某种优惠,确定相关公司国籍的是该国的国内法。主张 MFN 待遇的国家可以为其国内法所规定的具有其国籍的所有公司主张那种优惠吗? 根据其国内法,某公司有可能会仅仅由于在相关国家内注册了营业地或该国控制了其注册资金的一部分而被认为具有该国国籍。施惠国是否可以不得对第三国如此广泛界定其国内公司而提出反对? 因此,是否可以争辩说:其赋予第三国的是一种特定的优惠,该优惠如果被转移到另一国

---

① Draft Articles on most-favoured-nation clauses with commentaries 1978 [Z]. Yearbook of International Law Commission,1978,2(Part Two):30.

② Draft Articles on most-favoured-nation clauses with commentaries 1978 [Z]. Yearbook of International Law Commission,1978,2(Part Two):32.

的法律中则会变得过于宽泛,从而拒绝赋予 MFN 待遇?[①] 目前,以美国、加拿大为代表的 BIT"拒绝授惠"条款可以非常有效地解决这一问题。[②]

四、最惠国条款适用的例外

随着 MFN 条款的广泛应用,各国又开始对其在条约之间发挥几乎是毫无限制的"联结"作用感到担心,各国又试图从理论与实践层面对 MFN 条款的适用规定范围不同的限制与例外。受益方引用 MFN 条款的目的是为了享有施惠国赋予第三方的更优惠待遇。因此,该受益方可能受到待遇的优惠程度就取决于"MFN 条款"中规定的"同类规则"的范围以及施惠国赋予第三方待遇的优惠程度。换言之,"同类规则"的具体规定以及该第三方所享受待遇的优惠程度就是 MFN 待遇所能达到的最大范围与边界。基于此,施惠国如不欲让受益方通过 MFN 条款享有某种优惠,可以在"MFN 条款"中采用一些限制性用语,还可对其赋予第三方的优惠待遇作出自我限制。

不过,对"同类规则"加以限制性规定仍然会由于相关用语过于抽象、界线不够明确而极易引发争端,而"自我限制"又常常会让施惠国处于一种消极无为的境地,是下下之策。在现实中,各国通常希望通过让某些国家之国民享有较其他国家之国民更优惠待遇之办法来达到其自己的政治、经济目的。所以,各国正越来越重视使用以下几种限制方法:(1)可以由于公共秩序而不适用 MFN 条款;(2)MFN 条款不适用于某些特定事项;(3)不适用于某些特定类型的条约;(4)不适用于以前所签订条约。以下逐一阐述这四种限制方式。

[①] Draft Articles on most-favoured-nation clauses with commentaries 1978[Z]. Yearbook of International Law Commission,1978,2(Part Two):32.

[②] 为防止非缔约方国民利用在缔约方建立没有实际营业的"公司"而享受双边投资条约项下优惠待遇,加拿大 2004 年范本第 18 条("拒绝授惠")第 1 款规定,在满足以下条件下,缔约一方可以拒绝缔约另一方企业的投资方及这些投资方的投资享受本协定项下利益:如果某一非缔约方的投资者拥有或控制该企业,且缔约一方采取或维持禁止该非缔约方的投资者与该企业进行交易的措施。或者是,在某一非缔约方的投资者拥有或者控制该企业的情况下,如果本协定项下的利益被赋予该企业或者该企业之投资,将导致违反或规避缔约一方针对该非缔约方所采取的措施。第 2 款规定,如果满足以下条件,在预先通知及按照第 19 条进行协商的情况下,有关缔约方可以拒绝把本协定项下利益赋予作为另一缔约方企业的投资方及这些投资方的投资;如果某个非缔约方的投资者拥有或者控制该企业,且根据该企业设立地法律,该企业在该缔约方境内没有从事实质性商业活动。美国 2004 年 BIT 范本第 17 条("拒绝授惠")作了类似规定。

(一)可以由于公共秩序而不适用 MFN 条款

一些国家对外缔结的投资保护协定明确规定,缔约一方基于维护公共安全、公共秩序、国民健康或者道德的需要,可以不对缔约另一方投资者的投资实行 MFN 待遇。① 例如加拿大 2004 年范本第 10 条("一般例外")用了 7 款内容把许多领域排除于双边协定适用范围之外。如"保护人类、动物、植物的生命和健康""可耗竭自然资源的维护""基本公共利益""维护国际和平和安全""保护国家机密、个人隐私"等。另外,美国 2004 年 BIT 范本第 18 条("重大安全")也规定:本协定不能解释为要求缔约方披露其认为将违反重大安全利益的信息,不得解释为阻碍缔约方采取其认为对于履行有关维持或者恢复国际和平、安全或保护本国重要安全利益方面的义务所必要的措施。以上加拿大与美国 BIT 范本都明确规定在这些情况下不适用 BIT,那么,BIT 中的 MFN 条款当然也不适用。

(二)MFN 条款不适用于某些特定事项

现有的 BIT 基本上都以专门的条款(通常是附录等)规定 MFN 条款不适用于某些特定事项,从而排除其对某些关系国计民生领域的适用。在投资保护协定中,关于 MFN 待遇的例外,有的规定在正文中,有的规定在附件(例如换文、议定书)之中。这些例外情况主要有:②(1)许多投资保护协定规定,MFN 待遇并不排除缔约一方根据避免双重征税协定以及其他有关税收问题的协议而给予第三国投资者特殊优惠;(2)一些投资保护协定规定,对那些专门为本国投资者"保留的部门"(例如政府采购等等),可以不对外国投资实行 MFN 待遇。

自 20 世纪 90 年代以来,加拿大、美国所缔结的协议都遵循在协议附录中对 MFN 待遇(以及其他待遇)规定不适用于特定事项或者保留作为"不符措施"的实践。例如,NAFTA 中的"投资"章第 1101(3)条规定:"本章不适用于缔约方在第 14 章范围内(财政服务)采用或者维持的措施。"NAFTA 第 2103 条规定:"除非本条另有规定,本协议不得适用于税收措施。"这两条分别规定"本章""本协议"不适用于税收、财政服务领域,换言之,"MFN 条款"当然不适用于税收、财政服务领域。美国 2004 年 BIT 范本第 14 条"不符措施"规定第 4 条"MFN 待遇"不适用于现有的以及附录 II 中所列举的不符合措施,还

---

① 曾华群.国际投资法学[M].北京:北京大学出版社,1999:430.
② 曾华群.国际投资法学[M].北京:北京大学出版社,1999:429-432.

不适用于某缔约方所提供的补助或者特许,包括政府资助的贷款、保证以及保险。美国—新加坡自由贸易协议第15.12条(不符措施)规定 MFN 条款不适用于附录 8B 安排中所列举的对于某些部门、分部门或者行为所采取或者维持的任何措施;不适用于政府采购;不适用于缔约方所提供的津贴或者特许;等等。①

还比如,2004 年加拿大 BIT 范本第 9 条"保留和例外"允许缔约方在附录中对第 4 条(MFN 待遇)所不欲适用的现有、将来或者修正后的有关措施加以详细列举。其第 5 款规定:本协议第 4 条(MFN 待遇)不得适用于:(a)某缔约方的国有企业;(b)某缔约方或者国有企业所提供的补助或者特许,包括政府资助的贷款、保证以及保险。第 7 款规定:本协议第 4 条(MFN 待遇)的规定不得适用于金融服务。该范本第 10 条第 6 条规定"本协议规定不得适用于对文化产业领域的投资"。该范本"附录 III""MFN 待遇的例外"第 3 项内容是:为确定起见,第 4 条(MFN 待遇)不得适用于任何已有或者将来的、旨在促进经济发展的外国援助计划,即使此种计划是基于双边协议、多边安排或协议。②

经合组织的《多边投资协定》(*Multilateral Agreement on Investment*,简称 MAI)虽然失败了,但显示了国际投资法发展的新动向。与传统的 BIT 相比,MAI 作为发达国家主张的新一代国际投资法典草案对外资所提供的保护力度更加深入与宽广。不过,MAI 仍然对 MFN 待遇规定了不予适用的例外

---

① 第 15.12 条的内容是:(1)第 15.4 条(国民待遇与最惠国待遇)不适用于:a)缔约方在以下政府层面上维持的已有不符措施:i)该缔约方在附录 8A 安排中列举的中央政府有关措施;ii)该缔约方在附录 8A 安排中列举的区域性政府有关措施;iii)地方政府。b)以上 a)款所指任何不符措施的继续或者更新;或者 c)以上 a)款所指任何不符措施的修订。(2)第 15.4 条不适用于附录 8B 安排中所列举的对于某些部门、分部门或者行为所采取或者维持的任何措施。(3)任何缔约方都不得,通过本协议生效后所采用并且被 8B 安排所涵盖的任何措施,要求另一缔约方的投资者,由于其国籍这一理由,在该措施生效时对已有投资的销售或者其他处理。(4)第 15.4 条不适用于属于第 16.1.3 条(一般规定)特别指出的义务的例外或者减损的任何措施。(5)第 15.4 条和第 15.9 条不适用于:a)政府采购;或者 b)缔约方所提供的津贴或者特许,包括政府资助的贷款、保证或者保险。

② For greater certainty, Article 4 shall not apply to any current or future foreign aid programme to promote economic development, whether under a bilateral agreement, or pursuant to a multilateral arrangement or agreement, such as the OECD Agreement on Export Credits.

情况。例如：为维护国家安全和公共秩序；税收协定与金融制度；在不违背 GATS 义务的前提下，可对一些服务业的外国投资提出此类保留，等等。①

（三）不适用于某些特定类型的条约

随着各国缔结条约的增多以及综合性公约的发展，通过专门条款把特定事项排除于 MFN 条款适用范围之外已不能满足实践的需求，所以，各国又普遍在 BIT 中以专门条款把某些特定类型的条约完全排除于 MFN 待遇的适用范围之外。也有观点把这种特定类型条约的优惠表述为通过某类条约赋予"关联国家"的待遇。例如：缔约一方给"关联国家"（association of states）的优惠待遇，不得视为违反对缔约另一方投资的 MFN 待遇。这里的"关联国家"通常是指关税同盟、经济同盟、共同市场、自由贸易区、区域一体化协定的成员方以及周边国家等等。② 几乎是所有国家签订的 BIT 中都规定了这种例外情况。

例如，加拿大 2004 年范本"附录Ⅲ""MFN 待遇的例外"第 2 项内容是：第 4 条（MFN 待遇）不得适用于根据任何已有或者将来与以下有关的双边、多边协议所赋予的待遇：（1）设立、加强或者扩展某项自由贸易、关税联盟；（2）航空、渔业、包括海上救助在内的海事活动。③

除了附录Ⅰ-Ⅱ所列措施以外，加拿大在 NAFTA 附录Ⅳ中的 b)项与 c)项规定了以下 MFN 待遇不适用的例外：b)在航空（aviation）、渔业（fisheries）以及海运（maritime）事项、通信以及运输服务领域（除了 NAFTA 通信一章所涵盖的措施或者其生产、销售、颁发执照或者无线广播或者电视节目）已经生效的国际协议或者 NAFTA 生效以后所签订的国际协议；c)某些国家行为或者援助项目。

2001 年《中国—缅甸 BIT》第 3 条"投资待遇"第 4 款也做了类似规定："本条第一款到第三款所述的待遇，不应解释为缔约一方有义务将由下列原因产生的待遇、优惠或特权给予缔约另一方投资者：（1）关税同盟、自由贸易区、经济联盟以及形成关税同盟、自由贸易区、经济联盟的任何国际协议；（2）任何

---

① 陈安.国际经济法学专论：上编总论[M].北京：高等教育出版社，2002：662.

② 曾华群.国际投资法学[M].北京：北京大学出版社，1999：430.

③ 其原文是：Article 4 shall not apply to treatment by a Party pursuant to any existing or future bilateral or multilateral agreement：（a）establishing，strengthening or expanding a free trade area or customs union；（b）relating to：aviation；fisheries；maritime matters，including salvage.

全部或主要与税收有关的国际协议或安排。"

（四）不适用于以前所签条约

在某些情况下，有的国家可能认为所签订条约中赋予外国人的待遇过于优惠，从而想在以后签订的 BIT 中把优惠幅度缩小或者不再赋予外国人某些优惠，但又担心受益方通过引用 MFN 条款而享受到以前所签订 BIT 中的某些优惠。同时，通过以上几种限制方式也无法实现其意图。在这种情况下，有的国家干脆在 BIT 中规定 MFN 待遇不适用于以前条约中的待遇。

例如，加拿大 2004 年 BIT 范本附录 III"MFN 待遇的例外"第 1 项内容是："第 4 条（MFN 待遇）不得适用于在本《协议》生效日以前有效或者签订的所有双边或者多边国际协议所赋予的待遇。"①这样，其相对方就不能根据 MFN 待遇享受到加拿大以前赋予第三方的更优待遇。另外，NAFTA 第 1108(7) 条规定："第 1103 条（最惠国待遇）不适用于缔约方根据附录 IV 中规定的条约以及缔约方对附录 IV 中规定的领域所赋予的待遇。"②根据这一授权规定，加拿大在附录 IV 中的 a) 提出了适用于加拿大的以下例外："对于加拿大而言，第 1103 条（最惠国待遇）不适用于 NAFTA 生效以前就已经生效或者签订的国际协议（双边或者多边）。"③有意思的是，NAFTA 的另外两个缔约方——美国与墨西哥都在附录 IV 中提出了适用于各自本国的、与加拿大完全一样的"MFN 待遇不适用于以前生效或签订的国际协议"例外。

第二节　ICSID 仲裁庭关于最惠国条款的实践

在 ICSID 仲裁庭的断案实践中，对于 MFN 条款之可否扩大适用于争端

---

① 其英文原文是：Article 4 shall not apply to treatment accorded under all bilateral or multilateral international agreements in force or signed prior to the date of entry into force of this Agreement.

② 该协议文本可以从以下网址下载：http://www-tech. mit. edu/Bulletins/nafta. html。该第 1108(7) 条的英文原文是："Article 1103 does not apply to treatment accorded by a Party pursuant to agreements or with respect to sectors described in Annex IV."

③ 该附录 IV "Schedule of Canada"的英文原文是："Canada takes an exception to Article 1103 for all international agreements (bilateral and multilateral) in force or signed prior to the date of entry into force of this Agreement."

解决程序问题,分歧甚多。时至今日,仲裁实践中尚没有统一的观点。总体来看,可把仲裁实践大体概括成四种倾向:有限适用、完全适用、基本不适用以及完全不适用。兹逐一说明如下。

一、"墨菲兹尼案"(2000年):有限适用

"墨菲兹尼案"(MAFFEZINI)仲裁庭对"MFN条款"进行了深入的分析。① 在该案中,《阿根廷—西班牙BIT》规定了在提交给国际仲裁庭之前,必须先提交给国内法院,以便国内法院在把争端提交国际仲裁之前的18个月期间内有机会处理争端。② 与此相反,《智利—西班牙BIT》第10(2)条并没有规定必须先提交国内法院这种条件,而是仅仅规定在用来协商的6个月期间过后,投资者就可以选择国际仲裁。③ 另外,《阿根廷—西班牙BIT》第Ⅳ条在保证投资者的公平和平等待遇之后,第2款规定了MFN待遇:"对于本协议下所有事项(in all matters subject to this Agreement),不应低于其给予第三国

① Emilio Agustín Maffezini v. Kingdom of Spain(ICSID Case No. ARB/97/7),Decision of The Tribunal on Objections to Jurisdiction.

② 该BIT第Ⅹ条(成员方和另一成员方的投资者之间的争端解决)内容是:(1)如果可能的话,在本《协定》条款下产生的、缔约一方的投资者和缔约另一方之间的投资争端应该由争端各当事方友好解决。(2)如果从任一当事方提出争端之日后的6个月内,争端没有得到解决,应该把该争端提交给投资发生地的缔约方的有权法庭。(3)在以下任何一种情况下,可以把该争端提交国际仲裁:(a)如果在按照本条第2款提起有关程序起的18个月期间之后,对有关主张的实质问题没有作出决定,或者如果已经作出决定,但是该争端在当事方之间仍然存在,那么,经某一争端当事方申请;(b)如果争端当事双方都同意。(4)在第3款的情况下,除非当事各方另有协议,当事方之间的争端应该按照1965年3月18日《解决国家与他国国民间投资争端公约》提交国际仲裁,或者提交给按照《联合国国际贸易法委员会仲裁规则》所建立的专门仲裁庭。如果在任一当事方把争端提交仲裁之后的3个月期间内,没有对以上可选择程序达成协议,该争端应该按照1965年3月18日《解决国家与他国国民间投资争端公约》提交仲裁,只要缔约双方都已经是该《华盛顿公约》的成员方。反之,该争端应该提交给以上所述的专门仲裁庭……Emilio Agustin Maffezini v. Kingdom of Spain(ICSID Case No. ARB/97/7),Decision of The Tribunal on Objections to Jurisdiction,para. 19.

③ Emilio Agustín Maffezini v. Kingdom of Spain(ICSID Case No. ARB/97/7),Decision of The Tribunal on Objections to Jurisdiction,para. 39.

投资者在其境内之投资的待遇。"①这就引发了这样一个问题:在西班牙的阿根廷投资者是否可以通过该《阿根廷—西班牙 BIT》中的"MFN 条款"而享受到《智利—西班牙 BIT》中不需要优先寻求当地救济的更优惠规定?

1. 当事双方的主张

申请方来自于阿根廷,在西班牙拥有投资。申请方主张,在西班牙的智利投资者不会受到在提交国际仲裁之前必须先提交国内法院之约束,因此比来自于阿根廷的投资者享有更优惠的待遇。同时,根据《阿根廷—西班牙 BIT》中的 MFN 条款,申请方有权选择更优惠的待遇。换言之,申请方可以选择《智利—西班牙 BIT》中的更优惠待遇,直接把争端提交国际仲裁,而不用先提交给国内法院。虽然《阿根廷—西班牙 BIT》规定了 MFN 待遇的例外,但这些例外并不适用于本案件当中的争端解决规定。②

被申请方西班牙反对这种观点。西班牙认为,西班牙和第三国之间的条约与阿根廷毫无关系,因此,申请方不得引用。按照"同类原则"(ejusdem generis),MFN 待遇适用于"同类事项",不能够扩展到与"基础条约"事项不同的"事项"之上。《阿根廷—西班牙 BIT》当中的 MFN 条款所指的"事项"(matters)只能够理解为给予投资者的实体性事项或者实体方面的待遇,而不是程序性或者司法方面的内容。由于 MFN 条款的目的在于防止歧视,这种歧视只有在与实体性经济待遇而并不是与程序性事项相联系时才会发生。只有当能够证明诉诸国内法院会对投资者产生客观上的不利情况,才有可能进一步讨论对所享有的待遇产生实质性影响。申请方本来应该证明,把争端提交西班牙法院管辖与提交给 ICSID 仲裁相比而言,对投资者会更加不利。但申请方并没有能够证明这一点。③

2. "MFN 条款"的范围是否可以涵盖争端解决的内容?

在这里,仲裁庭要考虑的关键问题是:第三方条约中的争端解决规定是否和"基础条约"中 MFN 条款所规定的公平、公正待遇有着合理的联系?争端

---

① Emilio Agustín Maffezini v. Kingdom of Spain (ICSID Case No. ARB/97/7), Decision of The Tribunal on Objections to Jurisdiction, para. 38.

② Emilio Agustín Maffezini v. Kingdom of Spain (ICSID Case No. ARB/97/7), Decision of The Tribunal on Objections to Jurisdiction, para. 40.

③ Emilio Agustín Maffezini v. Kingdom of Spain (ICSID Case No. ARB/97/7), Decision of The Tribunal on Objections to Jurisdiction, paras. 41-42.

解决规定是否可以作为 MFN 待遇所覆盖的事项？这是一个直接涉及同类规则的问题。① 仲裁庭引用了另一案件中的裁决。在"安波蒂勒斯案"(Ambatielose)中，仲裁委员会确认："MFN 条款只能够吸引其本身所涉及的同样主题范畴内的事项。"但是对"同样主题范畴"采取了广义解释："确实，如果把措辞单独来考虑，'司法活动'并不是'通商和航海'的事项，不过，如果把他们与贸易商人权利的保护相联系来考虑，就并不是必然如此。通商航海条约中的事项自然而然地包括了商人权利的保护。由于一直涉及对这些权利的保护，因此，当 MFN 条款包括'与通商、航海有关的所有事项'时，就不能必然地把'司法活动'排除于 MFN 条款适用的范围之外。只能够通过合理解释条约并推断出缔约方的意图，再按照该意图来解决该问题。"②

在考虑了其他案件仲裁庭对"MFN 条款"的观点后，该案仲裁庭接着考虑 BIT 中 MFN 条款的运作。目前，许多 BIT 明确把 MFN 待遇扩及争端解决规定，这在英国所缔结的 BIT 中尤其明显。比如英国和阿尔巴尼亚之间协议中的第 3(3)条规定："为了避免疑问，确认以上第(1)(2)款所规定的待遇应该适用于本《协议》第 1 条至第 11 条当中的规定。"在所列举的条文"第 1 条至第 11 条"当中，包括了关于争端解决以及同意提交 ICSID 调解或者仲裁的条款。③ 在其他条约中，MFN 条款所适用的措辞通常是"本《协议》所包含的所有权利"(all rights contained in the present Agreement)④，或者如同《阿根廷——西班牙 BIT》的规定："本《协议》下的所有事项。"(all matters subject to this Agreement)这些条约没有明确规定类似于争端解决这样的条款是否被包括在 MFN 待遇范围之内。因此，必须像"安波蒂勒斯案"仲裁庭一样确定当事方是否有意省略，或者说，从当事方接下来对位于其国内的外国投资者以及其本国海外投资者待遇的实践当中合理推断出来是否存在这种省略。虽然

---

① Emilio Agustín Maffezini v. Kingdom of Spain（ICSID Case No. ARB/97/7），Decision of The Tribunal on Objections to Jurisdiction，para. 46.

② 不过，该案中实体问题的结论是，希腊所依据的第三方条约和基础条约当中相比，并没有提供任何"特权、优惠或者豁免"，并且，"相应的，第 X 条当中的最惠国条款对本争端没有影响"。United Nations，Reports of International Arbitral Awards，1963，p. 107、109、110. 参见 Emilio Agustín Maffezini v. Kingdom of Spain（ICSID Case No. ARB/97/7），Decision of The Tribunal on Objections to Jurisdiction，paras. 48-50.

③ Agreement between the United Kingdom and Albania，March 30，1994.

④ Agreement between Chile and the Belgian-Luxembourg Economic Union，July 15，1992，Article 3(3).

基础条约没有明确提及把争端解决包括在 MFN 条款的范围之内,不过,仲裁庭认为,存在合理理由推出结论:今天的争端解决安排不可避免地会涉及对外国投资者的保护,就像涉及贸易条约下对商人权利的保护一样。如同其他形式的域外管辖权,过去的领事裁判权对于商人权利的保护曾经被认为是非常重要的,这不仅仅是程序上的制度,而是一种更好地保护国外个人权利的安排。国际仲裁和其他争端解决安排已经代替了这些古老的、滥用的实践。不过,这些现代发展对于有关条约权利的保护非常重要,并且和有关待遇的实质内容紧密联系。商人和投资者像他们的国籍国一样,在传统上都觉得与将争端提交给东道国法院相比,寻求国际救济可以让其权利和利益得到更好的保护,而东道国政府传统上都倾向于情愿由国内法院加以保护。①

所以,仲裁庭得出结论:如果一个第三方条约包含了争端解决规定,而这些争端解决规定对投资者权利和利益的保护比基础条约当中的相关规定更加有利,那么,这种更有利规定可以扩及于 MFN 待遇的受益方,只要完全符合同类规则。②

3. 西班牙的公共政策是否对"MFN 待遇"构成限制?

在确定"MFN 条款"的范围可以涵盖争端解决规则之后,仲裁庭还认为,"MFN 待遇"的运作会受到公共政策的重要限制。其中第一个限制就是,如果某成员方已经把其对仲裁的同意置于用尽当地救济的前提条件之上,就不能够通过 MFN 条款而援引没有要求用尽当地救济的第三方协议,以规避该前提条件,因为这种前提条件反映了国际法的基本规则。很明显,在任何情况下都应该注意这一点:通过 MFN 条款的运作可以合法地扩展权利和利益,但

---

① Emilio Agustin Maffezini v. Kingdom of Spain(ICSID Case No. ARB/97/7), paras. 54-55.

② Emilio Agustin Maffezini v. Kingdom of Spain(ICSID Case No. ARB/97/7), paras. 54-56.

同时也可能会严重破坏基础条约的政策目标。①

那么,本案中西班牙的公共政策是否会阻碍申请方援引"MFN 条款"呢?为解决此问题,仲裁庭对西班牙的公共政策进行了考察。在进行《阿根廷—西班牙 BIT》谈判时,阿根廷作为资本输入国主张采纳某些形式的优先用尽当地救济规则,而西班牙作为资本输出国则支持直接提交国际仲裁的政策。西班牙的这一政策也反映在当时和其他国家谈判的众多协议中。而后来在本案中,双方角色反转过来,申请方的母国阿根廷作为资本输出国的角色出现,西班牙作为东道国在本案中以被申请方的角色出现。仲裁庭还详细审查了西班牙后来和其他国家之间缔结 BIT 的实践。这些条约表明,西班牙的首选实践是在友好解决的 6 个月期间过后就允许国际仲裁,这正是《智利—西班牙 BIT》的规定。在大部分情况下允许在友好期间之后就可选择 ICSID 仲裁。②仲裁庭还注意到,在其审查过的所有西班牙条约当中,采用"本《协议》下的所有事项"(all matters subject to this Agreement)这一措辞的 MFN 条款只有与阿根廷的这一协议。包括和乌拉圭、智利在内的所有其他协议都省略了这

---

① 在这里,仲裁庭确认了四个限制。第二到第四个限制分别是:第二,如果成员方已经约定了一个包括所谓"岔路口条款"的争端解决安排,这种约定不能够通过引用最惠国条款而加以规避。否则,将颠覆安排的终局性,而且对于该安排,许多国家认为是重要的公共政策事项。第三,如果协议规定某个特定的仲裁法庭,比如说 ICSID,就不能够为了把争端提交一个不同的仲裁体系而引用最惠国条款改变这种选择。第四,如果成员方已经同意一个包含有准确程序性规则的、高度自动化的仲裁体系,比如提交给《北美自由贸易协定》以及类似安排,很明显,这些机制都不能够通过最惠国条款的运作而加以更改,因为这些特定规定反映了成员方的准确意志。限制最惠国条款运作的其他公共政策因素将毫无疑问地被当事方或者仲裁庭识别出来。Emilio Agustín Maffezini v. Kingdom of Spain (ICSID Case No. ARB/97/7),Decision of The Tribunal on Objections to Jurisdiction,para. 63.

② 比如,西班牙和以下国家的条约就是这种情况:阿尔及利亚、智利、哥伦比亚、古巴、捷克斯洛伐克、多米尼加、埃及、萨尔瓦多、洪都拉斯、匈牙利、印尼、韩国、立陶宛、马来群岛、尼加拉瓜、巴基斯坦、秘鲁、菲律宾、波兰、突尼斯。另外,少部分条约规定,努力直接解决争端的 6 个月或者 9 个月之后,就由缔约方之间仲裁,而没有涉及外国投资者的选择。比如,和玻利维亚、摩洛哥以及苏联之间的条约就是这种情况。只有一个条约,也就是乌拉圭(Uruguay)遵循了《阿根廷—西班牙 BIT》的模式。Emilio Agustín Maffezini v. Kingdom of Spain(ICSID Case No. ARB/97/7),Decision of The Tribunal on Objections to Jurisdiction,paras. 57-59.

一措辞,仅仅规定"该待遇"(this treatment)享有 MFN 待遇,而这当然是更狭窄的表述。[①]

所以,仲裁庭的结论是:《阿根廷—西班牙 BIT》当中 MFN 条款的范围涵盖了条约的争端解决规定;《阿根廷—西班牙 BIT》当中所规定的首先诉诸东道国法院的要求并不属于西班牙条约中、与条约有关的谈判、其他法律安排或者当事方接下来的实践当中所考虑的公共政策基本问题;因此,根据《智利—西班牙 BIT》当中的更优惠安排,申请方有权利把本争端提交仲裁,而不需要首先提交西班牙法院。相应地,本仲裁庭对本案有管辖权。[②]

从以上可以看出:第一,为了扩大管辖权,仲裁庭倾向于认为通过 MFN 条款可以享受第三方条约当中更优惠的争端解决待遇。第二,仲裁庭承认这样做应该受到东道国公共政策的限制,但是仲裁庭又会接着对东道国的公共政策加以详细考察,以判断首先寻求当地救济是不是东道国的公共政策。第三,仲裁庭所作出的有关 MFN 条款可适用于争端解决程序的各种推理和论证,均以 BIT 中并无排除 MFN 适用于争端解决程序的明文规定作为立论前提。反之,如果有关 BIT 中已有上述明白无误的排除规定,则按照"当事人意思自治"这一公认的法理原则,MFN 条款显然就无从扩大适用于争端解决这一程序性待遇问题了。

二、"西门子案"(2004 年):完全适用

与前述"墨菲兹尼案"相比,"西门子案"仲裁庭采取"完全适用"的意见。[③] 2002 年 5 月 23 日,德国西门子公司(Siemens A. G.)向 ICSID 申请仲裁,被申请方是阿根廷政府。申请方认为,阿根廷终止与西门子在当地子公司之间的合同,从而违反了《阿根廷—德国 BIT》中关于征收的规定。而根据该条约中的 MFN 条款,它有权享有《阿根廷—智利 BIT》当中争端解决规定所提供的待遇,后者没有要求优先采用当地救济。《阿根廷—德国 BIT》第 3 条规定了 MFN 待遇:(1)缔约方赋予另一缔约方公民或公司在其境内投资的待遇,不

---

① Emilio Agustín Maffezini v. Kingdom of Spain (ICSID Case No. ARB/97/7), Decision of The Tribunal on Objections to Jurisdiction, para. 60.

② Emilio Agustín Maffezini v. Kingdom of Spain (ICSID Case No. ARB/97/7), Decision of The Tribunal on Objections to Jurisdiction, para. 64.

③ Siemens A. G. v. The Argentine Republic(ICSID No. ARB/02/8), http://ita. law. uvic. ca/documents/CMS_FinalAward. pdf.

得低于其赋予其本国公民、公司投资或者第三方公民、公司投资的待遇。
(2)缔约方赋予另一缔约方公民或公司在其境内与投资有关活动的待遇,不得低于赋予其本国公民、公司或者第三方公民、公司的待遇。①

阿根廷提出理由反对 ICSID 的管辖权。它认为,《阿根廷—德国 BIT》要求申请方在争端发生的 18 个月内先向当地法院寻求救济,但申请方没有满足这一要求,所以,ICSID 仲裁庭没有管辖权。《阿根廷—德国 BIT》规定 MFN 条款的是第 3 条,其中第 1 款仅仅赋予投资以相关待遇,而并不包括赋予投资之持有者以相关待遇。"主体"因素的缺乏使它本身不同于条约第 10 条提及当事方(缔约方/投资者)把争端提交主管法院或者仲裁的可能性。在该款中不能推断出"投资"包括了争端解决规则。在任何情况下,一项争端解决程序不得视为一项财产——投资。② 同样,阿根廷认为不能从第 3 条第 2 款中推断出缔约方有意把争端解决程序纳入 MFN 待遇的适用范围,因为争端解决并不是一项涉及投资的活动(activity)。根据议定书中对"活动"的定义,指涉及利用、管理投资的、具有商业与经济特征的交易,其中并不包括争端解决程序。③ 另外,"墨菲兹尼案"仲裁庭依赖于"商人、投资者的方便"以及"实体权利与争端解决机制之间的关系",却并没有依赖于——其实他应该依赖于——相关法律的源头,也就是缔约方的意图。该仲裁庭并没有对"同类规则"加以特别分析。还有,阿根廷认为,其同意国际仲裁是以首先把争端提交给当地法院为前提的。④

然而,本案仲裁庭并没有采纳阿根廷的意见。它首先强调,BIT 的标题与序言表明其目的在于"保护"与"促进"投资,表明缔约双方同意为相对方公司/公民的投资"创设更优待遇"。⑤ 议定书规定"活动"特别是但并不限于对某项投资的管理、使用与收益。⑥ 第 3 条第 1 款、第 2 款只是简单地提及"待遇不低于"。"待遇"的通常含义指某实体或个人的行为,除了"不低于"之外,并没有其他的限定或者描述。"活动"一词也同样是普遍含义的。需要规定例外本身

---

① Siemens A. G. v. The Argentine Republic(ICSID No. ARB/02/8),para. 82.

② Siemens A. G. v. The Argentine Republic(ICSID No. ARB/02/8),para. 36.

③ Siemens A. G. v. The Argentine Republic(ICSID No. ARB/02/8),para. 37.

④ Siemens A. G. v. The Argentine Republic(ICSID No. ARB/02/8), para. 54. http://ita.law.uvic.ca/documents/CMS_FinalAward.pdf.

⑤ Siemens A. G. v. The Argentine Republic(ICSID No. ARB/02/8),para. 37.

⑥ Siemens A. G. v. The Argentine Republic(ICSID No. ARB/02/8),para. 83.

就确证了"待遇"或者"活动"的普遍性含义,而不是在已规定了例外规则之外再施加额外的"例外"限制。① 至于阿根廷提到 MFN 条款只适用于投资而不是投资者这一主张,仲裁庭认为,"主体"因素只不过是常识上的事项,例如对于资产转移、争端解决、关于投资活动的条款等等,这些活动都需要有人(不管是物理上还是法律意义上)来完成。所以,就运用 MFN 条款之目的而言,条约中区别使用"投资"还是"投资者"并没有太大关系。②

所以,仲裁庭认为,MFN 条款应该按照其词语在前后文中的通常含义、根据条约的目的和目标——如同其题目与序言所表明的在于保护和促进投资——来加以解释。③ 仲裁庭主张,从通常以及文本含义来看,条约中 MFN 条款所规定的"待遇"以及"与投资有关的活动"这些词语足够宽泛到包括争端解决在内。④ 最后,仲裁庭在 2004 年的管辖权决定书中驳回阿根廷反对适用 MFN 条款的意见。⑤

三、"赛利尼案"(2004 年):基本不适用

与前述案件不同,"赛利尼案"仲裁庭明确表态本案中 MFN 条款不适用于争端解决程序。⑥ 2002 年 8 月 12 日,意大利"赛利尼"公司(实际上有两家公司,为方便起见,本书简称"赛利尼"公司)向 ICSID 申请仲裁,被申请方是约旦政府。在该案中,申请方根据《约旦—意大利 BIT》主张约旦在一项水坝建筑工程中没有履行义务。1999 年《约旦—意大利 BIT》第 9 条(投资者与缔约方争端的解决)前 3 款规定:(1)缔约一方与缔约另一方的投资者之间关于投资的任何争端,包括与补偿金额有关的争端,应该尽量友好解决。(2)如果该投资者与缔约方的某实体已签有投资协议,则该投资协议规定的程序应该适用。(3)如果从书面申请解决之日起的 6 个月内,此种争端仍然没有能够友好解决,有关投资者可选择把争端提交以下方法解决:(a)缔约方主管法院;

---

① Siemens A. G. v. The Argentine Republic(ICSID No. ARB/02/8),para. 85.

② Siemens A. G. v. The Argentine Republic(ICSID No. ARB/02/8),para. 92.

③ Siemens A. G. v. The Argentine Republic(ICSID No. ARB/02/8),paras. 80-81.

④ Siemens A. G. v. The Argentine Republic(ICSID No. ARB/02/8),para. 103.

⑤ Siemens A. G. v. The Argentine Republic(ICSID No. ARB/02/8),para. 110.

⑥ Salini Construttori S. p. A. and Italstrade S. p. A. v. the Hashemite Kingdom of Jordan (Case No. ARB/02/13),Decision of the Tribunal on Jurisdiction of November 29, 2004.

(b)提交 ICSID。

如果仅仅从该第 9 条第 3 款来看,申请方可据此把相关争端提交 ICSID 仲裁。但是,该条第 2 款还规定投资者与东道国间投资协议中的争端解决规定应该优先适用。而在本案中申请方与被申请方刚好签订了投资合同,该合同规定相关争端应由东道国国内法院最终解决。① 根据 BIT 第 9 条第 2 款以及投资合同中的规定,申请方就应该把相关争端提交国内法院最终解决。但是,申请方认为,它们在任何情况下都有权把争端提交 ICSID,其依据是:(1)BIT 第 3 条规定了 MFN 条款;②(2)《约旦—美国 BIT》第 IX 条赋予在约旦的美国投资者把投资争端提交 ICSID 的权利,而不用顾忌规定了不同争端解决机制的投资合同中的任何规定。③

约旦反对 ICSID 管辖权的理由是:合同性争端应由该合同当中的争端解决条款管辖,申请方不能够通过《约旦—意大利 BIT》当中的 MFN 条款而享受到其他 BIT 当中更优惠的争端解决规定。它引用国际法院的裁决,认为"墨菲兹尼案"的决定对本案没有约束力并且不应该遵循。同时,约旦提出,即使在理论上 MFN 条款可适用于争端解决规定,也要服从于该"墨菲兹尼案"仲裁庭提出的"高于一切的公共政策考虑"。尤其是,MFN 条款不能凌驾于缔约双方对管辖权的明确的意思表示之上,就如同本案中第 9(2)条(即:投资

---

① 合同第 67.3 条(诉讼或仲裁)英文为(67.3 Litigation or arbitration):Any dispute in respect of which:(a) the decision,if any,of the Engineer has not become final and binding pursuant to Sub-clause 67.1,and (b) amicable settlement has not been reached within the period stated in Sub-Clause 67.2 . shall be finally settled by reference to the competent court of law in the Kingdom,unless both parties shall agree that the dispute be referred to arbitration.

② BIT 第 3 条第 1 款规定:缔约双方在各自境内对缔约另一方的投资者、受影响之投资由此产生的收入所赋予的待遇,不得低于其赋予其自己公民或第三方投资者、受影响之投资以及由此产生的收入的待遇。其英文:Both Contracting Parties,within the bounds of their own territory,shall grant investments effected by,and the income accruing to,investors of the other Contracting Party,no less favourable treatment than that accorded to investments effected by,and income accruing to,its own nationals or investors of Third States.

③ Salini Construttori S. p. A. and Italstrade S. p. A. v. the Hashemite Kingdom of Jordan (Case No. ARB/02/13),Decision of the Tribunal on Jurisdiction of November 29,2004,para. 21.

者与东道国间投资协议中的争端解决规定应该优先适用)所规定的一样。另外,它还认为,《约旦—美国 BIT》以及《约旦—英国 BIT》并不允许投资者把合同性争端提交 ICSID 管辖,因此,这些并不能支持申请方的主张。①

本案仲裁庭批判性地考察了"安波蒂勒斯案""墨菲兹尼案"仲裁庭的意见。在"安波蒂勒斯案"中,国际法院在 1952 年的判决中认为当事方之间的争端产生于对 1886 年条约的解释,所以英国有义务根据该条约中的规定把争端提交仲裁。然而,有法官对该条约中的 MFN 条款有不同看法。他们认为该条款"不能够扩展适用于它所规定以外的事项","从其词语来看,该条款只对通商与航运承诺了 MFN 待遇",因此不能够适用于"司法"。本案仲裁庭注意到,"安波蒂勒斯案"后来专门成立的仲裁委员会在 1956 年裁定中采取同样的观点:"MFN 条款只能够吸引其本身所涉及的同类主题范畴内的事项。"而且,在 1886 年条约中,MFN 条款适用的领域包括"涉及通商与航海的全部事项",这种表达并没有严格限定其含义。在实践中,通商与航海条约中规定的多样性反映出其含义非常具有灵活性。例如,应该注意到大部分条约包括涉及司法行为的规定。② 而且,仲裁庭注意到,希腊引用 MFN 条款的目的不是为了对其国民适用争端解决条款,而是为了适用英国与其他国家间条约中赋予国民以"公平""公正"权利的实体规定。③

在"墨菲兹尼案"中,仲裁庭也许意识到了扩展最惠国条款适用的范围所带来的风险,因为该仲裁庭本身明确认为最惠国条款的受益方"不得凌驾于可能作为缔约方接受条约之前提条件的公共政策考虑"。该案仲裁庭还补充:"必须对以下两者加以区别:一方面,通过 MFN 条款的运作合法扩展权利与

---

① Salini Construttori S. p. A. and Italstrade S. p. A. v. the Hashemite Kingdom of Jordan (Case No. ARB/02/13),Decision of the Tribunal on Jurisdiction of November 29,2004,para. 103.

② Salini Construttori S. p. A. and Italstrade S. p. A. v. the Hashemite Kingdom of Jordan (Case No. ARB/02/13),Decision of the Tribunal on Jurisdiction of November 29,2004,paras. 106-108.

③ Salini Construttori S. p. A. and Italstrade S. p. A. v. the Hashemite Kingdom of Jordan (Case No. ARB/02/13),Decision of the Tribunal on Jurisdiction of November 29,2004,para. 112.

利益,另一方面,容易产生会严重破坏具体条约背后之政策目标的挑选条约的行为。"①本案仲裁庭关注"墨菲兹尼案"仲裁庭的解决办法,不过担心仲裁员采取的谨慎措施在实践中很难适用,并因此会在"挑选条约"之基础上又增加更多的不确定因素。本案仲裁庭还注意到双边投资条约采用了不同的方法来处理这一问题,有的条约明确规定 MFN 待遇适用于争端解决规定,例如英国所缔结的某些条约就是如此。②

在"安波蒂勒斯案"中,仲裁委员会发现缔约方的意图是"缔约一方享有缔约另一方根据 MFN 条款在所有方面(in all respects)赋予的通商与航海(待遇)",并据此认为"MFN 条款的效果能够扩展适用于司法体系"。在"墨菲兹尼案"中,仲裁庭仔细考察了西班牙与阿根廷的实践,其关于申请方有权"无须首先诉诸西班牙法院"即可把争端提交仲裁这一结论,不仅仅是以 BIT 文本为根据,还以"西班牙对其自己海外投资者之待遇的法律政策"为根据。③

本案仲裁庭认为,本案中的情况与以上两者并不相同。确实,《意大利—约旦 BIT》第 3 条没有包括把其适用范围扩展适用于争端解决的任何规定。它没有规定"本协议下的所有权利或所有事项"。另外,申请方也没有提交证据以证明:缔约方的共同意图在于把 MFN 条款适用于争端解决……相反,根据该 BIT 第 9(2)条,缔约方把合同性争端排除于 ICSID 管辖权范围之外的共同意图非常明显。最后,申请方没有援引约旦或意大利的任何实践来支持其主张。④ 因此,仲裁庭的结论是:目前对于争端解决条款而言,《约旦—意大利

---

① Salini Construttori S. p. A. and Italstrade S. p. A. v. the Hashemite Kingdom of Jordan (Case No. ARB/02/13),Decision of the Tribunal on Jurisdiction of November 29,2004,para. 114.

② Salini Construttori S. p. A. and Italstrade S. p. A. v. the Hashemite Kingdom of Jordan (Case No. ARB/02/13),Decision of the Tribunal on Jurisdiction of November 29,2004,paras. 115-116.

③ Salini Construttori S. p. A. and Italstrade S. p. A. v. the Hashemite Kingdom of Jordan (Case No. ARB/02/13),Decision of the Tribunal on Jurisdiction of November 29,2004,para. 117.

④ Salini Construttori S. p. A. and Italstrade S. p. A. v. the Hashemite Kingdom of Jordan (Case No. ARB/02/13),Decision of the Tribunal on Jurisdiction of November 29,2004,para. 118.

BIT》当中的 MFN 条款并不适用。① 不过,它后来根据其他理由对案件坚持了管辖权。②

四、"普莱玛案"(2005 年):完全不适用

与"赛利尼案"相比,"普莱玛案"仲裁庭认为 MFN 条款不能适用于争端解决程序的态度更为彻底。③ 2002 年 12 月 24 日,塞浦路斯"普莱玛"公司(Plama Consortium Limited)向 ICSID 申请仲裁,被申请方是保加利亚政府。《保加利亚—塞浦路斯 BIT》当中的争端解决规定仅仅规定与征收有关的争端可提交国际救济。④ 不过,该 BIT 第 3 条第 1 款规定了 MFN 待遇:每一缔约方对缔约另一方投资者在其境内投资所赋予的待遇,不得低于其赋予第三国投资者之投资的待遇。⑤《能源宪章条约》(*Energy Charter Treaty*,ECT)第26 条(缔约方与投资者之间争端的解决)规定投资者可以把关于违反 ECT 第

---

① Salini Construttori S. p. A. and Italstrade S. p. A. v. the Hashemite Kingdom of Jordan (Case No. ARB/02/13),Decision of the Tribunal on Jurisdiction of November 29,2004,para. 119.

② Salini Construttori S. p. A. and Italstrade S. p. A. v. the Hashemite Kingdom of Jordan (Case No. ARB/02/13),Decision of the Tribunal on Jurisdiction of November 29,2004,para. 179.

③ Plama Consortium Limited v. Republic of Bulgaria (ICSID Case No. ARB/03/24),www. worldband. org/icsid/cases/plama-decision. pdf.

④ 其第 4 条规定:"4.1 征收的合法性应该经相关投资者的请求,通过采取征收措施缔约方的普通行政和法律程序加以审查。对于行政命令中没有解决的补偿金额争端,相关投资者和另一缔约当事方的法律代表应该协商解决。如果在开始协商后的三个月内没有达成协议,经投资者申请,补偿金额应该由采取征收措施的缔约一方的法律程序或者是国际特别仲裁庭加以审查。4.2 第 4 条第 4.1 款所述国际仲裁庭应该逐案设立。每一缔约方应该指定一名仲裁员,再由这两名仲裁员同意一个第三国国民作为主席……Plama Consortium Limited v. Republic of Bulgaria (ICSID Case No. ARB/03/24),para. 26.

⑤ Plama Consortium Limited v. Republic of Bulgaria (ICSID Case No. ARB/03/24),para. 26.

三部分(Part III)下之义务的争端提交 ICSID 仲裁。① 而该"ECT 第三部分"
又包括范围广泛的待遇。

所以,虽然《保加利亚—塞浦路斯 BIT》仅仅把关于征收补偿的争端提交
国际特别仲裁庭,但是,根据其中的 MFN 条款,申请方认为其可以享有 ECT
当中把范围广泛的争端提交 ICSID 仲裁的权利。保加利亚提出反对,认为
《保加利亚—塞浦路斯 BIT》当中的 MFN 待遇规定并没有授权申请方根据其
他 BIT 当中范围更宽泛的投资者—东道国争端仲裁条款提交 ICSID 管辖。

2005 年 2 月公布的"普莱玛案"管辖权决定认为,从 BIT 对 MFN 条款的
表述可以看出,MFN 条款只适用于实体性待遇。在缺乏必要的缔约准备资
料等佐证的情况下,不能仅仅依据《维也纳条约法公约》第 31 条的"目的宗旨
解释方法",②就认定 MFN 条款的适用范围涵盖争端解决问题。由于仲裁协
议的存在是仲裁得以进行的基本前提,而无论是各国国内法还是国际法都要
求仲裁协议必须清清楚楚、毫不含糊,并且,规定仲裁的条款本身必须成为合
同/条约的一部分。因此,不能由于存在 MFN 条款而推定当事人已经同意了
某一仲裁协议。由于仲裁协议具有自治性,所以,缔约方没有把 MFN 条款适
用于争端解决规定的意图。"墨菲兹尼案"管辖权决定虽然主张 MFN 条款可
以适用于程序性待遇,却忽视了仲裁协议的明确性以及自治性,其结果不但不

---

① 该第 26 条(缔约方与投资者之间争端的解决)的内容是:(1)缔约一方与缔约另一
方投资者之间关于该投资者在前者领域内的投资、涉及前者违反第三部分(Part III)下之
义务的争端,如果可能,应该友好解决。(2)如果在任一当事方要求友好解决之日起的 3
个月内,根据第 1 款没有能够解决争端,投资者可以选择以下解决方法:(a)属于争端当事
方之缔约一方的法院或者行政法庭;(b)任何可适用的、预先同意的争端解决程序;(c)根
据本条以下条款解决。……(4)如果投资者选择根据本条第 2 款第(c)项提交争端,该投资
者应该进一步为把争端提交给以下程序而提交书面同意:(a)(i)如果投资者母国和另一缔
约方当事方都属于《华盛顿公约》的成员方,则提交 ICSID……Plama Consortium Limited
v. Republic of Bulgaria (ICSID Case No. ARB/03/24),para. 26.

② 该第 31 条"解释之通则"的内容是:(1)条约应依其用语按其上下文并参照条约的
目的和宗旨所具有的通常意义,善意地加以解释。(2)就解释条约而言,"上下文"除指连
同序言及附件在内的约文外,还应包括:①全体当事国间因缔结条约而订立的与条约有关
的任何协定;②一个以上当事国因缔结条约所订立并经其他当事国接受为条约有关文书
的任何文书。(3)应该与上下文一并考虑的还有:①当事人嗣后所订立的关于条约的解释
或其规定之适用的任何协定;②嗣后在条约适用方面确定各当事国对条约解释之协定的
任何惯例;③适用于当事国间关系的任何有关国际法规则。(4)倘若经确定当事国有此原
意,条约用语应使其具有特殊意义。

会推动争端解决规定的统一化,反而会造成一片混乱。①

仲裁庭的观点非常明确:"在缔结条约时,保加利亚和塞浦路斯把特定的投资者—东道国争端解决限制于 BIT 规定的范围,并且没有通过 MFN 条款扩展这些规定的意图",②"把争端解决纳入到 MFN 条款适用范围之内的意图必须是明确的并且毫无疑义的表述"。③

与前面"墨菲兹尼案""西门子案"相反,本案仲裁庭认为,在原则上,缔约国所欲给予投资者的"待遇"并不包括程序性待遇(即争端解决方面的待遇)在内。只要 MFN 条款没有明确规定其适用范围涵盖了程序性待遇,并且相关缔约准备资料也没有明确表明当事人有此意图,那么,即使相关 MFN 条款将其适用范围表述成"本协议所涵盖的所有权利""本协议项下的所有事项",也仍然不能认定相关 MFN 条款可以适用于程序性待遇。④

五、小结

各国在签订 BIT 的 MFN 条款时所使用的用语并不一致。如果 BIT 明确指出 MFN 条款适用于争端解决程序,⑤这时 MFN 条款毫无疑问便可以适用。如果 BIT 并未就 MFN 条款可否适用于程序性待遇做出明确表态,而是采用极为笼统的措辞,如声称对"投资以及投资者"给予 MFN 待遇等,那么,在这种情况下 MFN 待遇是否可以适用于争端解决规定?从以上 ICSID 案例来看,仲裁庭对这种情况下的 MFN 条款是否能够适用于争端解决问题尚未取得一致意见,大体上呈现"可以适用"与"不得适用"这两种相反的倾向。

(一)可以适用

在"可以适用"的意见中,又可以细分为两种情况,一是"有限适用",二是

---

① Plama Consortium Limited v. Republic of Bulgaria (Case No. ARB/03/24), Decision on Jurisdiction of February 8,2005,paras. 216-224.

② Plama Consortium Limited v. Republic of Bulgaria (Case No. ARB/03/24), Decision on Jurisdiction of February 8,2005,paras. 195-197.

③ Plama Consortium Limited v. Republic of Bulgaria (Case No. ARB/03/24), Decision on Jurisdiction of February 8,2005,para. 204.

④ Plama Consortium Limited v. Republic of Bulgaria (Case No. ARB/03/24), Decision on Jurisdiction of February 8,2005,para. 214.

⑤ 比如,1994 年《大不列颠及北爱尔兰联合王国与阿尔巴尼亚促进与保护投资协定》第 3 条就明确规定:为了避免产生疑义起见,缔约双方确认,有关 MFN 待遇的规定适用于争端解决机制。

"完全适用"。

1."有限适用"

这种观点的典型代表是"墨菲兹尼案"。该案仲裁庭认为,在把"MFN 条款"适用于争端解决程序时,至少要满足两个条件:

(1)通过 BIT 当中的用语可以判断成员方并没有明确把争端解决排除于"MFN 条款"的适用范围之外。这里要注意的是,仲裁庭不是正面考察缔约方是否已经采用肯定性语言规定"MFN 条款涵盖了争端解决规定"这一内容,而是反面考察缔约方是否没有对此加以否定从而构成默认(即有意省略)。换言之,如果缔约方在 MFN 条款中没有明确把争端解决事项排除在其范围之外,就有可能被仲裁庭推断出其默认了把争端解决事项包括在 MFN 条款范围之内。尤其是当 MFN 条款所适用的措辞是"所有事项、所有权利"时,就会接着考察缔约方是否"有意省略明确规定涵盖争端解决规定"的措辞。或者说,从当事方接下来对在该国境内的外国投资者及其本国海外投资者待遇的实践当中合理推断出来是否存在这种省略。在这种情况下出现肯定结论的可能性会更大。

(2)东道国的公共政策并不会限制通过"MFN 条款"援引不同的争端解决规定。仲裁庭会对东道国的投资保护实践加以考察,其中包括东道国和其他国家签订 BIT 时是否要求首先采用当地救济、是否为本国对外投资者在其他国家争取可以直接寻求"中心"救济的权利等内容。如果认为该东道国在这些实践中并没有统一要求优先利用当地救济,那么,仲裁庭会认为"首先寻求当地救济"并不是该东道国的公共政策,从而并不会限制外国投资者通过 MFN 条款而享受到第三方 BIT 中更优惠的争端解决待遇。

2."完全适用"

该观点的代表是 2004 年发布的"西门子案"。该案仲裁庭坚持 MFN 条款适用于争端解决程序的态度更为彻底。"西门子案"仲裁庭认为,MFN 条款应该按照其词语在前后文中的通常含义、根据条约的目的和宗旨——如同其标题与序言所表明的在于保护和促进投资——来加以解释。仲裁庭主张,从文本的通常含义来看,条约中 MFN 条款所规定的"待遇"以及"与投资有关的活动"这些词语足够宽泛到包括争端解决规则在内。[①] 需要规定例外本身

---

① Siemens A. G. v. The Argentine Republic(ICSID No. ARB/02/8),Para. 80-81,103,110,available at http://ita. law. uvic. ca/documents/CMS_FinalAward.

就确证了"待遇"或者"活动"的普遍性含义,而不是在规定的例外以外再施加额外的"例外"限制。① 另外,仲裁庭认为,"主体"因素只不过是常识上的事项,就运用 MFN 条款之目的而言,条约中区别使用"投资"还是"投资者"并没有太大关系。②

（二）"不得适用"

在"不得适用"的意见中,依据意见的彻底与否可以分为两种情况,一是"基本不适用",二是"完全不适用"。

1."基本不适用"

这方面的代表是"赛利尼案"。该案仲裁庭的理由是:首先,《意大利—约旦 BIT》第 3 条没有包括把其适用范围扩展适用于争端解决的任何规定。它没有规定"本协议下的所有权利或所有事项"。其次,申请方没有提交证据以证明:缔约方的共同意图在于把 MFN 条款适用于争端解决。再次,根据该BIT 第 9(2)条,缔约方把合同性争端排除于 ICSID 管辖权范围之外的共同意图非常明显。最后,申请方没有引用约旦或意大利的任何实践来支持其主张。③

2."完全不适用"

这方面的代表是"普莱玛案"。该案仲裁庭认为,原则上,缔约国所欲给予投资者的"待遇"并不包括程序性待遇（即争端解决方面的待遇）在内。只要MFN 条款没有明确规定其适用范围涵盖了程序性待遇,并且相关缔约准备资料也没有明确表明当事人有此意图,那么,即使相关 MFN 条款将其适用范围表述成"本协议所涵盖的所有权利""本协议项下的所有事项",也仍然不能认定相关 MFN 条款可以适用于程序性待遇。④

（三）几点倾向性规律

由于仅仅从 MFN 条款本身并不能看出其对争端解决方面的具体规定,而是需要援引第三方 BIT 的具体规定,所以由此带来的挑战非常隐蔽并且具

---

① Siemens A. G. v. The Argentine Republic(ICSID No. ARB/02/8),para. 85.

② Siemens A. G. v. The Argentine Republic(ICSID No. ARB/02/8),para. 92.

③ Salini Construttori S. p. A. and Italstrade S. p. A. v. the Hashemite Kingdom of Jordan (Case No. ARB/02/13),Decision of the Tribunal on Jurisdiction of November 29,2004. Para. 118.

④ Plama Consortium Limited v. Republic of Bulgaria (Case No. ARB/03/24),Decision on Jurisdiction of February 8,2005,para. 214.

有很长的"潜伏期"。同时,通过 MFN 条款可以援引的第三方 BIT 在身份上具有不确定性,在数目上又几乎具有无限性,因此,这一条款所带来的挑战又极为严重。

法学界对此问题并没有能够提出足够有说服力的解决方法。[①] 不过,可以预见的是,把 MFN 条款适用于争端解决程序之可能性是存在的。即使缔约方在 BIT 中约定在提交国际仲裁之前须优先用尽或在一定期间内寻求当地救济甚至没有对国际仲裁庭之管辖权作出明确同意,国际仲裁庭仍然有可能允许申请方通过 MFN 条款而享受东道国与第三方间 BIT 中的更优惠争端解决待遇,从而可以不受"当地救济"优先之约束,甚至"从无到有"地创设出东道国对国际仲裁的同意。

如果存在以下条件,则仲裁庭认为 MFN 条款可适用于争端解决程序的可能性更大:(1)MFN 条款中规定其适用范围是"所有权利""所有事项";(2)东道国的缔约实践表明其愿意将 MFN 条款适用于争端解决程序。这实际上就是考察东道国的公共政策。

反之,如果存在以下条件,则仲裁庭认为 MFN 条款不能适用于争端解决程序的可能性更大:(1)在规定 MFN 条款之适用范围时采用限制性较大的词语,至少不要"所有权利""所有事项";(2)在 BIT 中明确规定如有关投资合同中约定了争端解决程序,则此种约定优先;(3)东道国在实践中对"当地救济"方面尽量体现统一的政策。

第三节　关于"最惠国条款"的对策

一、中国 BIT 中 MFN 条款的缔约实践

我国和外国签订的 BIT 中基本都规定了 MFN 条款。就 2011 年之前的 BIT 来看,其中规定可以涵盖哪些待遇时的措辞主要有三种方式:第一种是"投资及与投资有关活动的待遇"。例如 2001 年《中国—缅甸 BIT》第 3 条第 3

---

　　① 　KURTZ J. The MFN Standard and Foreign Investment:An Uneasy Fit? [J]. The Journal of World Investment & Trade,2004,5(6):866-867; Dolzer B, Myers T. After Tecmed:Most-Favored-Nation Clauses in Investment Protection Agreements [J]. ICSID Review-Foreign Investment Law Journal,2004,19(1):49-60.

款规定:"缔约一方给予缔约另一方投资者在其境内的投资及与投资有关活动的待遇,不应低于其给予任何第三国投资者的投资及与投资有关活动的待遇。"①

第二种是"投资、收益及与投资有关活动的待遇"。例如 2002 年《中国—特立尼达和多巴哥国 BIT》第 4 条第 3 款规定:"缔约一方给予缔约另一方投资者在其境内的投资、收益及与投资有关活动的待遇,不应低于其给予任何第三国投资者的投资、收益及与投资有关活动的待遇。"②

第三种是在以上第二种的基础上增加了"请求或接受法院审理和向行政仲裁机构及行政机关提出申诉的权利方面的待遇"。例如 1992 年《中国—韩国 BIT》第 3 条第 1 款规定:"任何一方国家的投资者,在另一国领土内,在有关投资、收益和与投资有关的业务活动方面应保证得到不低于任何第三国投资者的待遇。"其第 4 条还规定:"任何一国的投资者在另一国领土内,为行使和维护自身的权利,在请求或接受法院审理和向行政仲裁机构及行政机关提出申诉的权利方面的待遇,不应低于该另一国给予其本国投资者或第三国投资者的待遇。"③

以上三种措辞都包括了"与投资有关活动的待遇"在内。如果将来仲裁庭采取与前述"墨菲兹尼"案仲裁庭同样的观点,则非常可能据此认为 MFN 条款没有明确排除而是默认涵盖了争端解决规定的内容。尤其是第三种措辞明确在 MFN 条款中规定了争端解决待遇,在面对这种措辞时,几乎可以确定仲裁庭将非常乐意确认 MFN 条款涵盖了争端解决方面的待遇。另外,中国于1995 年与摩洛哥签订的 BIT 第 10 条以及 1996 年与沙特阿拉伯王国签订的 BIT 第 8 条都明文规定,可以把"因国有化和征收补偿款额产生的争议"直接提交"中心"仲裁。将来的仲裁庭会不会据此认为我国并没有统一采取当地救济优先的公共政策?如果会,则将进一步确定我国公共政策不会限制通过 MFN 条款绕过优先寻求当地救济的要求。这将大大增加外国投资者直接寻求"中心"救济成功的可能性。

由于 BIT 中的 MFN 条款存在上述风险,故作者最早在 2006 年 5 月份发

---

① 另外还可参见 2004 年《中国—拉脱维亚 BIT》第 3 条第 3 款、2004 年《中国—贝宁 BIT》第 3 条第 2 款、2002 年《中国—科特迪瓦 BIT》第 3 条第 3 款、2003 年《中国—德国 BIT》第 3 条第 3 款。

② 2003 年《中国—圭亚那 BIT》第 3 条第 3 款也作了相同规定。

③ 该 BIT 已被 2007 年新 BIT 所取代。

表的文章中即提出建议:对于"最惠国待遇",应该规定该待遇不得适用于争端解决程序,以防以后签订的 BIT 相对方根据最惠国待遇条款主张享受我国以前和德国等国家之间签订且采用"全面同意"式 BIT 中的争端解决待遇。①

从作者找到的资料来看,这应该是国内第一次明确对中国的 BIT 缔约实践提出应该规定"最惠国待遇不得适用于争端解决程序"的建议。不过,国内当时关注这一问题的学者并不多。从研讨会上多位学者反馈的疑惑是:其他国家 BIT 中都没有这种排除规定,中国要求加入这样的条款,会被他国接受吗? 为了解决这一疑惑,作者继续查找更多的资料。觉得以下两项资料似乎有助于澄清这一疑惑。

资料一是,其实,根据本国利益的需要,对 MFN 条款加以限制或者终止的行为早已出现过。在 20 世纪 20—30 年代,欧美各国为了转嫁已露苗头的本国经济危机,在竞相推销本国产品的同时却采用高关税以及各种限制措施,以抵制外国货物的进口。这时,以倡导自由贸易而载入史册的科布登条约当事国——英国和法国的态度也都来了个一百八十度大转弯。法国政府商务部长于 1918 年 12 月 15 日发表声明:"本政府已经废除了所有含有 MFN 条款的通商条约,该条款(今后)再也不会出现,再也不许毒化我国的关税政策。"② 不久,英国也放弃了 MFN 等规则,开始在英联邦国家之间实行一种"特惠制"(preferential system)。③ 因此,根据我国利益需要,在签订 BIT 的实践中,同样可以限制 MFN 的适用范围。具言之,可以采用明确的用语排除 MFN 条款对争端解决条款的适用。

资料二是,为了防止未来国际仲裁庭滥用 MFN 条款扩张其管辖权,美国曾经在缔约实践中采取措施加以限制。美国与中美洲自由贸易协议

---

① 王海浪."落后"还是"超前"? ——论中国对 ICSID 管辖权的同意[M]//陈安. 国际经济法学刊. 北京:北京大学出版社,2016,13(1):179.

② Mr. ENDRE USTOR, Special Rapporteur. First report on the most-favoured-nation clause,(联合国文件 A/CN. 4/213),para. 31. Extract from the Yearbook of the International Law Commission:1969,2. http://untreaty. un. org/ilc/documentation/english/a_cn4_213. pdf.

③ 此处的"特惠制"是比最惠国待遇还要优惠的制度,现已广泛存在于像欧共体等这类自由贸易区的成员国之间。Mr. ENDRE USTOR, Special Rapporteur. First report on the most-favoured-nation clause,(联合国文件 A/CN. 4/213),para. 39. Extract from the Yearbook of the International Law Commission:1969,2. http://untreaty. un. org/ilc/documentation/english/a_cn4_213. pdf.

(CAFTA)的最后草案文本在该协议的"投资"章当中对 MFN 条款的适用范围加入了一个解释性脚注,其内容是:缔约方注意到最近"墨菲兹尼案"仲裁庭所作的决定,该决定确立了阿根廷—西班牙 BIT 当中不同寻常的(unusually)、广泛的(broad)MFN 条款,以便适用于国际争端解决程序。相反,本协议当中的 MFN 条款明确限定于以下事项的范围"对投资的建立、收购、扩展、管理、生产、运输、销售或者其他处理"。缔约各方同意:该条款不包括国际争端解决机制,例如本章第 11 节所包括的国际争端解决机制,因此不得合理地推出类似于"墨菲兹尼案"的结论。在本协议的最终文本当中,该脚注将被删除,但是,缔约方同意把它包括在协商历史文件中,以便反映出缔约方对 MFN 条款以及"墨菲兹尼案"的共同理解。[①]

根据这些资料,作者在 2007 年 7 月份发表的另外一篇文章中较为详细地专门讨论了 BIT 中 MFN 对争端解决规则适用的问题,并提出如下建议:"我国在签订 BIT 时采取相应措施不但对于维护我国利益是必须的,也是光明正大的。具体而言,我国可以采用以下措施:(1)参考和比较前述加拿大 BIT 范本附录Ⅲ'MFN 待遇的例外'第一项、CAFTA 草案文本'投资'章关于 MFN 适用范围的解释性脚注中的先例,以明确的用语把争端解决规则排除于 MFN 待遇范围之外,这是最佳选择;(2)宜在 MFN 条款中选用适当的措辞,至少不要采用'所有权利''所有事项'等用语;(3)在 BITs 的争端解决条款中,都要坚持要求优先寻求当地救济,尽量体现统一的公共政策,不要出现如前述《中国—沙特阿拉伯王国 BIT》或者《中国—摩洛哥 BIT》那样的例外,不然,外国投资者会更容易主张 MFN 条款适用于争端解决规则从而规避当地救济要求;(4)在 BIT 中明确规定,如果东道国与外国投资者之间的投资合同中约定了争端解决程序,则此种约定应该优先适用;(5)可以参考前述加拿大、美国、墨西哥不约而同地在 NAFTA 附录Ⅳ中限制 MFN 条款适用于以前国际协定的先例,规定 MFN 条款不适用于已经生效或者已经签字的国际协定;(6)不宜明确规定 MFN 待遇适用于争端解决规则。"[②]

此后,中国开始在缔约中明确规定"MFN 待遇不适用于争端解决规则"。

---

① OECD. International Investment Law:A Changing Landscape,A Companion Volume to International Investment Perspectives [R/OL]. http://www. sourseoecd. org/finance/9264011641. OECD Publishing,2005:132.

② 最惠国条款在 BIT 争端解决中的适用问题[M]//陈安. 国际经济法学刊. 北京:北京大学出版社,2017,14(2):178.

从作者查找到的资料来看,中国最早在 2009 年缔结《中国—东盟全面经济合作框架协议投资协议》中有此排除规定。其第 5 条"最惠国待遇"第 4 款规定:"为进一步明确,本条规定的义务不包含要求给予另一方投资者除本章规定内容以外的争端解决程序。"[①]对于 BIT 而言,中国最早排除 MFN 对争端解决规则适用的是,2011 年缔结并于同年生效的中国—乌兹别克斯坦 BIT。该项 BIT 第 4 条明确限制了最惠国待遇对争端解决条款的适用:"(1)缔约一方就投资的设立、并购、扩大、管理、维持、使用、享有、出售或投资的其他处置所赋予缔约另一方投资者及在其境内的投资的待遇不得低于在相同情势下给予第三国投资者及其投资的待遇。……(3)尽管有第一款的规定,其他条约中规定的争端解决程序不得被援引用来处理本协议框架下的争端。"此后,我国在 BIT 中排除 MFN 对争端解决规则适用的情况就比较常见了。

二、中国 BIT 中两种 MFN 类型并存情况下所蕴含的风险

有观点提出,在最惠国条款是否适用于争端解决程序的问题上,依据联合国有关机构的建议制定一个标准化的"全球适用的示范最惠国条款是一个可能的"也许是最佳的避免出现分歧的方法。[②] 不过,在此之前,我们仍然应该在力所能及的范围内采取措施回避风险。

如上所述,我国目前生效的 BIT 对 MFN 的规定有两种类型。一是 2011 年后缔结的 BIT 中,通常会明确排除 MFN 对争端解决规则的适用。二是在 2011 年之前缔结的 BIT 中,并没有明确排除 MFN 对争端解决规则的适用。由此所蕴含的风险有:(1)两种 MFN 类型并存,不利将来仲裁庭判断我国在这方面的公共政策是什么,不利于可预见性的建立。(2)由于 2001 年之前 BIT 没有明确排除 MFN 对争端解决规则的适用,故存在将来仲裁庭将 MFN 条款适用于争端解决规则的风险。

在我国作为东道国身份被诉之于国际仲裁之时,让 MFN 适用于争端解决规则无疑对我国是非常不利的。反之,当我国海外投资者利用 BIT 申请国际仲裁之时,让 MFN 适用于争端解决条款会有利于保护海外投资者。然而,在 BIT 没有明确规定的情况下,决定权掌握在仲裁庭手上。作为当事方之

---

① 参见《中国—东盟全面经济合作框架协议投资协议》,http://fta. mofcom. gov. cn/dongmeng/dongmeng_special. shtml.

② 黄世席. 国际投资仲裁中最惠国条款的适用和管辖权的新发展[J],法律科学,2013(2):184.

一,只能充分利用有利条件据理力争。

让 MFN 适用于争端解决规则的理由主要有以下这些:

(1)从 MFN 规则本身来看。MFN 通常会规定适用于边境贸易、税务条约等例外。在有机会规定 MFN 例外规则的情况下,缔约双方选择不把"MFN 不适用于争端解决规则"这样的内容作为例外纳入到条约当中,表明缔约双方的本来意图是希望让 MFN 适用于争端解决规则。

(2)从文本解释与目的、宗旨解释这些条约解释因素来看。多数 MFN 条款采用的用语是应该在"所有待遇"方面赋予对方的投资者以"最惠国待遇","所有待遇"当然包括了争端解决这样的程序性待遇在内。而且,从 BIT 的序言与标题来看,缔结 BIT 的目的与宗旨是促进与保护投资。让 MFN 适用于争端解决规则无疑会更有利于保护投资。故让 MFN 适用于争端解决规则符合文本解释与目的、宗旨解释这些条约解释因素。

让 MFN 不适用于争端解决规则的理由主要有以下几个:

(1)从 MFN 规则本身来看。如前所述,MFN 待遇不属于习惯法。所以,其存在就取决于缔约方的约定,其具体含义也需要由缔约方加以约定。如果缔约方没有在 BIT 中明确约定 MFN 条款可适用于争端解决程序,则不可适用。

(2)从缔约背景资料这些条约解释规则来看。MFN 条款中的用语通常比较抽象,但在 2000 年之前,大家对 MFN 的适用一直都限于在实体待遇中加以讨论,各国似乎"不知道"该 MFN 条款还可适用于争端解决程序。因此,仲裁庭不能从这种"抽象的用语"推断出缔约方"故意省略了"关于"MFN 条款可适用于争端解决程序"这样的文字。有西方学者曾在讨论"保护伞条款"时提到"条约的起草者并不总是以一种系统的理论论述形式来书写条约。他们往往倾向于把条款从不同的范本当中复制下来后放在一起(put together)"。① 如借用该观点则更可以说明"各国在 BIT 中没有提及 MFN 条款是否可以适用于争端解决程序"这一事实表明了各国无意让 MFN 条款适用于争端解决程序。因此,虽然根据《维也纳条约法公约》第 31(1)条可以推断出缔约方签订 BIT 的目的在于"保护"与"促进"投资,但这种保护与促进并

---

① WALED T W. The "Umbrella" Clause in Investment Arbitration: A Comment on Original Intentions and Recent Cases [J]. The Journal of World Investment & Trade, 2005, April, 6(2): 222.

不是毫无限制的保护与促进,而是在条款规则限度内的保护与促进。就如同"西门子案"中阿根廷的观点:"墨菲兹尼案"仲裁庭依赖于"商人、投资者的方便"以及"实体权利与争端解决机制之间的关系",却并没有依赖于——其实他应该依赖于——相关法律的源头,也就是缔约方的意图。①

(3)从长远后果来看。如果在没有缔约方明确同意的情况下就把 MFN 条款适用于争端解决程序,会带来缔约方所无法预见的结果,并可能严重打击其参加国际投资活动、签订 BIT 的积极性。这不但不会带来 BIT 的繁荣,反而意味着 BIT 的灾难。

(4)有学者在分析了相关案件后认为,《维也纳条约法公约》第 31 条第 1 款规定的"文本分析原则"实际上在此并无用武之地。在 1997 年"墨菲兹尼案"提起之前,从无一个外国投资者诉称国际投资条约中的最惠国待遇应适用于争端解决程序,学界也几无肯定之说。由此可见,主张最惠国待遇可以扩张适用于投资争端解决程序,缺乏应有的历史根据。从"效果分析原则"来看,为避免出现外国投资者"选购条约"的结果,除非缔约双方有明确的约定,否则不宜将最惠国待遇扩张适用于争端解决程序。②

---

① Siemens A. G. v. The Argentine Republic(ICSID No. ARB/02/8),Para. 54. http://ita. law. uvic. ca/documents/CMS_FinalAward. pdf.

② 徐崇利. 从实体到程序:最惠国待遇适用范围之争[J]. 法商研究,2007(2):44-47.

第五章 保护伞条款对"同意"范围的扩展

第一节 "保护伞条款"概述

一、问题的提出

有的国家在 BIT 中同意"中心"管辖权后,又在与外国投资者签订的投资合同中约定把将来可能发生的争端排他性地交给东道国境内主管法院管辖。那么,如果东道国政府没有能够遵守合同义务,外国投资者是否有可能不顾该投资合同中约定由东道国境内主管法院排他性管辖的条款,而直接依据 BIT 寻求"中心"救济?在前面一章所介绍的"赛利尼案"中,申请方希望通过 BIT 中的 MFN 条款来达到此一目的,不过,没有得到仲裁庭的支持。然而,外国投资者通过"保护伞条款"来绕过投资合同中排他性国内救济的规定却得到了某些仲裁庭的支持。但是,也有仲裁庭持相反观点。两种不同意见的分歧就在于这一问题的解决:违反合同是否就构成违反条约?

现代 BIT 中通常有专门条款规定缔约方应该遵守其对另一缔约方国民或者公司所作出的任何承诺,因为该条款被认为把东道国在合同中的承诺一并放在 BIT 下加以保护,所以被称之为"保护伞条款"。正是由于这种条款,使得"中心"仲裁庭认为"东道国违反与外国投资者签订的投资合同即构成违反 BIT"的可能性大大增加了。

二、保护伞条款的演进

"保护伞条款"被认为是由特许合同中的稳定条款演变而来,以便保护合同免遭国内法的废除或者其他消极影响。稳定条款的目的在于防止东道国利用主权权力来逃脱通常被前政府所承诺但后政府却认为约束太大的某些义务。不过,存在这么一个问题:如果认为该特许合同整体服从于国内法,后来的国内法就可以废除该合同中的稳定条款。因此,有观点认为投资条约中的保护伞条款把合同稳定条款的意图和战略抬高到更高的条约义务层次,而这一义务并不(或者更少)会受到国内法的否定。① 1959 年《德国—巴基斯坦 BIT》第 7 条规定:每一缔约方应该遵守其对另一方国民或者公司之投资所承诺的任何其他义务。② 这标志着该条款正式出现在有约束力的投资条约中。

BIT 从 20 世纪 60 年代起发展非常快,对"保护伞条款"造成极大影响的主要有两个方面的发展:(1)"投资"的含义不断得到拓展。现代投资条约不仅仅是保护传统意义上的"直接投资",而且严格保护财政价值上的所有财产权利。换言之,"投资"含义已经从 20 世纪 60 年代"直接外国投资"发展到目前包括所有的"资产"或者财产权利。由于保护伞条款和"投资"之间的互动关系,这就大大扩展了受保护合同的范围,使得几乎是所有涉及"投资"的争端都有了通过"保护伞条款"提升到国际法层面加以解决的可能性。(2)外国投资者与东道国政府间直接仲裁的争端解决模式得到了非常广泛的运用。这种争端解决方法的引入使得"保护伞条款"具有了前所未有的力量。借助于投资者与东道国间直接仲裁的有效性,"保护伞条款"在让东道国遵守其所作承诺这一方面产生了极大的约束力。有观点认为,所有外国人对政府机构的合同性主张现在已可以"提升"到国际法层面并且直接对东道国申请仲裁。然而,该观点也承认,这种理解可能是不公平的。该条款的目的主要是试图提供一种国内法庭的替代方法,而不在于扩展仲裁庭管辖权。③

自从首次以法律形式出现在《德国—巴基斯坦 BIT》中之后,这种条款开始适用于大部分 BIT 中,这主要是由于一些关键 BIT 范本(主要是美国、英国、德国以及法国 BIT 实践)的示范效应。不过,它并没有出现在 NAFTA 第 11 章当中,在这里面,需要按照征收原则、"公平和公正待遇"以及合法的投资

---

① WALED T W. The "Umbrella" Clause in Investment Arbitration:A Comment on Original Intentions and Recent Cases [J]. The Journal of World Investment & Trade,2005,April,6(2):198.

② 其原文是:Either Party shall observe any other obligation it may have entered into with regard to investments by nationals or companies of the other Party.

③ WALED T W. The "Umbrella" Clause in Investment Arbitration:A Comment on Original Intentions and Recent Cases [J]. The Journal of World Investment & Trade,2005,April,6(2):205.

预期来处理合同保护事项。另外,东道国有时候会反对在 BIT 当中加入保护伞条款。[①]

在沉睡约 50 年之后,保护伞条款在投资条约中突然焕发出极强的生命力。2003 年 8 月以及 2004 年 1 月公布的两个"SGS案"管辖权决定是最早详细考察该问题的决定书。西方学者对这两个管辖权决定的结果并不满意,认为只是"识别出需要注意的问题"[②]。

第二节　ICSID 仲裁庭对"保护伞条款"的实践

一、第一个"SGS 案"(2003 年 8 月)及其评论:不构成违反 BIT

(一)"SGS v. Pakistan 案"案情以及仲裁庭的理由

1. "SGS v. Pakistan 案"案情

1995 年瑞士 SGS 公司与巴基斯坦政府签订了一项合同,规定由 SGS 对从某些国家向巴基斯坦出口的货物提供装运前检验服务(pre-shipment inspection services,简称 PSI 合同)。该合同中有一个仲裁条款,规定当事方应该首先友好解决"涉及该合同的违反、终止或者无效的任何争端",如果不能解决,则根据巴基斯坦伊斯兰堡(Islamabad)地区仲裁法仲裁。执行 PSI 合同两年后,巴基斯坦终止了该合同。于是,SGS 向瑞士法院起诉,认为巴基斯坦政府非法终止了 PSI 合同。瑞士法院最后以巴基斯坦享有主权豁免为由驳回了 SGS 的主张。在该诉讼的过程中,巴基斯坦政府根据 PSI 合同中的仲裁条款要求巴基斯坦法院发布命令依据合同规定加以仲裁。SGS 反对在巴基斯坦仲裁并且向 ICSID 申请依据 BIT 仲裁。

ICSID 仲裁庭建议暂停在伊斯兰堡的合同仲裁,"一直到本仲裁庭裁决对

---

① 例如,智利拒绝在当时与德国的 BIT 当中加入保护伞条款。WALED T W. The "Umbrella" Clause in Investment Arbitration:A Comment on Original Intentions and Recent Cases [J]. The Journal of World Investment & Trade,2005,April,6(2):208.

② WALED T W. The "Umbrella" Clause in Investment Arbitration:A Comment on Original Intentions and Recent Cases [J]. The Journal of World Investment & Trade,2005, April,6(2):233.

本争端没有管辖权,并且该裁决不能再根据《华盛顿公约》加以解释、修改或者撤销".① 然后,仲裁庭于 2003 年 8 月对巴基斯坦反对管辖权事项作出了决定。仲裁庭认为对 SGS 关于违反条约的主张有管辖权,而对关于违反合同的主张没有管辖权。②

2. 仲裁庭的理由

在该案中,仲裁庭认为"保护伞条款"不能够把违反合同之情事提升为违反条约,《瑞士—巴基斯坦 BIT》第 11 条中的"保护伞条款"并没有把 SGS 针对巴基斯坦政府违反合同的主张转变成违反 BIT 的主张。③ 理由如下:

首先,仲裁庭发现,根据《维也纳条约法公约》第 31 条的解释规则,该"保护伞条款"的通常含义确实会把巴基斯坦违反合同行为的性质转变成违反条约。不过,它注意到这种解释会拓宽该"保护伞条款"的范围,从而超过缔约方的本来意图,也会超过本仲裁庭所愿意接受的范围。就文本上而言,BIT 第 11 条的范围表现出几乎是无限制的扩张,④申请方主张的法律后果在范围上是如此之深远,对东道国的潜在冲击是如此之沉重,以至于必须举出明显的、有说服力的证据来证明 BIT 缔约方有此种意图,但申请方并没有提供此种证明。因此,该条款的文本含义应该被忽视,除非有明显的、说服力的证据证明这确实是缔约方的合意。⑤ 申请方的解释会使得"保护伞条款"适用于数目无限的政府合同,对这些合同的任何违反将会被视为违反了 BIT,会带来打开"防洪大闸"的风险。

其次,仲裁庭认为,对该条款的适当解释方法应该是"如有疑问,则遵循更温和的方法"。⑥

---

① SGS Société Générale de Surveillance S. A. v. Islamic Republic of Pakistan(ICSID Case No. ARB/01/13),Procedural Order No. 2 of 16 October 2002,p. 305.

② SGS Société Générale de Surveillance S. A. v. Islamic Republic of Pakistan(ICSID Case No. ARB/01/13),Decision on Jurisdiction,para. 190.

③ SGS Société Générale de Surveillance S. A. v. Islamic Republic of Pakistan(ICSID Case No. ARB/01/13),Decision on Jurisdiction,paras. 163-173.

④ SGS Société Générale de Surveillance S. A. v. Islamic Republic of Pakistan(ICSID Case No. ARB/01/13),Decision on Jurisdiction,para. 166.

⑤ SGS Société Générale de Surveillance S. A. v. Islamic Republic of Pakistan(ICSID Case No. ARB/01/13),Decision on Jurisdiction,para. 167.

⑥ SGS Société Générale de Surveillance S. A. v. Islamic Republic of Pakistan(ICSID Case No. ARB/01/13),Decision on Jurisdiction,para. 171.

再次,如果按照申请方的解释,"保护伞条款"将使 BIT 中的实体性条款显得多余,对于缔约一方而言,如果只是简单地违反合同、违反政府法令或者规章本身便足以构成违反 BIT 并引发该缔约方的国际责任,那么,实际上就不需要在 BIT 中规定违反实体性待遇的标准。①

最后,仲裁庭认为,《瑞士—巴基斯坦 BIT》首先规定了几项实体义务,然后是代位条款以及争端解决条款。规定保护伞条款的第 11 条(承诺的遵守)刚好在第 12 条(最后条款)之前。换言之,保护伞条款位于 BIT 末尾,所以不能构成条约的义务。

(二)相关批评意见

仲裁庭的决定受到瑞士政府的批评。在 2003 年 10 月给 ICSID 副秘书长的信件中,瑞士政府认为:其对于仲裁庭非常狭窄地解释第 11 条的含义感到非常震惊,这违反了瑞士政府缔结该条约时的初衷。另外,西方学者对"SGS v. Pakistan 案"仲裁庭所提出的理由一一加以批评:②

首先,申请方的解释并不会把数目无限的政府合同置于 BIT"保护伞条款"的范围之内,而仅仅是那些涉及 BIT 定义"投资"的政府合同。

其次,仲裁庭公开宣布倾向于对其管辖权作限制解释,这与先前各案仲裁庭的实践相比显得奇怪。由于构成对主权的限制,对东道国同意仲裁的宣示应该作出限制性解释的观点被反复提出,但先前各案仲裁庭一直在驳斥这一观点。

再次,为什么把"保护伞条款"适用于违反合同事项就会使 BIT 中的实体规定多余这一点并没有论述清楚。BIT 的实体性规定包括非歧视待遇、公平与公正待遇、国民待遇、MFN 待遇、款项的自由转移以及征收保护等,这些事项通常并不包括在合同中。保护伞条款使得投资者与东道国之间的合同性安排可以通过条约仲裁的方式进而保护投资者寻求国际公正裁决,这并没有使得其他的义务多余。在没有违反投资合同的情况下,也可能会产生征收或者歧视。东道国还可能违反"公平和公正待遇"义务,即使与东道国之间不存在投资合同。所以,仲裁庭认为将使得其他义务例如征收、公平和公正待遇、非歧视待遇等显得多余的观点并不正确。

---

① SGS Société Générale de Surveillance S. A. v. Islamic Republic of Pakistan(ICSID Case No. ARB/01/13),Decision on Jurisdiction,para. 168.

② Schreuer C. Travelling the BIT Route of Waiting Periods,Umbrella Clauses and Forks in the Road[J]. the Journal of World Investment & Trade,2004,5(2):253.

最后,仲裁庭对 BIT 当中实体义务的列举次序关注过多。条约的起草者并不总是以一种系统的理论论述形式来书写条约。他们往往倾向于把条款从不同的范本当中复制下来后放在一起(put together)。"保护伞条款"处于争端解决条款之后的位置这一事实应该表明起草者没有把保护伞条款当作第二层次的规定,而是应该重视的优先规定。[①] 如果起草者的确曾经希望给予该条款第二层次的角色,他们本来应该把保护伞条款明确排除于争端解决机制范围之外,或者他们本来可以限制保护伞条款的适用。但是他们并没有如此行事,可见,《瑞士—巴基斯坦 BIT》明确把保护伞条款包括在条约仲裁所覆盖的义务当中。

(三)本书评论

对于以上批评意见,本书认为其中某些意见在一定程度上具有合理性(例如对于仲裁庭第三点理由的批评意见),但总的来看却是缺乏说服力的,其作用也仅仅是提醒大家注意该问题而没有提出有效的解决途径。以下拟对仲裁庭的理由以及相应批评意见逐一评论:

1.对于仲裁庭的第一点理由,批评意见认为可以仅仅把属于 BIT 定义范围的投资形式的政府合同置于保护伞条款的范围之内,从而不会把数目无限的政府合同置于保护伞条款的范围之内。这种观点从表面上看似乎确实可以起到限制保护伞条款适用范围的作用,但实际上仍然会存在"适用于几乎是数目无限的合同"这一问题的。因为现代 BIT 对"投资"定义的范围都极为宽泛,通常都包括直接、间接投资在内,其概念结构也更多地采用"开放式",常常使用"包括但是不限于"这样的字眼。其中用语也是高度抽象的,其具体含义如何就取决于仲裁员的自由裁量权。例如 2003 年《中国—圭亚那 BIT》第 1 条第 1 项对"投资"的定义就是如此:

"投资"系指缔约一方投资者依照缔约另一方的法律和法规在缔约另一方领土内所投入的各种财产,特别是,包括但不限于:(1)动产和不动产及其他财产权利,如抵押、留置和质押;(2)公司的股份、股票、债券和其他形式的参股;(3)金钱请求权或合同项下与投资有关的具有经济价值的行为请求权;(4)知识产权,包括著作权、专利、工业设计、商标、商名、工艺流程、专有技术和商誉;

---

① WALED T W. The "Umbrella" Clause in Investment Arbitration:A Comment on Original Intentions and Recent Cases [J]. The Journal of World Investment & Trade,2005, April,6(2):222.

(5)法律或法律允许依合同授予的商业特许权,包括勘探、耕作、提炼或开发自然资源的特许权。作为投资的财产发生任何形式上的变化,不影响其作为投资的性质。只要这种变化符合接受财产作为投资的缔约一方的法律、法规。

所以,涉及 BIT 定义的"投资"的政府合同从数量上看仍然几乎是无限的。上述这些持批评意见的学者所建议的方法仍然并不可行。

要妥善解决该问题,本书认为仲裁庭的意见更为明智,即应该忽视该"保护伞条款"的文本含义,除非存在有说服力的相反证据。退一步而言,即使这些持批评意见学者的建议是正确的,即"保护伞条款"只适用于涉及"投资"的政府合同,也会导致对投资合同的任何违反都将引发国际仲裁,即所谓打开"防洪大闸"的风险,而这种情况即使是持批评意见的西方学者也是不愿见到并且不愿接受的,后文将对此详加论述。另外,根据《维也纳条约法公约》第 31 条与第 32 条,在结果明显荒唐的情况下,仲裁庭可以对文本含义加以纠正。

2. 仲裁庭的第二点理由非常妥当。而批评意见认为先前各案仲裁庭一直在驳斥"对管辖权作限制解释"这一意见。这一理由并不能有效地反驳本案仲裁庭的观点。第一,即使先前各案仲裁庭认为应该对"管辖权作扩大解释",但是这对本案仲裁庭并无约束力。第二,本案仲裁庭认为"应该作限制解释"的意见宣告了"扩大解释说"在一定程度上的破产。第三,"限制解释"被反复提出这一事实证明"扩大解释说"并没有被世界各国广泛接受。第四,"扩大解释说"没有主权理论层次的支持。所以,本案仲裁员有权利有义务根据自由裁量权做出限制,尤其是在对于应该如何加以解释还存在疑问的时候。

3. 对于仲裁庭认为"保护伞条款""位于 BIT 的末尾所以其效力应予以弱化"这一意见,批评者提出以下观点加以反驳:

批评者的第一个观点是条约起草者往往只把相关条款从不同的 BIT 范本中复制下来,并不会关注条款在条约中的位置,并且以此来批评仲裁庭。本书不认同这一批评意见。就以美国而言,其 BIT 范本在实践历史中经过多次修订。首先每一条款每一个用语究竟对美国是利是弊都不断随着实践的发展得到了美国国内众多研究机构、专家学者的分析和论证。其次,就该 BIT 范本本身来看,其架构也是非常严谨的,先在"Section A"中规定"定义""适用范围""国民待遇""MFN 待遇"等等,接着在"Section B"中详细规定了外国投资者与东道国之间的争端解决程序,然后在"Section C"中规定了缔约方之间的争端解决程序,后面还接着若干附录。再次,在签订 BIT 之前,双方谈判人员会对 BIT 每一条款逐项讨论,而并不像前述批评者所言"把条款从不同 BIT

范本中复制下来后放在一起"。否则,中国与美国到 2016 年为止还没有签订令双方满意的 BIT 这一事实就无法解释,也就不会有发达国家与发展中国家在关于征收补偿等问题上的针锋相对。

批评者的第二个观点是,保护伞条款放在 BIT 末尾表明起草者优先重视该条款。不过,该观点却没有能够提出理由支持"放在末尾则应受到优先重视"这一结论。本书认为这一观点似乎是违反常理、颠倒逻辑,具有强词夺理的嫌疑。不管是中国人还是外国人,无论是写论文、报告还是起草法律文件等都会先写重要问题或者是按照某种标准来确定先后次序。而且,即使是如批评者所言是"从不同 BIT 范本中复制下来后放到一起",又如何能够得出由于保护伞条款放在 BIT 末尾所以应该受到优先重视之结论? 可见,这一点批评意见有点逻辑混乱,并无根据。

还有观点认为 BIT 不同于多边条约的协商过程,后者往往有着更加复杂、更好的文件管理程序。对于前者,其谈判人员倾向于使用已有的范本,并且主要倾向于使用被认为是"发达""现代"的 BIT 范本(主要是美国与英国)。① 当前主流实践是使用模板性语言来起草相对标准化的条约,就像起草任何其他标准化的法律文件一样。这种模板性语言来自于早期 BIT 以及相关的 BIT 范本。所以,不能要求当事方在任何情况下都对他们从其他 BIT 版本中借用而来的这种模板性语言深思熟虑,对默示含义、相关后果、对同意的所有结果全部理解并且提供相关证据,否则,就拒绝赋予这种语言以法律效果。巴基斯坦也许存在没有经验的弱点,但是巴基斯坦并不是最近才解放的转型国家,并且从 1959 年以来在 BIT 当中包括了非常相似或者完全相同的保护伞条款。②

本书认为,该观点一方面承认"不能要求当事方对那些从其他 BIT 版本中借用而来的模板性语言的默示含义、所有结果全部理解";另一方面,又认为应该赋予这种"当事方没有全盘理解"的"模板性语言"以法律效果。而且,是从"保护"与"促进"投资这一目的出发所"推断"出来的法律效果。其逻辑推理

---

① THOMAS W. WALED. The "Umbrella" Clause in Investment Arbitration: A Comment on Original Intentions and Recent Cases [J]. The Journal of World Investment & Trade,2005,April,6(2):217-218.

② THOMAS W. WALED. The "Umbrella" Clause in Investment Arbitration: A Comment on Original Intentions and Recent Cases [J]. The Journal of World Investment & Trade,2005,April,6(2):218.

过程显得荒唐。众所周知,国际法效力的根据是"国家意志的协议",①同样,BIT 效力的根据也是"缔约方意志的协议"。另外,《维也纳条约法公约》也没有哪个条款规定"应该赋予当事方没有全盘理解的模板性语言以法律效果"。相反,其第 31 条规定要根据"善意"加以解释,第 32 条规定如果依据第 31 条解释仍然"意义不明或难解""所获结果显属荒唐或不合理时",得使用补充资料进行解释。其潜台词就是要通过各种资料来尽量探求缔约方的内在"真实意图"。

二、第二个"SGS 案"(2004 年 1 月)及其评论:构成违反 BIT

(一)案情以及仲裁庭的理由

1.案情

前案裁决后不到半年,"SGS v. Philippines 案"仲裁庭对"保护伞条款"作了完全相反的解释。② 该案件涉及瑞士 SGS 公司与菲律宾政府之间的 CISS 合同,合同规定 SGS 为菲律宾政府提供进口货物装运前检验服务。在执行 CISS 合同期间(1992 年 3 月到 2000 年 3 月),SGS 为菲律宾政府提供检验服务的价值大约是 686,000,000 美元,而菲律宾政府大约支付了 540,000,000 美元,SGS 提交 ICSID 仲裁的争端之核心就在于菲律宾政府没有支付的 140,000,000 美元。2002 年 4 月 26 日,SGS 向 ICSID 申请仲裁,主张菲律宾没有支付所欠款项构成违反 1999 年生效的《瑞士—菲律宾 BIT》,其根据之一就是《瑞士—菲律宾 BIT》第 X(2)条规定了"保护伞条款":"每一缔约方应该遵守其对缔约另一方投资者在其境内的具体投资所承诺的任何义务。"菲律宾政府于 2002 年 11 月对仲裁庭的管辖权提出反对,其理由之一就是 CISS 合同第 12 条规定由当地法院拥有排他性管辖权:"本协议在所有方面应受菲律宾法律规制并根据菲律宾法律加以解释。涉及本协议任一当事方义务的争端,应该在马加地(Makati)或者马尼拉(Manila)地区法院起诉。"

仲裁庭于 2004 年 1 月对菲律宾所提出的反对意见作出了决定,认为根据 BIT 当中的争端解决规定以及"保护伞条款"对 SGS 的合同性主张有管辖权。仲裁庭还认为对 SGS 关于违反 BIT 当中公平与公正待遇标准的主张有管辖权。不过,仲裁庭(通过多数裁决,Crivellaro 教授持相反观点)决定暂停程序,

---

① 王铁崖. 国际法[M].北京:法律出版社,1995:9.

② SGS Société Générale de Surveillance S. A. v. Republic of the Philippines,(ICSID Case No. ARB/02/6),Decision of the Tribunal on Objections to Jurisdiction.

等待根据合同中争端解决程序确定菲律宾对 SGS 的应付款项,并且没有说该案件将暂停多长期间。重要的是,他告诉申请方从国内法院获得一个判决,如果申请方对该判决不满意或者该判决没有被政府执行,那么申请方可以回到本案仲裁庭。

　　2.仲裁庭的理由

　　首先,本案仲裁庭认为,前面所讨论的"SGS v. Pakistan 案"仲裁庭的推理并没有说服力。该案中"保护伞条款"的用语是"任一缔约方应持续保证遵守所作承诺",而本案"保护伞条款"的用语是"任一缔约方应遵守其承诺的任何义务"。前者比后者更为含糊不清。但本案仲裁庭仍然认为,前案仲裁庭对"保护伞条款"作了高度限制性解释。

　　其次,本案仲裁庭认为"保护伞条款"措辞可适用于源于国内法以及合同中的义务,但认为东道国在"保护伞条款"下的义务与其在合同下的义务是不同的。仲裁庭驳回被申请方关于"保护伞条款"效力限于其他国际法律文书下之义务的主张,认为这种主张应以限制性用语为前提,而该"保护伞条款"中并不存在这些限制性用语。① 本案的"保护伞条款"措辞可适用于源于国内法以及合同中的义务,把东道国没有遵守有约束力的承诺(包括合同性承诺)视为违反 BIT,但并不把此种义务的范围与内容问题转变成国际法问题。BIT 第 X(2)条并不是强调对特定投资所作出的承诺范围,而是在这些承诺一旦确定之后加以履行。东道国在 BIT 下的基本义务是偿付合同下的应付款项,这是对具体投资(CISS 合同下的服务行为)的义务。但是,该义务并不意味着确定菲律宾应付多少钱本身会成为条约事项。后面应付多少钱这一义务的范围仍然由合同管辖,并且只能够根据合同条款加以确定。② 换言之,在本案中,对 CISS 合同下的服务应付多少钱这一问题仍然受该投资合同管辖。③

　　最后,本案仲裁庭考察了 BIT 争端解决规定与合同争端解决规定这两者的关系问题。BIT 第 VIII(2)条赋予投资者以选择权,可以选择把争端"提交给投资发生地的缔约方国内管辖或者国际仲裁"。在后一种情况下,可以选择

---

① 　SGS Société Générale de Surveillance S. A. v. Republic of the Philippines,(ICSID Case No. ARB/02/6),Decision of the Tribunal on Objections to Jurisdiction,para. 125.

② 　SGS Société Générale de Surveillance S. A. v. Republic of the Philippines,(ICSID Case No. ARB/02/6),Decision of the Tribunal on Objections to Jurisdiction,para. 127.

③ 　SGS Société Générale de Surveillance S. A. v. Republic of the Philippines,(ICSID Case No. ARB/02/6),Decision of the Tribunal on Objections to Jurisdiction,para. 128.

ICSID 或者《联合国国际贸易法委员会仲裁规则》(*UNCITRAL Arbitration Rules*)加以仲裁。问题在于：对合同性争端而言，该 BIT 第 VIII(2)条是否可以优先于投资合同中的排他性管辖权条款？①

基于两个方面的考虑，仲裁庭多数意见认为答案是否定的：

(1)"一般法不得损害特别法"(generalia specialibus non derogant)。BIT 第Ⅷ(2)条是一般性规定，适用于"本协议生效前或生效后"(第Ⅱ条)所缔结的投资安排。BIT 本身并没有包括任何特定投资或合同。不能推断此种一般规定具有凌驾于当事方自由协商的特定合同中具体约定的效果，就如同 Schreuer 所言："如果某文件含有争端解决条款，而且这些争端解决条款与当事方以及争端的关系更为详细而明确，那么，应该给予该文件比含有更为一般性争端解决条款的文件以更为优先的效力。"仲裁庭承认，存在这种观点：虽然 BIT 关于投资者与国家间仲裁的规则不能够凌驾于后来签订的投资合同中的排他性管辖权条款之上，不过，由于"后法优于前法"(lex posterior derogat legi priori)，至少他们对以前签订的合同有此一效力。但是，仲裁庭认为 BIT 中并不存在推断出此一结论的文本基础。而且，在本案中，所签订的 BIT 会在 10 年后被更新并在此后每 5 年更新一次[第Ⅺ(I)条]，CISS 合同也会以同样的时间间隔更新，而争端解决规则则更新过几次。在这种环境下，哪一个是更早的协议？哪个是更迟的协议？另外，该"后法原则"只适用于具有同样法律性质的文件之间。相反，在这里，一方面是为两个国家规定国际公法框架的双边投资条约，另一方面是由国内法规制的具体合同。由于会不断缔结新的合同并且作出新的投资，无论该 BIT 对合同具有何种效果，这种效果必须是持续性的。因此，不能接受在合同中的早期排他性争端解决条款与后来的排他性争端解决条款间作出区别的观点，除非存在明确的相反规定，而仲裁庭必须解释的 BIT 中并没有此种相反规定。②

(2)缔约方的意图在于让条约中的投资保护安排对投资者与东道国间实际协商好的合同投资安排构成支持和补充(support and supplement)关系，而

---

① SGS Société Générale de Surveillance S. A. v. Republic of the Philippines，(ICSID Case No. ARB/02/6)，Decision of the Tribunal on Objections to Jurisdiction，para. 140.

② SGS Société Générale de Surveillance S. A. v. Republic of the Philippines，(ICSID Case No. ARB/02/6)，Decision of the Tribunal on Objections to Jurisdiction，para. 142.

不是凌驾于后者之上或者代替后者。①仲裁庭认为,BIT 的一般规定不得凌驾于投资合同本身规定的特别排他性争端解决安排。按照申请方的意见,将会使得投资者在合同中对排他性管辖权的同意不可能有效,并且投资者将总是有潜在的能力把合同性争端提交 BIT 仲裁(即使只是违反合同),很难相信这种结果是缔约方在缔结普通投资保护协议时所预期的。②

仲裁庭强调:"您不能够根据保护伞条款向仲裁庭指控相对方违反了投资合同,如果您自己不愿意遵守该合同中有利于国内法院的管辖权条款。"这种判断合乎逻辑。换言之,依据 BIT 保护伞条款提出主张的当事方还必须尊重有待保护之合同中的管辖权条款,如果想为合同获得条约上的保护,就必须尊重合同中的管辖权规则。③

(二)相关批评意见

有观点认为:与 SGS v. Pakistan 仲裁庭的结论相比,本案仲裁庭的结论显得更加复杂而且更加具有技术性,在最初看来也显得更有说服力。不过,其结果却并不具有说服力。因为:

第一,仲裁庭让大家都糊涂了。仲裁庭继续运作,但是被中止了。仲裁庭的程序何时以及在什么条件下可以重新启动?如果被要求重新启动程序它将准备适用什么样的标准?这些都并不清楚。

第二,保护伞条款的功能在于增加投资者在合同争端中的保护,而仲裁庭把这一清楚与毫无疑问的功能修改为迫使投资者面对国内法庭,这种修改在事实上是不正当的。

第三,仲裁庭拒绝把合同争端从 BIT 争端中区别开来并且加以审查,因而必须由国内法院首先作出决定,然后由 BIT 仲裁庭加以监督或者根据"拒绝受理或执法不公"行事。由于 BIT 仲裁庭不太情愿推翻国内法院有利于其本国政府的判决,除非在非常罕见的情况下(通常是程序不公正)。因此,其结果可能会造成更严重的混乱与模糊,增加花费以及拖延时间,审查的标准可能更加具有限制性。

---

① SGS Société Générale de Surveillance S. A. v. Republic of the Philippines,(ICSID Case No. ARB/02/6),Decision of the Tribunal on Objections to Jurisdiction,para. 141.

② SGS Société Générale de Surveillance S. A. v. Republic of the Philippines,(ICSID Case No. ARB/02/6),Decision of the Tribunal on Objections to Jurisdiction,para. 134.

③ SGS Société Générale de Surveillance S. A. v. Republic of the Philippines,(ICSID Case No. ARB/02/6),Decision of the Tribunal on Objections to Jurisdiction,para. 139

第四,这也是最重要的一点,该决定标志着从"保护伞条款"以及"投资者—东道国争端提交直接仲裁"所体现之目标的倒退。"保护伞条款"试图防止政府利用其双重角色逃避承诺,"投资者—东道国争端提交直接仲裁"赋予投资者选择回避国内法院的权利并且直接寻求国际仲裁,即使投资者没有(也许是由于没有能力)对这种国际救济加以协商。这两种投资保护方法试图在政府干涉投资合同的情况下给投资者提供一种最简便的直接 BIT 仲裁,再也不用用尽当地救济,完全不再需要国内与国际两个层面的复杂程序。①

（三）本书评论

在本书看来,本案仲裁庭认为保护伞条款可适用于合同是不妥当的。有观点认为:"国家和外国公民或公司之间的契约与国家之间的条约不同,国家违反前者并不一定会涉及国际法上的责任,即使有责任,在性质上也不会与契约中的责任相同。对此,只有当国家违反了某种与契约本身无关的义务时,如对契约另一方拒绝受理或执法不公,才会引起国际法上的责任问题。"②

缔约方在 BIT 中加入保护伞条款,并在该条款中规定东道国保证遵守其对外国投资者所作承诺,在"签订 BIT"这一特殊"语境"中,缔约方想当然的是希望通过 BIT 当中的争端解决条款来约束缔约一方在类似于 BIT 的文书中向缔约另一方投资者所作承诺。如同第一个"SGS 案"仲裁庭的结论,如果把保护伞条款适用于合同,将使得保护伞条款适用于几乎是数目无限的合同,会带来打开"防洪大闸"的风险。另外,至少在没有采用词语明确规定可适用于合同的情况下,不能无限制地扩大其适用范围至投资合同。

另外,本书认为,本案仲裁庭暂停程序等待国内法院裁决的决定符合"司法礼让原则",是正确的。前述论者对这一决定的批评意见本身并不具有说服力。理由如下:

1. 仲裁庭暂停程序是非常正确的,只有这样才不会滥用权力践踏外国投资者在投资合同中自由协商而成的争端解决条款之效力。仲裁庭已讲得很清楚,东道国应付款项的数额应由投资合同确定,如果东道国不付款,则可以根据 BIT 提出仲裁。这里并没有什么"不清楚"或者"模糊"之处。正如有观点认为:如果认为公平并且能减少当事方的程序性负担,法庭可以暂停程序,通

---

① WALED T W. The "Umbrella" Clause in Investment Arbitration: A Comment on Original Intentions and Recent Cases [J]. The Journal of World Investment & Trade, 2005, April, 6(2): 229-230.

② 斯塔克 J G. 国际法导论[M]. 赵维田, 译. 北京: 法律出版社, 1984: 242.

过行使自由裁量权来适用礼让原则,"SGS v. Philippines 案"仲裁庭的结论就符合这一精神。①

2. 如前所述,把保护伞条款适用于合同是不妥当的,会带来非常危险的结果,至少在保护伞条款中没有明确规定可适用于合同的情况下,是不应适用的。所以,批评者的第 2 点理由"保护伞条款增加投资者在合同争端中的保护功能"是站不住脚的。而且,认为仲裁庭"迫使外国投资者面对国内法庭"也是不对的。承载了政府承诺的合同本身规定了争端解决条款。正如同仲裁庭的观点:没有理由在让政府遵守合同中实体承诺的同时却允许合同另一当事方不遵守合同中的争端解决承诺。本案中并没有任何证据能够表明东道国在签订投资合同之时存在强迫行为,何来"迫使"一说? 仲裁庭只是在尊重外国投资者的意见而已。

3. 根据契约自由原则,外国投资者有权利在合同中约定其所期望的争端解决规则。所以,仲裁庭拒绝审查合同性争端只是按照当事方的意见以及相关规则行事而已,其所追求的是"重大公正"。批评者认为这样会造成"更严重的混乱与模糊,增加花费以及拖延时间"等只是主观臆测,并没有能够提供任何根据。

4. 批评者的第 4 点意见也是没有根据的。

首先,如前所述,本案需要解决的问题是:保护伞条款是否具有把东道国违反投资合同之情事提升到违反 BIT 的效果。为给这一问题找到答案,批评意见的理由之一是"保护伞条款试图防止政府利用其双重角色逃避承诺"。此处的"逃避承诺"尤其指东道国在投资合同当中的承诺。换言之,批评意见用"保护伞条款的目的就是防止政府逃避其在投资合同当中承诺"这一理由来推出结论:"保护伞条款能把东道国违反投资合同之情事提升到违反 BIT。"这很明显是用结论的相似术语来作为理由,属于典型的以果为因,存在证明逻辑上的失误。

其次,对于"投资者—东道国争端提交直接仲裁"而言,也并不是"赋予投资者选择回避国内法院的权利",而是让东道国根据主权原则自由决定是否放弃"优先采用当地救济"这一要求。换言之,其决定权在于东道国而不在于外

---

① SHANY Y. Note and Comment: Contract Claims vs. Treaty Claims: Mapping Conflicts Between ICSID Decisions on Multisourced Investment Claims [J]. The American Journal of International Law, 2005, October: 850.

国投资者。例如《华盛顿公约》第 26 条规定:"除非另有规定,双方同意根据本公约交付仲裁,应该视为同意排除任何其他补救办法而交付上述仲裁。缔约国可以要求用尽当地各种行政或者司法救济办法,作为其同意根据本公约交付仲裁的一个条件。"所以,该批评意见的这一观点错误地把有权决定是否应该"优先采用当地救济"的主体由东道国政府转向了外国投资者。

最后,既然"保护伞条款试图防止政府利用其双重角色逃避承诺"以及"投资者—东道国直接仲裁赋予投资者选择回避国内法院的权利"这两个前提条件不成立,那么,该批评意见关于本案仲裁庭管辖权决定是从"保护伞条款以及投资者—东道国争端提交直接仲裁所体现之目标的倒退"这一结论自然也是错误的了。

三、CMS v. Argentina 案:保护伞条款不能更改东道国义务的相对方

申请方 CMS(CMS Gas Transmission Company,简称 CMS)是一家美国公司,在阿根廷全资设立阿根廷 CMS 公司(CMS Gas Argentina),并由后者于 1999 年购买了阿根廷国有企业 TGN 公司(Transportadora de Gas del Norte,简称 TGN)30%的股份。该 TGN 公司早在 1992 年就已从政府获得经营天然气的特许权。为克服经济危机,阿根廷从 2000 年开始采取了多项措施。这些措施被 CMS 公司认为违反了特许权证书中的条款以及 BIT 条款。2001 年,CMS 公司根据 1994 年美国—阿根廷 BIT 向 ICSID 申请仲裁,指控阿根廷违反了 BIT 中的征收条款、公平与公正待遇以及保护伞条款。仲裁庭于 2005 年作出裁决书。但被申请方同年申请撤销该裁决书,撤销委员会于 2007 年发布其最终决定书。

仲裁庭认为,根据 BIT 第 2 条第 2 款,阿根廷应该遵守"其对于投资所承诺的任何义务"。特许权证书规定了两条稳定条款,即不得冻结收费机制或者施加价格管制,并且在没有获得 TGN 公司书面同意的情况下不得更改规制该特许权证书的基本规则。仲裁庭认为,由于没有遵守这些稳定条款,阿根廷违反了 BIT 中的保护伞条款。[①]

然而,后来的撤销程序中,撤销委员会采取了不同观点。委员会注意到,CMS 自己同意,阿根廷在特许权证书下的义务是针对 TGN 公司所承担的义务。CMS 还宣称由于其作为小股东没有权利援引特许权证书下的那些义务,

---

① CMS Gas Transmission Co. v. Republic of Argentina, Award, paras. 299-303.

BIT 第 2 条第 2 款第 c 项赋予其权利通过 BIT 来援引那些义务。委员会主张，要求东道国遵守"其对于投资所承诺的任何义务"的保护伞条款涉及针对具体个体的合意义务，而不针对"对世义务"(erga omnes)。委员会主张保护伞条款的效果并不在于对所依赖的义务进行更改，该义务的内容并不会受到影响，该义务的当事方也不会由于保护伞条款的原因而被改变。因此，委员会的结论是，并不清楚仲裁庭是如何得出这一结论：CMS 能实施阿根廷针对 TGN 公司所承担的义务。相应地，仲裁庭的这一观点由于未能陈述理由而应被撤销。[①]

可见，在撤销委员会看来，东道国政府在投资合同（包括特许权证书）中所承担的义务是其对于合同相对方所承担的义务（本案中是 TGN 公司），而不是对于外国投资者（本案中是 CMS 公司）所承担的义务。因此，东道国违反了其在投资合同中对于合同相对方所承担的义务，并不等于东道国违反了其对于外国投资者所承担的义务。照此推理，外国投资者不得依据 BIT 中的保护伞条款把东道国违反投资合同的行为提升为违反 BIT。不过，如果依据 BIT 申请国际仲裁的是投资合同的相对方，则似乎不存在这一障碍。

四、小结

从以上两个"SGS 案"以及"CMS v. Argentina 案"来看，可以归纳出以下规律：

1."保护伞条款"把合同性争端"提升"为 BIT 争端的可能性是存在的。

前述两个"SGS 案"仲裁庭都认为，从"保护伞条款"的用语来看，确实是可以把合同性争端提升为 BIT 争端并且由 BIT 仲裁庭来解决。在这一点上，两个仲裁庭并没有分歧。所不同的是，第二个"SGS 案"仲裁庭据此坚持了管辖权，而第一个"SGS 案"仲裁庭却担心由此带来打开"防洪大闸"的风险，也就是担心 BIT 仲裁庭会成为任何合同性争端的初审法庭，这是任何 BIT 的缔约方所不愿见到的。就目前而言，对打开"防洪大闸"问题还并没有令人满意的解决方法。不过，由于个案仲裁庭存在通过自由裁量权扩大管辖权的倾向，所以，将来仲裁庭可能会在个案中找出不会打开"防洪大闸"的特点进而行使管辖权，或者干脆对这一问题予以忽略。总之，本书观点是，如果 BIT 中规定

---

① CMS Gas Transmission Co. v. Republic of Argentina，paras. Annulment Decision，paras. 90-97.

有"保护伞条款",那么,未来仲裁庭利用"保护伞条款"把合同性争端"提升"为
BIT 争端并据此行使管辖权的可能性是存在的。

2. 如果投资合同中有排他性国内救济的条款,则有助于让 BIT 仲裁庭通
过"礼让原则"而自我限制,从而尊重投资合同中的排他性国内救济条款。

第二个"SGS 案"仲裁庭认为,"保护伞条款"把东道国没有遵守有约束力
的承诺(包括合同性承诺)视为违反 BIT,但并不把此种义务的范围与内容问
题转变成国际法问题。换言之,此种义务的范围与内容问题由合同中的争端
解决规则处理。所以,如果投资合同中有排他性国内救济的条款,则有助于让
BIT 仲裁庭通过"礼让原则"加以自我限制。正如该案第一个"SGS 案"仲裁
庭认为:"您不能够根据保护伞条款向仲裁庭指控东道国政府违反了投资合
同,如果您自己不愿意遵守该合同中有利于国内法院的管辖权条款的话。"

3. 如果在 BIT 争端解决规定中加入这样的语句"如合同中约定有争端解
决条款,则这种约定优先适用",那么对于让 BIT 仲裁庭适用"礼让原则"而加
以自我限制会具有更大的约束力。

4. 东道国违反了其在投资合同中其对于合同相对方所承担的义务,并不
等于东道国违反了对于外国投资者所承担的义务。外国投资者通常不被允许
依据 BIT 中的保护伞条款把东道国违反投资合同的行为提升为违反 BIT。

第三节 分析与对策

西方学者认为,"保护伞条款"具有特别重要的意义。因为该条款能保护
投资者在合同项下的权利不受任何干涉,不论这种干涉仅仅是源于东道国政
府违反合同,还是源于东道国政府的国内立法或者是行政行为,也不论这种干
涉是否达到了征收的程度。[①] 虽然在国际法中,这些违反合同、东道国国内立
法以及行政行为是否可以构成对国际义务的违反仍并不是非常明朗。[②] 而
且,要证明违反了"公平与公正待遇""完全的保护与安全"标准或者是存在某
项"间接征收"通常更为困难,但现在这些情况的证明不再是决定性的,只要能

---

① MANN F A. British Treaties for the Promotion and Protection of Investments
[A]. British Yearbook of International Law,1981:52.241,246.

② DOLZER R,STEVENS M. Bilateral Investment Treaties [M]. The Hague:
Kluwer Law,1995:81-82.

证明东道国违反了某项投资合同,就有可能通过"保护伞条款"提供国际救济。所以,他们认为,"SGS v. Philippines 案"仲裁庭的推理明显比"SGS v. Pakistan 案"仲裁庭的推理更佳。① 东道国必须尊重外国投资者在合同上的权利,扩展对外国投资者的此种保证属于正常情况,不会令人惊讶。当条约明确授权如此行事时,仲裁庭没有理由在赋予"保护伞条款"以缔约方的意图效果或者对合同性争端行使管辖权时显得犹豫不决。②

以上观点的唯一目的似乎就在于通过"保护伞条款"扩展国际仲裁庭对合同的管辖权,而对于缔约方的真实含义、当事方的意思自治则通通予以忽视。更加重要的是,这些观点对由此带来打开"防洪大闸"的风险也视而不见。虽然有观点提出以"投资者自我限制"方案以及"涉及政府权力"方案来解决这一问题,但这两种方案仍然是为了扩展"保护伞条款"的适用而匆忙拼凑出来的方案,在实践中并不具有可行性。相比之下,"司法礼让原则"以及(防止)"权利滥用"方案更加可行,其结果也更加容易为各方所接受,也会带来公平、减少程序性负担等效果。

一、对"保护伞条款"的扩大解释会带来打开"防洪大闸"的风险

如前所述,第一个"SGS 案"仲裁庭发现,根据《维也纳条约法公约》第 31 条的解释规则,该"保护伞条款"的字面含义确实会把巴基斯坦违反合同行为的性质转变成违反条约。不过,仲裁庭的担心在于这种解释会拓宽该"保护伞条款"的范围,并且表现出几乎是无限制的扩展,会使得"保护伞条款"适用于数目无限的政府合同,对这些合同的任何违反都会被视为违反了 BIT。

如果保护伞条款适用于外国人与任何政府机构或者国有企业之间的"任何合同",那么,就存在这么一个风险:"中心"仲裁庭会成为可能发生的、数不清的合同性争端的初审法庭。无数的普通投资合同争端将如同洪水一样涌向"中心"仲裁庭,从而带来类似于打开"防洪大闸"的风险。前述第一个"SGS 案"仲裁庭认为:"这超过了缔约方的本来意图,也超过了本仲裁庭所愿意接受

---

① SCHREUER C. Travelling the BIT Route of Waiting Periods,Umbrella Clauses and Forks in the Road[J]. the Journal of World Investment & Trade,2004,5(2). 255.

② ALEXANDROV S A. Breaches of Contract and Breaches of Treaty,The Jurisdiction of Treaty-based Arbitration Tribunals to Decide Breach of Contract Claims in SGS v. Pakistan and SGS v. Philippines [J]. The Journal of World Investment & Trade,. 2004. 5(4):577.

的范围。"西方学者也认为:"这并不是一个实践的解决方法,也并不符合历史环境以及保护伞条款的最初意图,还不符合投资条约的普遍方式。"①"保护伞条款的功能不能把具体执行合同时每一个微小的争执都转变为可寻求国际仲裁的事项。例如,由于投资者的原因而对方在付款上的短暂拖延以及由此产生的利息就很难使 BIT 下的仲裁具有正当性。"②

二、"投资者自我限制"方案

有观点认为,希望投资者在引用"保护伞条款"时适当地自我限制。③ 本书认为,这种"投资者适当自我限制"方案并不能解决问题。外国投资者在发生争端后,出于对东道国司法体系的不信任,通常都会尽其所能在国际层面上寻求救济,在某些情况下甚至会同时提起多种仲裁/诉讼程序,如何还会"自我限制"? 例如,在"Lander/CME 案"中,申请方 Lander 是美国公民,他根据《捷克—美国 BIT》在伦敦申请 UNCITRAL 仲裁。同时,由 Lander 控制的荷兰 CME 公司根据《荷兰—捷克 BIT》在斯德哥尔摩申请 UNCITRAL 仲裁。另外,由 Lander 与 CME 公司控制的当地公司还在捷克国内法院提起诉讼,从而构成第三个争端解决程序。后来,伦敦与斯德哥尔摩的仲裁庭分别作出了彼此矛盾的裁决。④

三、"涉及政府权力"方案

有观点认为,投资条约对政府行为施加限制,但是并不对政府机构的任何商业行为施加限制,如果这些商业行为具有商事(以及合同)法特征并且没有

① WALED T W. The "Umbrella" Clause in Investment Arbitration:A Comment on Original Intentions and Recent Cases [J]. The Journal of World Investment & Trade,2005, April,6(2):226.

② SCHREUER C. Travelling the BIT Route of Waiting Periods,Umbrella Clauses and Forks in the Road[J]. the Journal of World Investment & Trade,2004,5(2):255.

③ SCHREUER C. Travelling the BIT Route of Waiting Periods,Umbrella Clauses and Forks in the Road[J]. the Journal of World Investment & Trade,2004,5(2):255.

④ 关于该案案情简介,SHANY Y. Note and Comment:Contract Claims vs. Treaty Claims:Mapping Conflicts Between ICSID Decisions on Multisourced Investment Claims [J]. The American Journal of International Law,2005,October:845.

特别依赖于政府权力,那么 BIT 与保护伞条款就不会起作用。① 换言之,保护伞条款和投资条约的目的在于对具有合同当事方以及管制者双重身份的政府滥用权力时加以制约。如果不存在双重身份,国家机构作为通常的市场参加方参加到市场当中,就不需要适用 BIT 限制。

该观点提出了一些方法来判断东道国是否使用国家权力,这涉及两个层次的假设:在第一个层次,所涉及的实体属于政府控制(结构性测试)并且行使公共功能(功能性测试),这种关系表明政府权力的介入。在第二个层面上,所指控的不当行为或者违反行为不能够仅仅是涉及通常的执行合同行为。如果国家的行政行为受到指控,那就说明被指控的不当行为表明了足够的政府特征。还有观点主张应该存在"滥用"政府权力以及缺少"合法的理由"这些条件。因此,如果国家能够证明有关政府行为是没有歧视性地特别针对某投资者,而是以一种普遍适用的法律或者普遍的方式来管制经济事务,就可能存在例外。②

该观点认为此方法与两个 SGS 案件中申请方以及仲裁庭的观点相比有着更大的优点。申请方的观点将为无数的普通性合同争端打开大门,对此,BIT 仲裁庭并没有准备好,它既没有在法律上也没有在政治上得到对这类争端行使管辖权的认可。控制这种洪水般的案件在实践上、政治上以及法律上是必要的,但是把所有合同性争端提升到国际法的层面并且把它们转变成条约性争端并不能提供这种控制。相反,把大部分合同中(政府拥有超级谈判权力)的国内管辖条款解释为优先于保护伞条款将在效果上允许政府迫使合同相对方放弃 BIT 保护。③

本书认为,该"涉及政府权力"方案表面上看似乎有点道理,但仍然不足以解决问题:

首先,判断某政府行为是否涉及"政府权力"并不存在统一的客观标准。

---

① WALED T W. The "Umbrella" Clause in Investment Arbitration:A Comment on Original Intentions and Recent Cases [J]. The Journal of World Investment & Trade,2005,April,6(2):226.

② WALED T W. The "Umbrella" Clause in Investment Arbitration:A Comment on Original Intentions and Recent Cases [J]. The Journal of World Investment & Trade,2005,April,6(2):219.

③ WALED T W. The "Umbrella" Clause in Investment Arbitration:A Comment on Original Intentions and Recent Cases [J]. The Journal of World Investment & Trade,2005,April,6(2):236.

就连提出该观点的学者也不得不承认：并不是每个人都会一致同意某种措施仅仅是商业性还是政府性，这些标准只是提供了一个"战略性的框架"以避免打开更为可怕的"防洪大闸"。①

其次，现代投资合同通常是政府机构与外国投资者间缔结的，总会或多或少地涉及政府权力的使用，尤其是在公共特许合同中更是如此。而且，不大可能在每次行使政府权力时都通过颁布具"普遍约束力"的法规的方式来实现。对某行为是否涉及政府权力这种"度"的把握，就全部依赖于仲裁庭的自由裁量了。而目前，国际仲裁庭通常倾向于扩大自己的管辖权，所以，这种方案仍然不能避免打开"防洪大闸"的风险。

四、"司法礼让"与(防止)"权利滥用"方案

有观点提出"司法礼让"与(防止)"权利滥用"方案：

1."司法礼让原则"(the principle of judicial comity)可以被国际法庭用来解决把同一争端同时提交给国内司法机构与国际仲裁庭所带来的问题。如果法庭认为有利于促进公平、能减少当事方的程序性负担(例如同时参加两个争端解决程序)、促进多个裁决间的协调时，法庭可以暂停程序。通过自由裁量适用"礼让原则"，仲裁庭可以回避如何确定相关程序的准确性质这一难题。另外，"司法礼让"有利于鼓励法庭考虑其他法庭对相同当事方之间相关事项所作出的事实与法律结论，该原则鼓励但不强迫程序间的协调。

2.(防止)"权利滥用"(abus de droit)是一个比较完善的国际法规则，可以允许法庭限制当事方恶意利用重叠管辖权。因此，如果某些寻求国际仲裁的行为违反了合同相关条款，可能会被国际法庭视为不符合(防止)"权利滥用"规则并且拒绝行使管辖权，即使国际法庭有权审查该主张。

基于以上理论，该观点认为，前述第二个"SGS案"暂停程序的决定以及打算依赖于菲律宾法院裁决的情况符合"司法礼让原则"，该案件对于合同争端解决规则的讨论则符合(防止)"权利滥用"规则。②

---

① WALED T W. The "Umbrella" Clause in Investment Arbitration：A Comment on Original Intentions and Recent Cases [J]. The Journal of World Investment & Trade,2005, April,6(2):233.

② SHANY Y. Note and Comment：Contract Claims vs. Treaty Claims：Mapping Conflicts Between ICSID Decisions on Multisourced Investment Claims [J]. The American Journal of International Law,2005,October:849-851.

本书认为,"司法礼让原则"以及(防止)"权利滥用"规则都是国际上普遍接受的规则,[①]比前面两种方案更具可行性。前面"投资者自我限制"方案、"涉及政府权力"方案都是仅仅提出了问题,而并没有解决问题。"司法礼让原则"依靠仲裁庭在考虑公平、减少程序性负担、减少矛盾裁决这些问题之后实行自我限制,比前述依赖于"投资者自我限制"的方案会更加有效。而且,由于目前大量 BIT 的出现,今后 BIT 争端管辖条款与合同争端管辖条款之间出现竞合的情况会大大增加。另外,MFN 条款的引入更加扩展了外国投资者可以寻求救济的途径。所以,目前更为多见的是外国投资者滥用其在各种 BIT 以及投资合同中的权利,而(防止)"权利滥用"方案则可以非常有效地解决这一问题。本书同意这种观点:"权利滥用"是指权利主体外表上虽属于行使权利,但实际上是背离权利本旨或超越权利界限的违法行为。[②] 权利具有伦理上与社会作用上的功能,而该功能又是通过权利的主旨与行使的界限体现出来,故而行使权利违背其本旨或超越其正当界限者,即是与权利之功能不相容的行为,该行为即为权利滥用。换言之,凡行使权利违背其本旨或超越其正当界限者,即为滥用权利。这种判断"滥用权利"的标准一方面涵盖了所有滥用权利的行为,抓住了滥用权利的实质;另一方面,为法官凭借自由裁量权来综合判断复杂的权利滥用行为留下了余地。[③]

---

① 为了防止滥用权利而实施"司法礼让",实践中采用较多的是不方便法院原则。对这一原则,我国学者有较多论述。通常认为在判断不方便法院时,主要应该考虑以下一些具体因素:(1)原告选择法院的理由;(2)被告方便与否;(3)法律选择;(4)判决的可执行性;(5)证据的可取得性;(6)争议行为和交易的发生地位于何处;(7)对于所有当事人送达的可能性;(8)外国正在进行的未决诉讼;(9)语言因素;(10)案件的积压情况。参见李双元,屈广清,欧福永.国际民商事诉讼程序导论.北京:人民法院出版社,2004:195.另外,还可参见韩德培.国际私法问题专论[M].武汉:武汉大学出版社,2004:298.

② 对于权利滥用的概念,有三种说法:"第一,本旨说。此说认为,权利滥用者,乃权利人行使权利违反法律赋予权利之本旨(权利之社会性),因而法律上不承认其为行使权利之行为。第二,界限说。此说认为,权利滥用者,谓权利行使必有一定之界限,超过这一正当界限而行使权利,即为权利之滥用。第三,目的与界限混合说。此说认为,权利滥用谓逸出权利的、社会的、经济的目的或社会所不容许的界限之权利行使。"本书正文中所引用的是对以上第三种说法加以修正后的表述。参见汪渊智.论禁止权利滥用原则[J].法学研究,1995(5):17.

③ 汪渊智.论禁止权利滥用原则[J].法学研究,1995(5):19.

五、中国的可采对策

虽然"中心"仲裁庭对"保护伞条款"是否能够把合同性争端"提升"为 BIT 争端并且让"中心"仲裁庭行使管辖权存在互相对立的意见,但是,我们在实践中必须考虑到所有可能存在的漏洞并在今后缔结 BIT 时加以改进。从"中心"实践来看,仲裁庭通过"保护伞条款"对合同性争端行使管辖权的可能性是存在的,而且,西方学者也多倾向于对此持肯定意见,所以,这种可能性会越来越大。同时,我国在对外签订 BIT 中基本上都加入了"保护伞条款"。例如,2003 年《中国—德国 BIT》第 10 条第 2 款规定:"缔约任何一方应恪守其就缔约另一方投资者在其境内的投资所承担的任何其他义务。"2003 年《中国—圭亚那 BIT》第 10 条第 2 款规定:"缔约任何一方应恪守其与缔约另一方投资者就投资所作出的承诺。"

有论者主张:如果基于整体上妥协的需要,我国不得不在双边投资条约中规定"保护伞条款"的,为了减轻我国所承担的义务,在国际仲裁实践中,应力争将此类条款的适用范围解释为只针对东道国政府干预"国家合同"性质的行为。对"保护伞条款"可作这样的规定:"缔约任何一方应遵守其与缔约另一方投资者就投资作出的合同义务。但该缔约一方就此承担的商事性质的合同义务除外。"[①] 这一建议具可行性。

另外,根据以上分析,我国还可以采取以下对策:

1. 如果成为被申请方,则可从理论上对通过"保护伞条款"把合同性争端提升为 BIT 争端的做法加以质疑。在确定国家具有国际法上的义务时,应该以国家毫不含糊的意思表示为基础。国家在"保护伞条款"中表示"遵守其承诺的任何义务",其默认含义当然是以与该含有"保护伞条款"的条约相类似的条约为范围的,不能通过"推理"把这种范围无限扩大。退一步而言,即使可把这种承诺扩展到在政府合同中的承诺,无论如何也不得扩展到由于政府修改国内立法而"违反"的"承诺"。因为这已是东道国公共秩序的范围,不能因为"有约必守"而侵蚀到"国家主权"的独立。

2. 在缔约实践中,尽量不要采用"保护伞条款"。如出于种种原因一定要采用,也不要用"任何承诺、任何义务"这样的用语。而且,一定要加入由于"非

---

① 徐崇利."保护伞条款"的适用范围之争与我国的对策[J]. 华东政法大学学报,2008(4):58-59.

歧视措施"所引发争端的例外。换言之,至少要保证不会由于东道国修改法律法规等非歧视性措施而导致违反合同的争端被"保护伞条款"提高到违反条约的高度。

　　3.在我国对外已签订的 BIT 中,许多采用了包括"缔约方应遵守任何承诺、任何义务"在内的"保护伞条款"。即使我国从现在起不再接受此类措辞,但是,今后与我国签订 BIT 的缔约方投资者是否会以"MFN 条款"为由主张享受到这些措辞的更优惠待遇,并把合同性争端提交"中心"仲裁? 这是值得进一步研究的问题。本书认为,可以在今后签订的 BIT 中加入"MFN 条款不适用于以前 BIT 中的待遇"的约定。此点见解,已在本书第四章中作了比较详细的剖析与论证,兹不另赘。

结　论

　　《华盛顿公约》序言以及第 25 条规定了管辖权的三个必备条件："争端性质适格""争端当事方适格"以及"争端当事国书面同意"。对于第一个必备条件,根据《华盛顿公约》第 25 条第 1 款的规定,争端当事方提交"中心"管辖的争端应该是"因投资而直接产生的法律争端"。在规定可以提交"中心"之"法律争端"时,我国已签订 BIT 中有的规定"缔约一方与缔约另一方投资者之间就投资产生的任何争议"(例如 2003 年《中国—德国 BIT》),有的规定"投资争议是指缔约一方与缔约另一方投资者因履行本协定下与投资有关的义务所产生的争议"。(例如 2003 年《中国—圭亚那 BIT》)。为缩小可提交给"中心"之"法律争端"范围起见,后一种规定更加妥当,建议今后不宜再采用"与投资有关的任何争端"这样的措辞,而应是"本协定下与投资有关的法律争端"。否则,将来"中心"仲裁庭有可能把"任何争端"扩大解释为包括"合同性争端"在内并行使管辖权。在对"投资"定义时,我国目前 BIT 中采用了以资产为基础的广泛定义。不过,最好对某些短期间接投资、波动性极大的短期投资作出一定的限制,在"投资"的适用范围中排除政府部门、大多数金融服务业等领域,以确保外国投资服务于东道国经济和产业发展的政策目标。

　　对于第二个必备条件,根据《华盛顿公约》第 25 条的规定,东道国和外国投资者都必须满足一定的条件才能达到"适格"的标准。而东道国和外国投资者又可以进一步细分为"缔约国""下属单位或者机构""自然人""法人"这几种当事方,我国要加以解决的重点是后面三种情况。关于"下属单位或者机构",本书认为,目前可以考虑仅仅把省、自治区、直辖市以及经济特区政府作为争端当事人指定到"中心"。目前还不适合把"国有企业"作为争端当事方指派到"中心"。对于"自然人",本书认为应该重点注意出现规避我国国籍的情况。对于"法人"国籍的判断标准,我国所签订 BIT 中采用的是以"法人成立地"为主、以"当事方约定"与"控制标准"(实际上已降低为利益标准)为辅的方法。规定"法人成立地"标准可以很好地限制未来"中心"仲裁庭滥用自由裁量权,适合中国的现状。对于"当事方约定"与"控制标准"的规定,也附加了"第三国没有或放弃保护上述法人的权利"的前提条件,可以很好地防止出现今后面临"中心"仲裁与外交保护这样双重压力的局面。不过,其中把"控制标准"降低到"利益标准"(拥有利益即可)似乎会使得将来符合标准的外国投资者类型过于宽泛。

《华盛顿公约》第25条第2款第2项还规定了法人国籍的另一种情况,即:如果某法人具有争端当事国国籍,但是该法人因为受到外来控制,双方同意为了公约的目的,可以把该法人视为是"另一缔约国国民"。这里有两个问题值得考虑。第一,"外来控制"的判断标准。我们在通过国内法或者投资条约同意"中心"管辖权的同时,有必要对"外来控制"加以限制。例如,规定受外来控制的必须是外方占51％以上股权比例的企业;规定只有《华盛顿公约》缔约国公司对我国法人进行直接控制的情况下,才可以把该法人视为"另一缔约国国民",防止"中心"仲裁庭毫无限制地以"间接控制"之理由对"外来控制"作扩大推定;规定在股权变动导致外国投资者主体或者国籍发生改变时,其诉诸"中心"救济的权利必须另行经过我国有关部门的书面同意。第二,视为另一缔约国国民的同意表现形式。"中心"仲裁庭在这方面表现得特别宽容,基本上,所需要的全部材料就是一份同意ICSID管辖权的协议。所以,如果我国在同意把我国政府与具有我国国籍公司之间的投资争端提交"中心"管辖的时候要注意到这一点。另外,如果是通过BIT同意"中心"管辖权,则应明确规定把某当地公司视为"另一缔约国国民"的同意需要另行作出。

对于第三个必备条件,根据《华盛顿公约》第26条的规定,缔约国可以把用尽当地各种行政或者司法救济办法作为其同意根据本公约交付仲裁的一个条件。根据我国的实际情况,本书认为我国目前还有必要坚持当地救济优先,而与坚持用尽行政复议程序相比,采用在一定期限内前置行政复议程序更为妥当。另外,我国对外签订的BIT中大量使用了"岔路口条款"。由于"中心"仲裁庭在实践中对"同一争端"的解释非常严格,进而对外国投资者"选择"当地救济之认定结果多为否定,使得外国投资者在国内救济后,仍然可以寻求国际救济。其结果就背弃了"岔路口条款"中当地救济后即为终局这一精神,偏离了其本来含义,使得该条款之唯一功能便在于让外国投资者在选择国际救济之前无须受当地救济之约束。所以,我国在签订BIT时最好不采用"岔路口条款"。本书还认为存在这种可能性:外国投资者与我国公司发生普通合同性争端并经我国法院裁决后,外国投资者有可能会认为我国法院裁决不公,进而认为我国没有遵守相关BIT中"公正和公平待遇""充分的、持续的保护和安全""不得采取任何随意的或歧视性的措施"等规定,并以我国政府为被申请方,向 ICSID 申请仲裁。这种可能性的存在将迫使我国公司在与外国投资者签订合同时倾向于选择外国法院来解决将来争端。另外,我国所签订的大量 BIT 中包括了"岔路口条款",而类似于发生"洛文案"的可能性会使得外国投资者绕过该"岔路口条款",使其形同虚设。所以,最佳方法是在 BIT 中明确把针对东道国国内法院裁决本身的是非问题排除于国际仲裁的范围之外。次佳方法是参照"洛文案"仲裁庭的意见,在 BIT 中规定把"当地救济"规则与"终局性"要求分离开来,BIT 只能够放弃属于程序性的"当地救济"规则,却不能放弃属于实体性的"终局性"要求。在 BIT 放弃了"当地救济"规则的情况下,如果是法院以外的其他国家机构损害了外国投资者的利益,那么,该外国投资者可以直接根据 BIT 申请国际仲裁。但如果外国投资者认为损害其利益的是法院的裁决,那么,该外国投资者在寻求国际仲裁之前仍然需要先寻求可以获得的上诉程序,以满足"终局性"要求。

如何同意"中心"管辖权是本书重点讨论的内容。我国 1998 年至 2005 年之间在与若干发达国家、发展中国家签订 BIT 时采用了全盘同意"中心"管辖权的"全面同意"式。2005 年之后开始尝试着限制国民待遇的适用,尤其是 2011 年之后开始采纳例外规则比较多的"全面同意＋重要例外"式。本书认为,"有限同意"式适合在与发达国家签订 BIT 时运用,但应规定"MFN 待遇"不得适用于争端解决程序,以防止采用"有限同意"式 BIT 之相对方以此条款主张享受我国以前与德国等国家签订且采用"全面同意"式 BIT 规定的争端解决待遇,也可防止相对方主张享受今后我国与其他国家签订且采用"全面同意＋重要例外"式 BIT 规定的更优待遇。在"有限同意"式中,主要同意"中心"管辖权的是征收补偿事项,但同时也要强调对间接征收的限制。此外,还应该根据我国经济发展的具体情况,适时考虑是否同意把资金转移等事项接受"中心"的管辖,但无论如何均需设定必要的限制和例外。"全面同意＋重要例外"式最适合运用于经济与我国存在较大互补性的发展中国家,尤其是能源、原材料较为丰富的发展中国家或者是"一带一路"沿线的发展中国家等。同时应该主张规定前述"新投资企业的建立、并购"例外、"重要安全利益、特别紧急情况"例外、"拒绝授惠"例外等。因为:"新投资企业的建立、并购"例外使得东道国在外资准入方面保留充分的审查和监督权,东道国可以根据国内经济发展的需要自由决定让多大规模、何种性质的外资进入我国及进入哪些领域;"重要安全利益、特别紧急情况"例外使得东道国可以根据国内经济发展需要对有关法律、政策作必要调整,而不会违反有关 BIT 的规定;"拒绝授惠"例外使得东道国确保享受 BIT 优惠待遇的主体不会被任意扩大。

我国和外国签订的 BIT 中都规定了 MFN 条款。为防止将来"中心"仲裁庭把 MFN 条款适用于争端解决规则,我国可以采用以下措施:(1)以明确的用语把争端解决规则排除于 MFN 待遇范围之外,这是最佳选择;(2)要在 MFN 条款中选用适当的措辞,至少不要采用"所有权利""所有事项"等用语;(3)在 BITs 的争端解决条款中,都要坚持要求优先寻求当地救济,尽量体现统一的公共政策;(4)在 BIT 中明确规定,如果东道国与外国投资者之间的投资合同中约定了争端解决程序,则此种约定应该优先适用;(5)可以规定 MFN 条款不适用于已经生效的国际协定;(6)不宜明确规定 MFN 待遇适用于争端解决规则。

我国所签订的 BIT 基本上都规定了"保护伞条款"。"中心"仲裁庭有可能根据该"保护伞条款"把合同性争端"提升"为 BIT 争端并且让"中心"仲裁庭行使管辖权,本书认为,我国日后签订 BIT 时尽量不要采用"保护伞条款"。至少不要采用"任何承诺、任何义务"这样的措辞。而且,需要加入由于"非歧视措施"所引发争端的例外。换言之,至少要保证不会由于东道国修改国内法律法规等非歧视性措施而导致违反合同的争端被"保护伞条款"提高到违反条约的高度。

缩略语表

1.《ICSID 公约》/《华盛顿公约》

Convention on the Settlement of Investment Disputes between States and Nationals of Other States

1965 年《解决国家与他国国民间投资争端公约》

2. ICSID/"国际中心"/"中心"

International Centre for Settlement of Investment Disputes

"解决投资争端国际中心"

3. CAFTA

Central American Free Trade Agreement

《美国与中美洲自由贸易协议》

4. BIT

Bilateral Investment Treaty

双边投资条约

5. FIPA

Foreign Investment Protection and Promotion Agreement

外国投资保护和促进协议

6. FTA

Free Trade Agreement

自由贸易协定

7. MAI

Multilateral Agreement on Investment

《多边投资协定》

8. NAFTA

North American Free Trade Agreement

《北美自由贸易协定》

9. MFN

Most-Favored-Nation

最惠国

参考文献

一、著作类

[1]陈安.国际经济法学[M].第3版.北京:北京大学出版社,2004.

[2]陈安.国际投资争端仲裁——"解决投资争端国际中心"机制研究[M].上海:复旦大学出版社,2001.

[3]陈安.国际经济法学刍言[C].北京:北京大学出版社,2005.

[4]李万强.ICSID仲裁机制研究[M].西安:陕西人民出版社,2002.

[5]陈安."解决投资争端国际中心"述评[M].厦门:鹭江出版社,1989.

[6]陈安.国际经济法学专论(上编 总论)[M].北京:高等教育出版社,2002.

[7]曾华群.国际投资法学[M].北京:北京大学出版社,1999.

[8]陈安.舌剑唇枪:国际投资纠纷五大著名案例[M].厦门:鹭江出版社,1986.

[9]韩健.现代国际商事仲裁法的理论与实践[M].北京:法律出版社,2000.

[10]李浩培.条约法概论[M].北京:法律出版社,1988.

[11]李双元,屈广清,欧福永.国际民商事诉讼程序导论.北京:人民法院出版社,2004.

[12]韩德培.国际私法问题专论[M].武汉:武汉大学出版社,2004.

[13]李玉泉.国际民事诉讼与国际商事仲裁[M].武汉:武汉大学出版社,1994.

[14]余劲松.国际投资法[M].北京:北京大学出版社,2003.

[15]谢石松.商事仲裁法学[M].北京:高等教育出版社,2003.

[16]杨树明.国际商事仲裁法[M].重庆:重庆大学出版社,2002.

[17]周成新.国际投资争议的解决方法[M].北京:中国政法大学出版社,1989.

[18]金彭年.国际经济争端法导读[M].浙江:浙江大学出版社,2000.

[19]赵维田.最惠国与多边贸易体制[M].北京:中国社会科学出版社,1996.

[20]吴磊.中国石油安全[M].北京:中国社会科学出版社,2003.

[21]周成新.国际投资争议的解决方法[M].北京:中国政法大学出版社,1989.

[22]王铁崖.国际法[M].北京:法律出版社,1995.

[23]韩德培.国际私法新论[M].武汉:武汉大学出版社,2003.

[24]韩德培.国际私法[M].武汉:武汉大学出版社,1989.

[25]詹宁斯·瓦茨.奥本海国际法:第一卷第二册[M].王铁崖,译.北京:中国百科全书出版社,1998.

[26]詹宁斯,瓦茨.奥本海国际法(9):第一卷第一分册[M].王铁崖,陈公绰,汤宗舜,周仁,译.北京:中国大百科全书出版社,1995.

[27]兴戈兰尼.现代国际法[M].陈宝林,张锴,杨伟民,译.重庆:重庆出版社,1988.

[28]马丁·沃尔夫.国际私法[M].李浩培、汤宗舜,译.北京:法律出版社,1988.

[29]J. G. 斯塔克.国际法导论[M].赵维田,译.北京:法律出版社,1984.

[30]柳炳华.国际法:下卷[M].北京:中国政法大学出版社,1997.

[31]SCHREUER C H. The ICSID Convention:A Commentary [M]. Cambridge:Cambridge University Press,2001.

[32]OECD. International Investment Law:A Changing Landscape,A Companion Volume to International Investment Perspectives [R/OL]. OECD Publishing,2005. http://www. sourseoecd. org/finance/9264011641.

[33]Yearbook of International Law Commission [R/OL]. 1978,2(Part Two). http://untreaty. un. org/ilc/publications/yearbooks/Ybkvolumes(e)/ILC _ 1978 _ v2 _ p2 _ e. pdf,2006-06-05.

[34]BERG,DEN A J V. Improving the Efficiency of Arbitration Agreements and Awards:40 Years of Application of the New York Convention[M]. Hague:Kluwer Law International,1999.

[35]HIRSCH M. Arbitration Mechanism of the International Center for the Settlement of Investment Disputes[M]. Hague:Kluwer Academic Publishers,1993.

[36]DICKINSON A,LINDSAY R,LOONAM J P. State Immunity:Selected Materials and Commentary [M]. Oxford:Oxford University Press. 2004.

[37]COLLIER,J,VAUGHAN L. The Settlement of Disputes in International Law:Institutions and Procedures [M]. Oxford:Oxford University Press,1999.

[38]ALAN R,HUNTER M. The Law and Practice of International Commercial Arbitration[M]. London:Sweet& Maxwell,1999.

二、论文类

[1]陈安.中外双边投资协定中的四大"安全阀"切勿贸然拆除——美、加型 BIT 谈判范本关键性"争端解决"条款剖析[M]//陈安.国际经济法学刊:13(1)北京:北京大学出版社,2006.

[2]徐崇利.公正与公正待遇:正义之解读[J]法商研究,2010(3).

[3]刘笋.论投资条约中的国际最低待遇标准[J],法商研究,2011(6).

[4]曾华群.论"特殊与差别待遇"条款的发展及其法理基础[J].厦门大学学报(哲学社会科学版),2003(6).

[5]徐崇利."保护伞条款"的适用范围之争与我国的对策[J].华东政法大学学报，2008(4).

[6]徐崇利.被告财产所在地涉外民事管辖规则的适用问题探讨[J].法律科学(西北政法学院学报),2000(4).

[7]徐崇利.经济全球化与国际经济条约谈判方式的创新[J].比较法研究,2001(3).

[8]徐崇利.多边投资担保机构的比较优势及新世纪的发展战略[J].华东政法学院学报,2002(3).

[9]徐崇利.外资征收中的补偿额估算[A].陈安.国际经济法学刊[C].北京:北京大学出版社,2006.13(1).

[10]朱炎生.ICSID仲裁机制中法人国籍认定的理论与实践[A].陈安.国际经济法学刊[C].北京:北京大学出版社,2006.13(1).

[11]魏艳茹.论我国晚近全盘接受ICSID仲裁管辖权之欠妥[A].陈安.国际经济法学刊[C].北京:北京大学出版社,2006.13(1).

[12]单文华.卡尔沃主义的"死亡"与"再生"——晚近拉美国家对国际投资立法的态度转变及其对我国的启示[A].陈安.国际经济法学刊[C].北京:北京大学出版社,2006.13(1).

[13]林一飞.双边投资协定的仲裁管辖权、最惠国待遇及保护伞条款问题[A].陈安.国际经济法学刊[C].北京:北京大学出版社,2006.13(1).

[14]王海浪."落后"还是"超前"?——论中国对ICSID仲裁管辖权的同意[A].陈安.国际经济法学刊[C].北京:北京大学出版社,2006.13(1).

[15]蔡从燕.不慎放权,如潮官司——阿根廷轻率对待投资争端管辖权的惨痛教训[A].陈安.国际经济法学刊[C].北京:北京大学出版社,2006.13(1).

[16]詹晓宁,葛顺奇.国际投资协定:"投资"和"投资者"的范围与定义[J].国际经济合作,2003(1).

[17]汪渊智.论禁止权利滥用原则[J].法学研究,1995(5).

[18]钱玉林.禁止权利滥用的法理分析[J].现代法学,2002(1).

[19]孙天全.权利滥用概念解析[J].北京理工大学学报(社会科学版)2005(5).

[20]邹立刚.试论国际法上的用尽当地救济规则[J].法学研究,1994(5).

[21]一鸣.加拿大的文化政策[J].国际展望,1999(20).

[22]陈瑞华.程序正义论纲[A].陈光中,江伟.诉讼法论丛(1)[C].北京:法律出版社,1998.

[23]王斐弘.效率与程序和谐论[A].陈光中,江伟.诉讼法论丛(7)[C]北京:法律出版社,2002.

[24]徐崇利.从实体到程序:最惠国待遇适用范围之争[J].法商研究,2007(2).

[25]黄世席.国际投资仲裁中最惠国条款的适用和管辖权的新发展[J],法律科学,2013(2).

[26]NORMAN L，NEWSWIRES D J. Argentina：Government Reopens 7-Year-Old Case v. Oil Group [EB/OL]. www. LatinPetroleum. com，2003-10-28.

[27]KURTZ J. The MFN Standard and Foreign Investment：An Uneasy Fit? [J]. The Journal of World Investment &. Trade，2004，5(6).

[28]WALED T W. The "Umbrella" Clause in Investment Arbitration：A Comment on Original Intentions and Recent Cases [J]. The Journal of World Investment &. Trade，2005，April，6(2).

[29] DOLZER B，MYERS T. After Tecmed：Most-Favored-Nation Clauses in Investment Protection Agreements [J]. ICSID Review-Foreign Investment Law Journal，2004，19(1).

[30]SHANY Y. Note and Comment：Contract Claims vs. Treaty Claims：Mapping Conflicts Between ICSID Decisions on Multisourced Investment Claims [J]. The American Journal of International Law，2005，October.

[31]LABRUM L. United States v. Morrison：Relying on Local Solutions to Remedy a National Problem [J]. The Journal of Law and Commerce. 2001，Fall.

[32] KLAFTER B. International Commercial Arbitration as Appellate Review：NAFTA's Chapter 11，Exhaustion of Local Remedies and Res Judicata [J]. U. C. Davis Journal of International Law &. Policy. 2006，Spring.

[33]GROSSENBACHER K. Implementing Structural Injunctions：Getting a Remedy When Local Officials Resist [J]. Georgetown Law Journal. 1992，8.

[34] AFILALO，ARI. Constitutionalization Through the Back Door：A European Perspective on NAFTA's Investment Chapter [J]. New York University Journal of International Law &. Politics，2001，34.

[35]AGUILAR A G，PARK W. The New Face of Investment Arbitration：NAFTA Chapter 11[J]. Yale Journal of International Law，2003，28.

[36]BERGER，PETER K. The International Arbitrator's Application of Precedents [J]. Journal of International Arbitration，1992，9(4).

[37]BIGGS，GONZALO. The Latin American Treatment of International Arbitration and Foreign Investment and the Chile-U. S. Free Trade Agreement [J]. ICSID Review-Foreign Investment Law Journal，2004，19(1).

[38]BLOM，JOOST. Public Policy in Private International Law and Its Evolution in Time [J]. Netherlands International Law Review，2003，50.

[39]BOIVIN，RICHARD. International Arbitration with States：An Overview of the Risks [J]. Journal of International Arbitration，2002，19(4).

[40]BROCHES，ARON. On the Finality of Awards：A Reply to Michael Reisman [J]. ICSID Review-Foreign Investment Law Journal，2004，8(1).

[41]BROCHES, ARON. Observations on the Finality of ICSID Awards [J]. ICSID Review-Foreign Investment Law Journal, 1991, 6(2).

[42]BROCHES, ARON. Awards Rendered Pursuant to the ICSID Convention: Binding Force, Finality, Recognition, Enforcement, Execution [J]. ICSID Review-Foreign Investment Law Journal, 1987, 2(2).

[43] BROWER II, CHARLES H. NAFTA's Investment Chapter: Initial Thoughts About Second-Generation Rights [J]. Vanderbilt Journal of Transnational Law, 2003, 36.

[44]BROWER II, CHARLES H. Response: Beware the Jabberwock: A Reply to Mr. Thomas [J]. Columbia Journal of Transnational Law, 2002, 40.

[45]BROWER II, CHARLES H. Investor-State Disputes Under NAFTA: The Empire Strikes Back [J]. Columbia Journal of Transnational Law, 2001, 40.

[46]CARON, DAVID D. Reputation and Reality in the ICSID Annulment Process: Understanding the Distinction Between Annulment and Appeal [J]. ICSID Review-Foreign Investment Law Journal, 1992, 7(1).

[47]GEORG G, BERGHAUS, SUSANNE. The Changing Nature of Foreign Direct Investment in Developing Countries: Evidence and Implication [J]. The Journal of World Investment & Trade, 2004, 4(5).

[48]BYRNE, JUSTIN. NAFTA Dispute Resolution: Implementing True Rule-Based Diplomacy Through Direct Access [J]. Texas International Law Journal, 2000, 35.

[49]CARON, DAVID D. The Nature of the Iran-United States Claim Tribunal and the Evolving Structure of International Disputes Resolution [J]. American Journal of International Law, 1990, 84.

[50]CARRUTHERS, JANEEN M. Substance and Procedure in Conflict of Laws: A Continuing Debate in Relation to Damages [J]. International and Comparative Law Quarterly, 2004, 53.

[51]COE, JACK J. R. Domestic Court Control of Investment Awards: Necessary Evil or Achilles Heel within NAFTA and the Proposed FTAA? [J]. Journal of International Arbitration, 2002, 19.

[52]CIO, CECILIA M. D. Dealing with Mistakes Contained in Arbitral Awards [J]. The American Review of International Arbitration, 2001, 12.

[53]CRIVELLARO, ANTONIA. Making the Proceeding Public and Allowing Third-Party Interventions-Are the New Generation Bilateral Investment Treaties (U. S. , Canada) Bifurcating Investment Arbitration from International Commercial Arbitration? [J]. The Journal of World Investment & Trade, 2005, 6(1).

[54] DELAUME G R. The Finality of Arbitrations Involving States: Recent Development [J]. Arbitration International, 1989, 5.

［55］CRAVING RICHARD J. Status of the New York Arbitration Convention: Some Gaps in Coverage but New Acceptance Conforms Its Vitality ［J］. ICSID Review-Foreign Investment Law Journal,1995,10(1).

［56］DODGE, WILLIAM S. International Decision: Metalclad Corporation v. Mexico ［J］. The American Journal of International Law,2001,95.

［57］DELAUME G R. ICSID Arbitration and Courts ［J］. The American Journal of International Law,1983,77.

［58］DELAUME G R. States Contracts and Transnational Arbitration ［J］. The American Journal of International Law,1981,75.

［59］FOY,PATRICK G. Effectiveness of NAFTA's Chapter Eleven Investor-State Arbitration Procedures ［J］. ICSID Review-Foreign Investment Law Journal,2003,18(1).

［60］DRAHOZAL, CHRISTOPHER R. Of Rabbits and Rhinoceri: A Survey of Empirical Research on International Commercial Arbitration ［J］. Journal of International Arbitration,2003,20(1).

［61］GAILLARD, EMMANUEL. "Vivendi" and Bilateral Investment Treaty Arbitration ［N］. New York Law Journal,2003-02-16(6,7).

［62］GAILLARD,EMMANUEL &. BANIFATEMI, YAS. The Meaning of "and" in Article 42(1) Second Sentence, of the Washington Contention: The role of International Law in the ICSID Choice of Law Process ［J］. ICSID Review-Foreign Investment Law Journal,2003,18(2).

［63］GUZMAN, A. T. Why LDCs Sign Treaties that Hurt Them: Explaining the Popularity of Bilateral Investment Treaties ［J］. Vanderbilt Journal of International Law, 1998,38.

［64］GANTZ,DAVID A. The Evolution of FTA Investment Provisions:From NAFTA to the United States-Chile Free Trade Agreement ［J］. The American Journal of International Law,2004,19.

［65］GAILLARD, EMMANUEL. Introductory Note ［J］. International Legal Materials,1986,25.

［66］GAILLARD,EMMANUEL. Landmark in ICSID Arbitration Committee Decision in "Wena Hotels"［N］. New York Law Journal,2002-04-04(3,4).

［67］STEPHEN H, PEEPLES R. Commercial Arbitration in Evolution: An Assessment and Call for Dialogue ［J］. Ohio State Journal on Dispute Resolution,1995,10.

［68］KANTOR,MARK. The New Draft Model U. S. BIT: Noteworthy Developments ［EB/OL］. http://www. kluwerarbitration. com/arbitration/arb/home/ipn/default. asp? ipn＝25753,2005-03-01.

［69］KEER S E. NAIMARK R W. International Private Commercial Arbitration:Expectations and Perceptions of Attorneys and Business People at the Beginning of the Case [J]. International Business Lawyer,2002,30(5).

[70]KARAMANIAN,SUSAN L. Overstating the "Americanization" of International Arbitration:Lessons from ICSID [J]. Ohio State Journal on Dispute Resolution,2003,19.

[71]KARL,JOACHIM. The Promotion and Protection of German Foreign Investment Abroad [J]. ICSID Review-Foreign Investment Law Journal,1996,11(1).

[72]KERREMANS,BART. Coping with a Nettlesome Dilemma: The Long Road to the U. S. Trade Act of 2002 [J]. The Journal of World Investment,2003,4(3).

[73]KLABBERS, JAN. International Legal Histories: The Declining Importance of Travaux Preparatoires in Treaty Interpretation? [J]. Netherlands International Law Review,2003,50.

[74]KROLL, STEFAN. Recourse against Negative Decisions on Jurisdiction [EB/OL]. http://www. kluwerarbitration. com/arbitration/arb/home/ipn/default. asp? ipn = 25593,2006-04-05.

[75]LANGMAN,JAMES. Chilean Lawmaker Says Free Trade Accord with U. S. Unconstitutional,Plans Challenge [J]. International Environmental Report [R]. 2003,26.

[76]LEATHLEY,CHRISTIAN,The Mercosur Dispute Resolution System [J]. The Journal of World Investment & Trade,2003,4(5).

[77]KNULL III,WILLIAM H, RUBINS N D. Betting the Farm on International Arbitration:Is It Time to Offer an Appeal Option? [J]. The American Review of International Arbitration,2000,11.

[78]KREINDLER, RICHARD H. Approach to the Application of Transnational Public Policy by Arbitrators [J]. The Journal of World Investment,2003,4(2).

[79]LIM,SHERRILLYN S. The U. S. —Singapore Free Trade Agreement:Fostering Confidence and Commitment in Asia [J]. California Western International Law Journal, 2004,34.

[80]KLEIN,BOHUSLAV. Who Wins and Who Loses in Investment Arbitration? Are Investors and Host States on a Level Playing Field? —The Lauder/Czech Republic Legacy [J]. The Journal of World Investment & Trade,2005,6(1).

[81]WALDE, THOMAS W. Energy Charter Treaty-based Investment Arbitration: Controversial Issues [J]. The Journal of World Investment & Trade,2004,5(3).

[82]MCCABE,JOHN M. Uniformity in ADR:Thoughts on the Uniform Arbitration Act and Uniform Mediation Act [J]. Pepperdine Dispute Resolution Law Journal,2003,3.

[83]MWENDA K K, GOBIR N G. International Commercial Arbitration and the International Centre for Settlement of Investment Disputes [J]. Zambia Law Journal, 1998,30.

[84]SINGH,RAJESH. The Impact of the Central American Free Trade Agreement on Investment Treaty Arbitrations: A Mouse that Roars? [EB/OL]. http://www. kluwerarbtration. com/arbitration/arb/home/ipn/default. asp? ipn=25749,2006-05-01.

[85] WALLACE-BRUCE, NII LANTE. Global Investments and Environmental Protection: The Battle Lines Are yet to Emerge! [J]. Netherlands International Law Review,2002,49.

[86] MANTILLA-SERRANO, FERNANDO. Towards a Transnational Procedural Public Policy [J]. Arbitration International,2004,20(4).

[87]PARK,WILLIAM W. The Specificity of International Arbitration: The Case for FAA Reform [J]. Vanderbilt Journal of Transnational Law,2003,36.

[88] PARK, WILLIAM W. Private Adjudication and the Public Interest: The Expanding Scope of International Arbitration [J]. Brooklyn Journal of International Law, 1986,12.

[89] PARRA, ANTONIO R. The Role of ICSID in the Settlement of Investment Dispute [J]. News from ICSID,1999,16(1).

[90] PARRA, ANTONIO R. Provisions on the Settlement of Investment Disputes in Modern Investment Laws,Bilateral Investment Treaties and Multilateral Investment Instruments on Investment [J]. ICSID Review-Foreign Investment Law Journal,1997,12(2).

[91] PAULSSON, JAN. ICSID's Achievements and Prospects [J]. ICSID Review-Foreign Investment Law Journal,1991,6(2).

[92]PETTIGREW,PIERRE. Investor Protection in the NAFTA and Beyond:Private Interest and Public Purpose [EB/OL]. http://webapps. dfaitmaeci. gc. ca/minpub/ Publication. asp? FileSpec=/Min Pub Docs/104560. htm,2004-01-01.

[93]PINSOLLE,PHILIPPE. Jurisdictional Review of ICSID Awards [J]. The Journal of World Investment and Trade,2004,5(4).

[94]POIRIER,MARC R. The NAFTA Chapter 11 Expropriation Debate through the Eyes of a Property Theorist [J]. Environmental Law,2003,33.

[95]TWEEDDALE,ANDREW. Confidentiality in Arbitration and the Public Interest Exception [J]. Arbitration International,2005,21(1).

[96]SALACUSE,JESWALD W. Direct Foreign Investment and the Law in Developing Countries [J]. ICSID Review-Foreign Investment Law Journal,2000,15(2).

[97]SHIHATA,IBRAHIM F I, PARRA A R. The Experience of ICSID [J]. ICSID Review-Foreign Investment Law Journal,1999,14(2).

[98]SPIERMANN, OLE. Individual Rights,State Interests and the Power to Waive ICSID Jurisdiction under Bilateral Investment Treaties [J]. Arbitration International,2004, 20(2).

[99]STAFF M J, LEWIS C W. Arbitration Under NAFTA Chapter 11:Past Present,and Future [J]. Houston Journal of International Law,2003,25.

[100]TOLLEFSON,CHRIS. Games Without Frontiers:Investor Claims and Citizen Submissions Under the NAFTA Regime [J]. Yale Journal of International Law,2002,27.

[101]NARIMAN,FALI. East Meets West:Tradition,Globalization and the Future of Arbitration,[J]. Arbitration International,2004,20(2).

[102] NOLAN M, LIPPOLDT D. Obscure NAFTA Clause Empowers Private Parties:Investor-Protection Clause Lets Companies Haul Signatories into Arbitration for Violation of Pact [N]. National Law Journal,1998-04-06(B8).

[103] WILLIAMS, JESSE. Regulating Multinational Polluters in a Post- NAFTA Trade Regime:The Lessons of Metalclad V. Mexico and the Case for a "Takings" Standard [J]. UCLA Journal of International Law and Foreign Affairs,2003,8.

[104] PORTERFIELD, MATTHEW C. International Expropriation Rules and Federalism,Stanford Environmental Law Journal,2004,23.

[105] RUBINS, NOAH. Loewen v. United States: The Burial of an Investor-State Arbitration Claim [J]. Arbitration International,2005,21(1).

[106]TRINDADE A A C. Book review:Local Remedies in International Law. By C. F. Ameriasinghe [J]. The American Journal of International Law. 1992,7.

[107]NSONGURUA J. UDOMBANA. So Far,So Fair:The Local Remedies Rule in the Jurisprudence of the African Commission on Human and Peoples' Rights [J]. The American Journal of International Law. 2003,1.

[108] GATHRIGHT B K. A Step in the Wrong Direction: the Loewen Finality Requirement and the Local Remedies Rule in NAFTA Chapter Eleven [J]. Emory Law Journal,2005. Spring.

[109] CARLOS E. ALFARO C A, LORENTI P. Argentina: vs. ICSID: Unconstitutionality of the BITs and ICSID Jurisdiction—the Potential New Government Defenses Against the Enforcement of the ICSID Arbitral Award—Issues That May Subject the Award to Revision by the Argentine Judiciary[EB/OL]. http://www. mondaq. com/ article. asp? articleid=32539,2005-05-17.

[110] ALFARO C E. ICSID Arbitration And BITs Challenged By the Argentine Government[EB/OL]. http://www. mondaq. com/article. asp? articleid=30151&. 2004-12-21.

[111]CARLOS E ALFARO C E,LORENTI P. The Enforcement Process of the ICSID Awards:Procedural Issues and Domestic Public Policy[EB/OL]. http://www. mondaq. com/article. asp? articleid=32803,2005-06-01.

[112]Delaume G R. How to Draft an ICSID Arbitration Clause[J]. ICSID Review-

Foreign Investment Law Journal,1992,17(1).

[113] DELAUME G R,ICSID and the Transnational Financial Community[J]. ICSID Review-Foreign Investment Law Journal,1986,1(2).

[114]MCILROY J. Canada's New Foreign Investment Protection and Promotion A- greement,Two Steps Forward,One Step Back? [J]. The Journal of World Investment &. Trade,2004,5(4).

[115]GANTZ D A. The Evolution of FTA Investment Provisions:From NAFTA to the United States—Chile Free Trade Agreement [J]. American University International Law Review,2004,19.

[116] ALEXANDROV S A. Breaches of Contract and Breaches of Treaty,The Jurisdiction of Treaty-based Arbitration Tribunals to Decide Breach of Contract Claims in SGS v. Pakistan and SGS v. Philippines [J]. The Journal of World Investment &. Trade, 2004,5(4).

[117]LAMM C B. Jurisdiction of the International Center for Settlement of Investment Disputes [J]. ICSID Review-Foreign Investment Law Journal,1991,6(2).

[118]MORELAND M L. Foreign Control and Agreement under ICSID Article 25(2) (B):Standards for Claims Brought by Locally Organized Subsidiaries Against Host States [J]. International Trade Law Journal,2000. Winter.

[119] AMERASINGHE C F. The Jurisdiction of the International Centre for the Settlements of Investment Disputes [J]. Indian Journal of International Law. ,1979,19.

[120]SCHREUER C. Travelling the BIT Route of Waiting Periods,Umbrella Clauses and Forks in the Road[J]. the Journal of World Investment &. Trade,2004,5(2).

[121] DERINGER F B. The Argentine Crisis-Foreign Investor's rights[EB/OL]. http://www. freshfields. com/places/ latinamerica/publications/pdfs/2431. pdf, 2006- 06-05.

[122]Subcommittee on Investment of the U. S. Dep't of State Advisory Comm. on In- ternational Economic Policy (ACIEP),Report Regarding the Draft Model Bilateral Investment Treaty (Jan. 30,2004) [EB/OL]. http://www. ciel. org/Publications/BIT_ Subcmte_Jan3004. pdf,2004-01-30.

[123]GANTZ D A. The Evolution of FTA Investment Provisions:From NAFTA to the United States—Chile Free Trade Agreement [J]. American University International Law Review,2004,19.

[124]HAZARDJ N,Editorial Comment:Commercial Discrimination and International Law [J]. American Journal of International Law,1958,52(3).

[125]MURPHY S D. Proposed New U. S. "Model" Bilateral Investment Treaty[J]. A- merican Journal of International Law,2004,98.

三、辞书和资料汇编

[1]陈安.国际投资争端案例精选[Z].上海:复旦大学出版社,2001.

[2]陈安,刘智中.国际经济法资料选编[Z].北京:法律出版社,1991.

[3]王铁崖,田如萱.国际法资料选编[Z].北京:法律出版社,1995.

[4]赵秀文.国际经济贸易仲裁法教学参考资料[Z].北京:中国法制出版社,1999.

[5]中国商务部国际贸易经济合作研究院.中国对外经济贸易白皮书(2004)[Z].北京:中信出版社,2005.

[6]中国对外贸易经济合作部《中国对外经济贸易白皮书》编委会.中国对外经济贸易白皮书(2001)[Z].北京:中国金融出版社,2001.

[7]商务部.国别贸易投资环境报告(2006)[EB/OL].

http://gpj.mofcom.gov.cn/accessory/200603/2006ch.pdf.2006-03-31.

[8]世界银行.2003年全球经济展望[EB/OL].

http://www.worldbank.org/prospects/gep2003/summarycantonese.doc,2003-1-1.

[9]ICSID. Convention on the Settlement of Investment Disputes Between States and Nationals of Other States: Analysis of Documents Concerning the Origin and Formulation of the Convention(1)[Z]. 1970.

[10]WORLD BANK. World Development Report 2005—A Better Investment Climate for Everyone [Z]. World Bank and Oxford University Press,2004.

[11]COLLIN H P. Dictionary of Law(2) [Z]. 北京:世界图书出版公司,1995.

[12] GIFFS S H. Law Dictionary [Z]. New York: Barron's Educational Series Inc.,1975.

附 录

　　本附录包括对厦门大学王海浪博士学位论文进行评审的五份文件,即一份导师评语、三份专家学术评语、一份答辩委员会决议。由于涉及匿名评审保密问题,其中三份专家学术评语未出现名字。这五份文件形成于 2006 年 8—10 月期间,现均收存于厦门大学档案馆,以备查验。

一、导师评语

　　王海浪同学所撰博士学位论文,题为《ICSID 管辖权新问题与中国新对策研究》,经审读,我认为有如下优点:

　　1.文章选题紧扣国策咨询需要。厦大国际经济法研究所承担了中国商务部条法司国策咨询研究课题,就当前我国在 ICSID 体制下与外国分别签订新的双边投资协定(BIT)或者修订原有的 BIT 过程当中所遇到的新问题和新难点,提出咨询建议,以供对外谈判和决策参考。王海浪同学的论文就是他积极参加本课题研究后获得的成果,其中部分内容已分别辑入呈交商务部条法司的长篇研究报告《中外双边投资协定缔约实践刍议》,并辑入《国际经济法学刊》第 13 卷第 1 期,获得商务部条法司领导和读者们的广泛好评。

　　2.有的放矢地提出了新的对策建议。作者认为,近几年来,在 ICSID 管辖权方面出现了一系列新问题。同时,中国近几年来在缔结或者修订 BIT 过程中,在同意接受 ICSID 管辖权方面的有关决策上,也出现了新的转折,面临着很大的风险和隐患。针对这些风险和隐患,作者密切结合中国国情和国际教训,作了较为深入的研究和探讨,提出了多项新的对策建议。

　　3.论述有理有据,颇具创新见解。全文资料翔实、丰富,言之成理,持之有据,对于本领域的理论创新和指导 BIT 缔约实践,均具有重要的参考价值。

　　文章的不足之处是:有关阿根廷缔结 BIT 实践中的沉重教训,尚待进一步搜集更多资料信息,加深研究。全文文字也有待于进一步推敲提高。

综上,我认为这是一篇达到良好水平的博士学位论文,同意推荐上述论文参加博士学位论文答辩。

导师:陈　安
2006 年 8 月 10 日

二、专家学术评语

1. 专家学术评语之一

设立"解决投资争议国际中心"的《华盛顿公约》生效已达 40 年,中国从 1993 年起正式成为该公约的缔约方。然而今日中国在国际投资中的地位和国际投资战略与十几年前有明显不同,如何根据经济发展的趋向考虑《华盛顿公约》的利用,很有价值。而国内学者对此的研究明显缺乏。本书作者密切追踪公约的实践动态和中国对于公约的利用方法,对"中心"行使管辖权的必备条件——书面同意问题进行了全面而深入的研究,选题颇具前沿性。

论文第一章对"中心"行使管辖权的条件进行导论性分析。第二章至第五章就与"同意"有关的当地救济利用、最惠国条款、保护伞条款及不同的"同意"方式,作出各论性论述。后四章都结合中国的投资外交实践进行评点和对策分析。全文布局合理,论证严谨,针对性强。

作者认为中国的"同意"方式,不属于落后,而是"超前",但要注意蕴含的风险;中国在签订 BIT 时不宜采用"岔路口条款",尽量不要采用"保护伞条款",对"中心"管辖权的同意不宜继续采用"全面同意"式,应视具体情势,区别不同国家采取不同形式。这些观点和结论既建立在充分论证的基础上,也很有新意,并对中国在新形势下利用外资和发展海外投资有重要的促进意义。

从论文题目来看,似可再添加一些关于"争端"适格和"当事方"适格的论述篇幅。

2. 专家学术评语之二

随着国际投资的发展,有关投资的争端也日趋增加,ICSID 仲裁也成为解决此类争端的重要方式。然而近年来 ICSID 仲裁的实践提出了一系列值得投资东道国以及国际社会关注的新问题,需要对其进行深入研究。因此论文选题站到了发展前沿,具有重要的理论和现实意义。

该文以 ICSID 管辖的"同意"为中心,在阐述了 ICSID 管辖的三个必备条件之后,分章论述了"同意"的前置条件、中国对 ICSID 管辖权的同意、最惠国条款对"同意"范围的扩展、保护伞条款对"同意"范围的扩展等问题。在比较分析的基础上,对中国应采取的对策提出了自己的建议。例如,文章认为中国应针对缔约另一方的特点分别采取不同的"同意"方式,应将争端解决规则排除在最惠国待遇范围之外,中国应坚持优先采用"当地救济"等。其观点明确,资料翔实,分析有一定深度,对中国的 BIT 实践具有重要的参考价值。

当然文中个别观点还可以进一步斟酌和完善。

3.专家学术评语之三

该篇论文以 ICSID 管辖权的三个必备条件为切入点,在以第一章的篇幅大致阐述这三个条件之后,随即转入将第三个条件"当事方同意"作为重点内容的深入探讨。在第二章"用尽当地救济"和第三章"中国对该管辖权的同意方式"等处的论证表述不乏精彩之笔。

论文的选题,针对我国对外开放中引入外资和海外投资的实际状况,就 ICSID 管辖权的若干新动向和我国应有的对策,展开了理论和实际充分结合的、有价值的研究分析。此类研究成果在国内尚不多见,体现了其前沿性和一定的开创性。论文框架简洁,论证有力,在不少章节中都分别引述案情、批评意见和笔者评论,层层推进,逻辑严密,具有较深的感染力。

结论部分的归纳对策性鲜明,对我国的相关实践有参考、指导意义。论文的创新还表现在对外国法的引证,注意了其典型性和代表性(如发展中国家和发达国家),可供我国借鉴。论文的不足之处是:(1)在章节的标题上,出现了一些问号(如第二章及第三章第三节,出现了 4 个问号),似不规范。(2)第三章对"保护伞条款"的阐述文字还不够明确和清晰,令人费解。(3)引证的外文资料十分丰富,相对而言,中文资料似偏少,应在国内做进一步的发掘。

三、答辩委员会决议

选题有前沿性,具有重要的理论和现实意义。论文以 ICSID 管辖的"同意"为中心,分别论述了"同意"的前置条件、中国对 ICSID 管辖权的同意、最惠国条款对"同意"范围的扩展、保护伞条款对"同意"范围的扩展等,并就我国应该采取的对策提出建议。该文采用注释法学、案例分析等研究方法,结构较合理,资料翔实,研究有一定的深度,有个人见解,反映作者掌握了相关专业知识。论文对中国的 BITs 实践具有一定的参考价值。

答辩委员会评定该篇博士学位论文达到良好水平,论文总评成绩 88 分。

答辩委员会
2006 年 9 月 17 日

后　记

　　本书系在博士学位论文基础上修改而成。之所以选择这个题目,是因为受当年研讨会的启发。大概在 2004 年 9 月份,一场国际投资法研讨会在厦门大学嘉庚三的二楼会议室举行。当时参加会议的有商务部条法司外资处温先涛处长,他坦陈了中国在缔结 BIT 方面正面临着什么样的难题:"国内不少大型国企在海外有大量投资需要保护,要求我们缔结高保护标准的 BIT;同时,来自美国的 BIT 谈判人员也要求与中国缔结高保护标准的 BIT。甚至不少经济水平不如中国的发展中国家,也提出保护标准非常高的 BIT 谈判要求。国内外似乎都有人认为我们的 BIT 太落后了。如果我们的研究人员认为不宜缔结此类高保护标准的 BIT,能否提供详细的理由与依据。这样,我们在与美国就 BIT 逐个条款进行谈判之时,就可以一一据理力争。对于国内相关外向型国企,也有理由回应。"

　　本着以解决我国实际问题为研究导向的指导原则,我的导师陈安教授在会后让我以上述难题为研究对象进行初步研究,并反复叮嘱:"切记科学研究应该实事求是,研究结论应以收集到的资料与自己的独立思考和深入剖析为准,勿受外界一应时髦观点干扰。你的学位论文观点与我的学术观点可以相同或相似,也可以相异或相反,关键是要占有大量资料,独立思考,论证必须有理有据,结论要与时俱进,力求有所创新,经得起时间和实践的检验。"

　　就这样,我把 ICSID 管辖权问题作为学位论文的主要研究对象。从学位论文的完成到现在修订正式出版,已经历时十年。就中国而言,国际投资法在这十年间最为引人注目的变化主要有三点:一是中国的海外投资额已开始超过中国吸收的外资额,因此我们在研究时需要同时重视中国的资本输出国身份;二是中国开始由缔结"全面同意"式 BIT 转向"全面同意＋重要例外"式BIT;三是中国在参加国际投资仲裁实践方面已实现零的突破,中国政府已在两起 ICSID 案件中成为被申请方,中国的海外投资者针对他国申请国际仲裁的案件也有多起。就第一点变化而言,其实当时在我的学位论文中对此已有所预见,明确提及将来出现此种情况时,相关建议仍然可以适用。此次修订,对此有了更为详细的分析。第二点变化其实大体上是与当初论文提出的建议相符合的。区别在于,中国晚近的实践是把"全面同意＋重要例外"式 BIT 的缔约对象扩展于发达国家,而不是如论文建议那般限制于符合条件的发展中国家。第三点变化则进一步证明了论文反复强调要有"忧患意识"并不是凭空臆想、空穴来风。总体上,学位论文中有的建议已在十年来陆续为中国 BIT 缔约实践所吸收,而有的建议应该是论证得还不够,还需要在将来更深入地研究并不断完善。由于能力与水平所限,其中错漏难免,请读者学友们多多指正。

在撰写过程当中,多次由于论证资料和思路遇阻而陷入"山穷水尽"与"四顾茫茫"之境地。感谢我的恩师陈安教授,花费大量时间与我耐心讨论文中研究结论的可行性,具体指导我如何获取资料,修改文章的框架。在陈安老师的反复引导下,随着研究的不断深入及更多资料的掌握,又颇觉"柳暗花明"与"欣喜若狂"。陈安老师对待学术的严肃谨慎让我当时吃了不少"苦头",但同时也给予了我难得的训练,纠正了我不少缺点,受益至今。

感谢厦门大学法学院诸多老师的多年教导,尤其是从曾华群教授、廖益新教授、徐崇利教授、李国安教授、于飞教授等多位老师的课程讲授与讨论中受益匪浅。感谢厦门大学国际经济法研究所陈辉萍博士、蔡从燕博士、龚宇博士、池漫郊博士、韩秀丽博士、广西大学魏艳茹博士以及浙江工商大学刘京莲博士多次提出宝贵意见。

作　者

2016 年仲秋志于鹭岛五缘湾